KB242925

초보자도 바로 써먹는 노션 입문서

모두의 노션 AI 

임대균, 오가연 지음

생능북스

초보자도 바로 써먹는 노션 입문서

모두의 노션 AI

초판 1쇄 인쇄 2026년 4월 10일
초판 1쇄 발행 2026년 4월 15일

지은이 | 임대균, 오가연
펴낸이 | 김승기, 김민수
펴낸곳 | ㈜생능출판사 / **주소** | 경기도 파주시 광인사길 143
브랜드 | 생능북스
출판사 등록일 | 2005년 1월 21일 / **신고번호** | 제406-2005-000002호
대표전화 | (031) 955-0761 / **팩스** | (031) 955-0768
홈페이지 | www.booksr.co.kr

책임편집 | 최동진
편집 | 신성민, 이종무
교정·교열 | 최동진
디자인 | 김윤미(본문), 이대범(표지)
영업 | 최복락, 심수경, 차종필, 송성환, 최태웅, 김민정
마케팅 | 백수정, 명하나

ISBN 979-11-94630-67-8 (13000)
값 16,800원

머리말 

우리는 지금, 일하는 방식이 근본적으로 바뀌는 시대 한가운데 서 있습니다.

메모장에 할 일을 적고, 엑셀로 데이터를 관리하며, 문서 도구로 보고서를 작성하던 시대는 지나가고 있습니다. 이제는 하나의 공간에서 생각을 정리하고, 데이터를 구조화하며, AI와 협업해 결과물을 만들어내는 시대입니다. 그 중심에 노션이 있습니다.

노션은 단순한 메모 앱이 아닙니다. 개인의 일상 기록부터 팀의 프로젝트 관리, 복잡한 데이터베이스 구축까지 하나의 플랫폼 안에서 해결할 수 있는 올인원 생산성 도구입니다. 여기에 AI가 더해지면서 노션은 단순히 '기록하는 도구'를 넘어 '함께 생각하는 도구'로 진화했습니다.

AI는 이제 특정 직군만의 이야기가 아닙니다. 글을 쓰고, 자료를 정리하며, 회의록을 요약하고, 생각을 발전시키는 모든 과정에 AI가 스며들고 있습니다. 이러한 흐름 속에서 생산성 도구의 패러다임도 빠르게 변화하고 있습니다. 단순히 정보를 저장하는 도구가 아니라, AI와 함께 생각하고 실행하는 도구가 주목받는 시대가 된 것입니다.

그렇다면 왜 노션이어야 할까요? 시중에 수많은 생산성 앱이 존재하지만, 자유도와 구조화 사이의 균형을 이만큼 잘 잡은 도구는 드뭅니다. 개인의 일상 관리부터 팀 단위의 프로젝트 협업, 나아가 AI 기반의 업무 자동화까지 하나의 플랫폼에서 소화할 수 있다는 점은 노션만의 가장 큰 경쟁력입니다. 배우는 데 투자한 시간만큼 돌아오는 생산성의 크기가 다른 도구와 비교할 수 없을 정도로 큽니다.

이 책은 노션을 처음 접하는 입문자도 부담 없이 시작할 수 있도록 기본 구조와 핵심 기능인 데이터베이스부터 차근차근 안내합니다. 또한 이미 노션을 사용하고 있지만 AI 기능까지 제대로 활용하고 싶은 분들을 위해 노션 AI를 실제 업무에 어떻게 녹여낼 수 있는지, 외부 AI 도구와 어떻게 연동하면 더 강력한 워크플로우를 만들 수 있는지까지 단계적으로 살펴봅니다. 직장인, 프리랜서, 1인 창업자, 학생 등 매일 무언가를 기록하고 정리하며 실행해야 하는 모든 분들에게 실질적인 도움이 되기를 바라는 마음으로 집필했습니다.

책의 마지막에는 실무에서 바로 활용할 수 있는 노션 템플릿 10종을 부록으로 담았습니다. 템플릿을 직접 만들어 사용해 보고, 나아가 자신만의 템플릿을 제작하고 수익화하는 방법도 다루고 있으니 배운 내용을 적용해 보는 출발점으로 활용해 보시기 바랍니다.

이 책 한 권이 여러분의 노션 여정에서 가장 믿음직한 길잡이가 되기를 바랍니다. 노션과 AI가 만나는 지점에서, 여러분만의 새로운 일하는 방식이 시작될 것입니다.

저자 임대균, 오가연

노션을 처음 만났을 때 저는 이렇게 생각했습니다.

"왜 이렇게 많은 사람들이 노션을 인생 도구라고 말할까?"

겉보기에는 단순한 메모장 같지만, 조금만 깊이 들여다보면 노션은 '기록을 남기는 도구'가 아니라 '생각을 구조화하는 도구'라는 사실을 알게 됩니다. 이 책은 바로 그 본질을 정확하게 짚어주는 안내서입니다.

이 책의 가장 큰 장점은 노션을 단순히 기능 중심으로 설명하지 않는다는 점입니다. 워크스페이스, 페이지, 블록이라는 3단 구조를 이해하는 것에서 시작해 데이터베이스의 속성과 보기 개념까지 차근차근 짚어줍니다. 덕분에 처음 노션을 접하는 분들도 "아, 이렇게 연결되는구나"라는 깨달음을 얻게 됩니다.

특히 데이터베이스를 단순히 표가 아닌 '가공 가능한 정보'로 풀어낸 설명은 인상적입니다. 노션을 잘 쓰는 사람은 기능을 많이 아는 사람이 아니라, 구조를 이해하고 목적에 맞게 설계할 줄 아는 사람이라는 점을 이 책은 잘 보여 줍니다. 또한 노션을 AI와 함께 활용하는 방법까지 확장해 보여 줍니다. 회의록 자동화, 업무 정리, 일정 관리, 템플릿 제작과 판매까지 이어지는 흐름은 노션을 '기록 도구'에서 '생산성과 수익을 만드는 플랫폼'으로 바라보게 합니다. 특히 노션 AI의 원리를 설명하는 부분은 앞으로 AI 시대에 노션을 어떻게 활용해야 할지 방향성을 제시합니다.

저는 노션 앰배서더로 활동하며 많은 사용자들을 만났습니다. 그때마다 공통적으로 듣는 말이 있습니다.

"노션은 좋은데, 어디서부터 시작해야 할지 모르겠어요."

이 책은 바로 그 질문에 대한 가장 친절한 답입니다. 기본 블록에서 시작해 데이터베이스를 만들고, 보기를 바꾸고, 자동화를 설정하며, 나만의 템플릿을 제작하는 과정까지 자연스럽게 이끌어 줍니다. 마치 옆에서 알려주는 튜터처럼 말이죠.

노션을 이제 막 시작하는 분들에게는 든든한 첫 안내서가 될 것이고, 이미 사용 중인 분들에게는 "내가 놓치고 있던 구조가 있었구나"라는 깨달음을 줄 것입니다. 나만의 시스템을 만들고 싶었던 분들에게는 분명 큰 전환점이 될 책이라 확신합니다. 노션은 도구가 아니라, 삶과 일을 설계하는 공간입니다.

이 책과 함께라면 그 설계를 더 단단하고 체계적으로 시작할 수 있을 것입니다. 노션을 사랑하는 한 사람으로서, 그리고 노션 커뮤니티 '슈크림마을' 이장으로서 진심으로 추천합니다.

노슈니(슈크림마을 이장 | 노션 앰배서더)

AI는 이미 충분히 강력한 도구가 되었지만, 여전히 많은 사람들이 "어디까지 써야 하는지"를 모른 채 기능 수준에서 멈춰 있습니다. 단순히 몇 가지 기능을 활용하는 데 그치다 보니, AI가 가진 잠재력을 충분히 체감하지 못하는 경우가 많습니다.

저 역시 다양한 AI 기반 서비스와 콘텐츠를 직접 기획하고 운영하면서 깨달은 점이 있습니다. 생산성의 차이는 '얼마나 많이 아느냐'에서 나오지 않습니다. 진짜 차이는 '어떻게 구조화해서 쓰느냐'에서 비롯됩니다. 같은 기능을 쓰더라도, 그것을 어떤 맥락 속에 배치하고 어떤 흐름으로 연결하느냐에 따라 결과는 완전히 달라집니다.

이 책은 바로 그 지점을 정확하게 짚어냅니다. 노션 AI를 단순한 보조 도구가 아니라 업무 흐름 전반에 개입하는 '실행 엔진'으로 바라보게 합니다. 회의 준비와 기록, 문서 작성과 정리, 팀 커뮤니케이션, 데이터 관리까지—AI가 개입할 수 있는 구체적인 맥락을 풍부하게 제시하며, 실제로 어떻게 활용할 수 있는지 보여 줍니다.

특히 인상적인 부분은 AI를 잘 쓰는 사람들의 공통된 사고 방식을 자연스럽게 체득하게 만든다는 점입니다. 문제를 잘게 나누고, 맥락을 설계하며, 결과를 다시 시스템에 축적하는 흐름을 반복하다 보면, 단순히 AI를 '사용'하는 수준을 넘어 AI와 함께 '사고 구조'를 만들어 가는 경험을 하게 됩니다. 이는 단순한 기능 학습이 아니라, 사고 방식 자체의 전환을 이끌어내는 과정입니다.

앞으로의 경쟁력은 더 많은 일을 처리하는 능력에서 나오지 않을 것입니다. 오히려 AI와 함께 더 나은 구조를 설계하고, 그 구조 속에서 효율과 창의성을 동시에 끌어내는 능력이 핵심이 될 것입니다. 이 책은 그 변화를 막연한 개념이 아닌 실제로 적용 가능한 방식으로 연결해 주는 드문 가이드입니다.

AI를 '도구'로만 남길 것인지, 아니면 '시스템'으로 확장할 것인지 고민하고 있다면 이 책이 좋은 출발점이 되어 줄 것입니다. 단순히 AI의 기능을 배우는 데 그치지 않고, AI를 통해 나만의 업무 체계와 생산성 시스템을 설계하는 길을 열어 주기 때문입니다.

노션과 AI를 함께 활용하고 싶은 모든 분들에게 이 책을 진심으로 추천합니다. AI 시대에 필요한 것은 더 많은 기능을 아는 것이 아니라, 더 나은 구조를 설계하는 힘입니다. 이 책은 그 힘을 길러 줄 가장 실질적이고 친절한 안내서가 될 것입니다.

박종원(Dyno | 노션 글로벌 앰배서더)

차 례

4장　노션 + AI 고급 활용

5장 노션 템플릿 활용하고, 제작하기

부록 노션을 보다 더 쉽게, 노션 템플릿 10종 모음

1장

노션의 기본 이해와 시작

인터넷을 보면 갓생, 일잘러의 필수 도구로 노션이 자주 언급됩니다. 대체 노션이 뭐길래 이렇게 인기일까요? 겉보기에는 메모장 같지만, 메모는 노션의 기능 중 일부분에 불과합니다. 노션은 단순히 기록하는 것을 넘어, 그 기록을 체계적으로 관리하고 활용할 수 있도록 돕는 도구입니다. 노션의 힘을 제대로 활용하려면 먼저 '노션이 무엇인지' 이해하는 것이 중요합니다. 개념을 이해해야 활용 방법도 자연스럽게 익힐 수 있기 때문이죠.

이번 장에서는 노션이 어떤 도구인지 살펴본 후, 사례를 통해 어떤 방식으로 활용할 수 있는지 소개하려고 합니다.

우리는 매일 수많은 것을 기록합니다. 오늘 해야 할 일, 친구와의 약속, 꼭 사야 하는 물건 리스트 등 다양한 내용을 기록합니다. 그런데 이 많은 기록들, 어디에 남기고 계신가요? 여러 앱이나 메모장에 흩어져 있지는 않나요?

기록은 다시 꺼내볼 때 가치가 생깁니다. 기록의 목적은 결국 '활용'이기 때문이죠. 하지만 기록이 여러 곳에 흩어져 있다면, 필요한 순간에 찾기도 어렵고 활용하기도 쉽지 않습니다.

그래서 우리에게 필요한 것은 수많은 기록을 한곳에 모아 정리할 수 있는 도구입니다. 노션은 바로 그 역할을 해냅니다.

노션이란?

노션은 빈 페이지로 시작해 텍스트, 이미지, 표 등 원하는 요소를 조합하여 나만의 방식으로 기록을 완성하는 도구입니다. 마치 다양한 부품을 내 마음대로 결합해 하나의 작품을 만들어 가는 레고처럼 말이죠.

따로 정해진 틀이 없기 때문에 메모부터 할 일, 일정, 데이터까지 내용에 상관없이 자유로운 기록이 가능합니다. 그래서 저는 노션을 '올인원 기록 도구'라고 부릅니다. 노션 하나만 있으면 따로 여러 도구를 사용할 필요 없이 대부분의 기록이 가능하죠. 덕분에 기록을 정리하고 관리하기도 간편해져, 노션은 기록의 가치를 높여 주는 좋은 도구입니다.

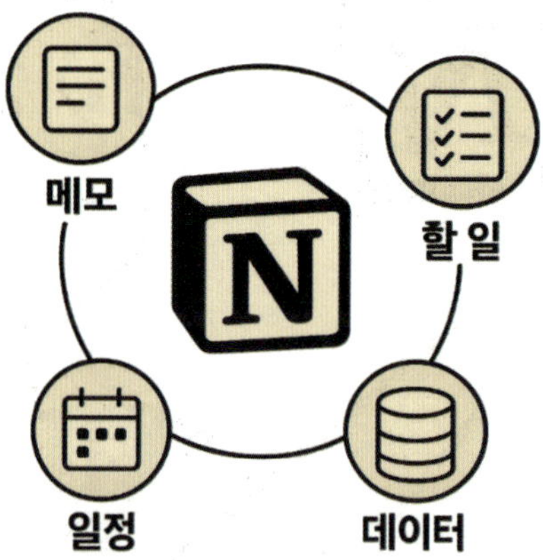

다양한 목적의 기록이 가능한 노션

상황별 노션 활용 예시

노션이 어떤 도구인지 이해했다면, 이제는 실제로 어떻게 활용할 수 있는지 살펴볼 차례입니다. 제가 직접 사용했던 노션 페이지를 보며 노션 활용에 대해 생각하는 시간을 가져보려 합니다. 노션 활용에는 정답이 없습니다. 사람마다 목적과 상황이 다르기 때문에 자신에게 맞는 활용 방식을 찾아가는 것이 가장 중요합니다. 이번 내용을 통해 '나는 어떻게 활용해 볼까?' 생각하며 노션 사용에 대한 기대감을 가져보셨으면 좋겠습니다.

그럼, 제가 대학생 때 사용했던 노션 페이지부터 함께 살펴볼까요?

💬 대학생의 노션

대학생이 되고 처음 든 생각은 '내 대학생활은 아무도 책임져 주지 않는다'였습니다. 수업을 결석한다고 해서, 과제를 제출하지 않는다고 해서 누군가 저를 특별하게 챙겨 주지 않음을 깨달았죠. 당연한 이야기지만 내 선택에 따른 결과를 내가 온전히 책임져야 하는 시기를 맞이했습니다. 따라서 저는 제 대학생활을 스스로 잘 관리하기 위해 노션을 시작했습니다. 특히나 수업을 정리하고 과제를 관리하는 면에서 노션을 필수로 사용했죠.

저는 '대학생활'이라는 하나의 페이지를 만들어 각 과목별 페이지를 생성하고, 여기에 수업 내용을 기록하기 시작했습니다. 여러 과목을 노션 하나로 정리하니, 과목별 노트를 들고 다닐 때보다 훨씬 편리했습니다. 특히나 A라는 과목이 B라는 과목과 연계되어 있을 때, 간단히 노션 하나만 열어두고 내용을 찾아

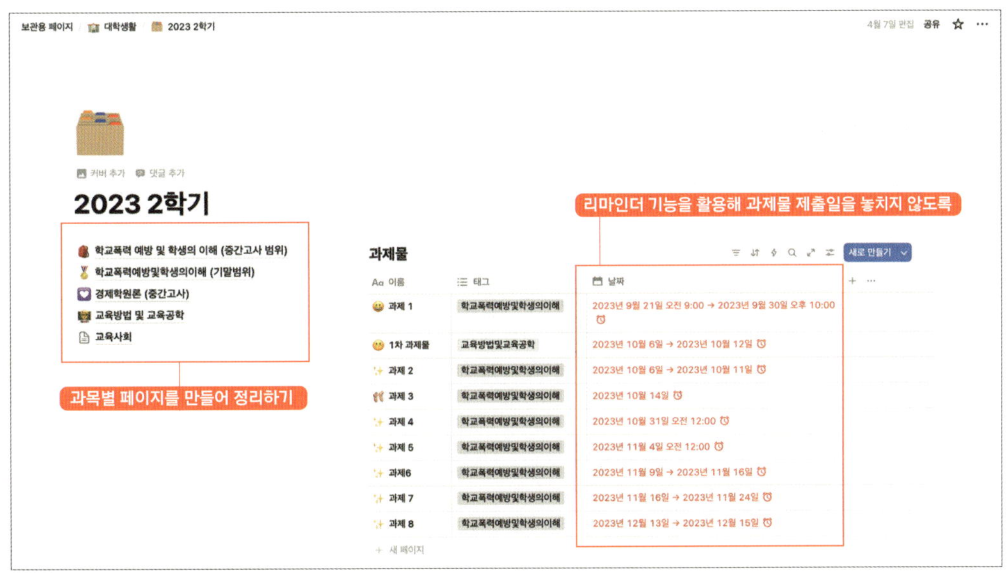

대학생활 당시 사용하던 노션 페이지

볼 수 있어 좋았죠.

각 과목에서 주어지는 과제의 마감 기한은 한눈에 봐야 한다고 생각했습니다. 그래야 대학생활의 일정 관리가 수월하다고 느꼈기 때문입니다. 따라서 한 곳에 과목별 과제를 적어두고, [리마인더] 기능을 활용해 제출일을 잊지 않도록 노력했습니다.

노션 덕분에 대학생활을 혼자서도 어려움 없이 즐길 수 있게 되면서, 결과적으로 알찬 대학생활을 이루어낼 수 있었다고 생각합니다.

💬 직장인의 노션

직장생활을 시작하면서 저의 큰 고민은 '여러 업무를 동시에 관리하며 잘 수행하는 것'이었습니다. 제 기억만으로는 수많은 업무를 처리하는 데 한계를 느꼈고, 이 한계를 해결하는 데 노션을 사용하기로 결정했습니다.

우선, 업무에 필요한 가이드를 필요할 때 쉽게 꺼내 볼 수 있도록 주제별로 페이지를 생성했습니다. 할 일은 단순히 적기보다는 [완료] [진행 중]처럼 일에 대한 상황을 파악할 수 있도록 [상태] 속성을 활용했습니다.

다이어리와 같은 아날로그 도구와 비교했을 때 노션은 데이터 검색이 된다는 점이 가장 매력적이라 생각합니다. 수많은 기록이 쌓여졌을 때도 노션에서는 [검색] 기능을 활용해 단번에 내가 필요한 내용은 찾을 수 있습니다.

직장생활에서 노션은 저만의 비서 같은 존재로, 업무 효율성을 높이는 데 큰 기여를 하고 있다고 생각합니다.

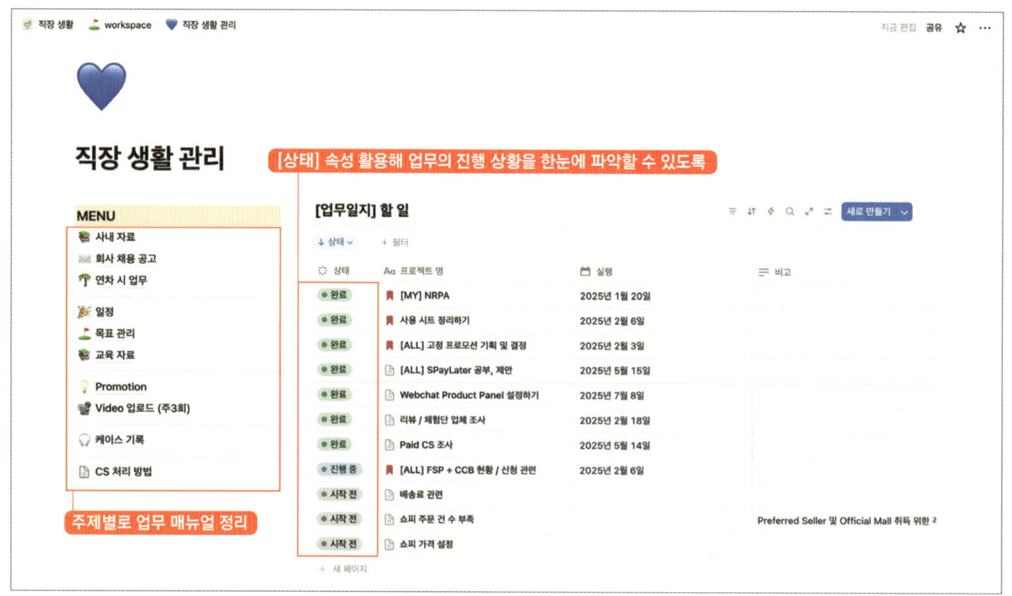

직장생활에서 사용 중인 노션 페이지

노션을 '잘' 쓰고 싶은 당신에게

제 사용 예시를 보며 노션이 궁금해지셨나요? 아마 '나도 노션을 잘 활용하고 싶다.'라는 마음으로 설렘과 동시에 익히 들어온 '노션은 진입장벽이 높다.'라는 말이 떠오르며 걱정도 드실 겁니다. 노션 사용에 어려움이 많다고 말이 나오는 이유는 기능을 전부 배우고, 다 외우려 하기 때문이라 생각합니다. 그러나 노션 사용 6년차인 저는 노션을 잘 활용하기 위해서 무엇보다 '나만의 방식'을 찾는 것이 중요하다고 느낍니다. 노션 사용, 더는 미루지 말고 오늘부터 간단한 메모 한 줄이라도 적어 보세요. 하루, 이틀 쓰다 보면 자연스럽게 나만의 사용법이 생기고, 어느새 능숙하게 활용하고 있을 겁니다.

Key Points

- 노션은 메모, 문서 작성, 할 일 관리, 일정 정리, 데이터 기록 등 다양한 기능을 하나의 공간에 담고 있는 올인원 기록 도구이다.
- 사용자의 목적과 스타일에 따라 노션을 활용하는 방식은 천차만별이다.
- 노션의 기능을 전부 외우기보다, 일단 시작하며 '나만의 방식'을 찾는 것이 중요하다.

많은 분이 처음 노션을 접하면 "대체 어디서부터 어떻게 시작해야 할지 모르겠다"는 막막함을 느끼곤 합니다. 노션이 특히 어렵게 느껴지는 이유는 무엇일까요? 새로운 기기나 프로그램을 사용할 때 무작정 만져보기보다 기본 원리를 먼저 이해하면 훨씬 빠르게 익숙해질 수 있습니다. 노션도 마찬가지입니다. 기능을 익히기 전에 전체적인 구조를 먼저 파악하면 훨씬 더 빠른 속도로 적응할 수 있는데요. 이번 절에서는 노션의 뼈대를 이루는 기본 구조를 함께 살펴보며, 노션과 친해지는 시간을 가져보려 합니다.

노션의 3단 구조 - 워크스페이스, 페이지, 블록

노션의 구조는 생각보다 간단합니다. 크게 세 가지로 이루어져 있는데요. 제일 큰 폴더라고 할 수 있는 '워크스페이스', 폴더 속 다양한 파일인 '페이지', 그리고 페이지를 이루는 다양한 요소인 '블록'이 유일합니다. 먼저 워크스페이스부터 알아보도록 하겠습니다.

💬 워크스페이스: 제일 큰 폴더

컴퓨터와 노션의 구조를 비교해 볼까요? 워크스페이스는 하나의 큰 폴더입니다. 컴퓨터에서 여러 파일을 정리하기 위해 폴더를 만드는 것처럼, 노션에서도 여러 데이터를 정리하기 위해 워크스페이스가 필요합니다.

모든 데이터를 한 워크스페이스에 담을 수도 있지만, 목적에 따라 나누어 정리하는 것도 가능합니다. 필요한 만큼 여러 개의 워크스페이스를 만들어 관리할 수 있습니다.

저는 개인용과 업무용 워크스페이스를 분리해서 사용하고 있습니다. 이렇게 나누면 각 목적에 맞는 데이터를 확인하고 관리하기가 훨씬 수월합니다.

또한 회사에서는 업무용 워크스페이스만 접속하기 때문에, 불필요한 데이터를 보지 않아도 되어 훨씬 편리합니다.

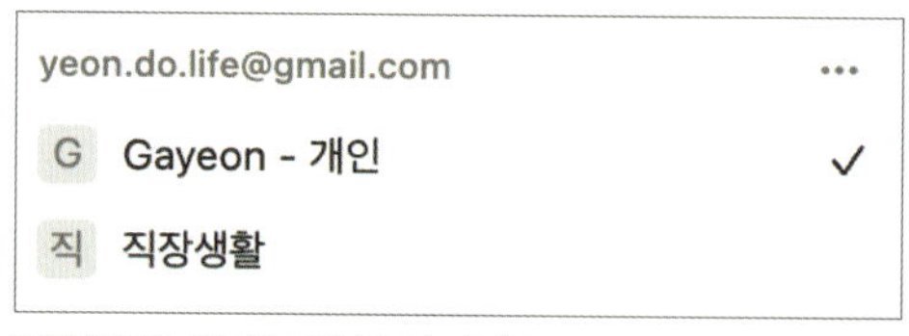

목적에 따라 생성된 여러 워크스페이스

• 여러 워크스페이스 만들기

❶ 노션 왼쪽 사이드 바에서 현재 워크스페이스 이름을 클릭하세요.

❷ 계정 목록이 열리면, 내 계정 옆에 있는 [⋯ (점 세 개)] 버튼을 클릭하세요.

❸ [워크스페이스 생성 또는 참여]를 선택하여 새로운 워크스페이스를 생성합니다.

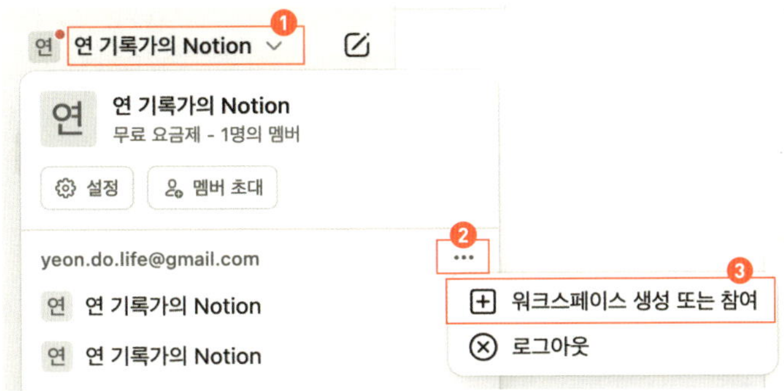

워크스페이스 생성하기

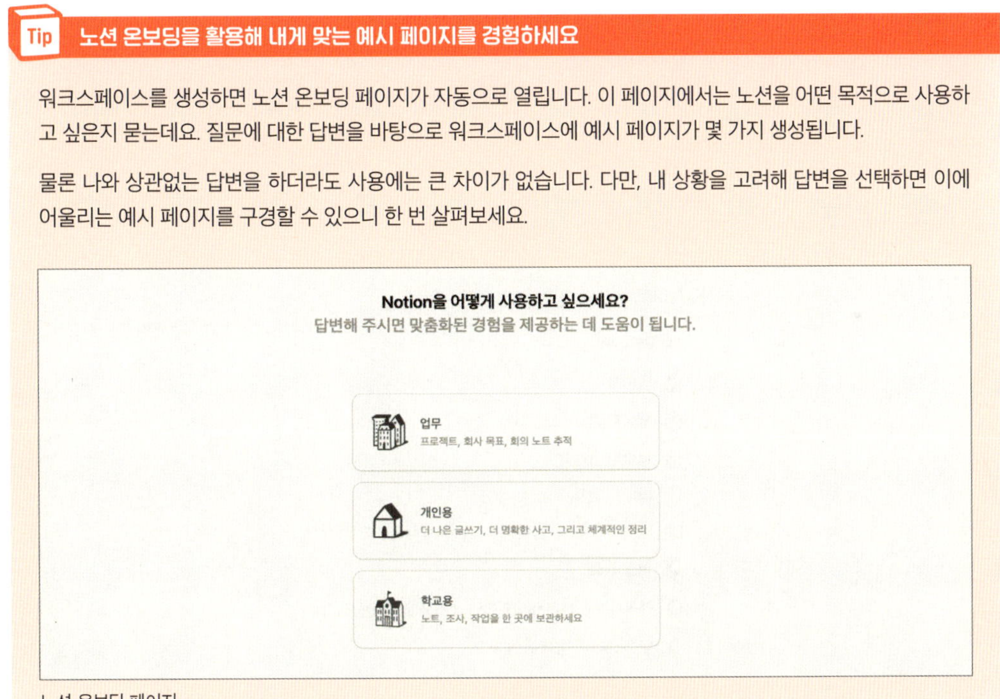

Tip **노션 온보딩을 활용해 내게 맞는 예시 페이지를 경험하세요**

워크스페이스를 생성하면 노션 온보딩 페이지가 자동으로 열립니다. 이 페이지에서는 노션을 어떤 목적으로 사용하고 싶은지 묻는데요. 질문에 대한 답변을 바탕으로 워크스페이스에 예시 페이지가 몇 가지 생성됩니다.

물론 나와 상관없는 답변을 하더라도 사용에는 큰 차이가 없습니다. 다만, 내 상황을 고려해 답변을 선택하면 이에 어울리는 예시 페이지를 구경할 수 있으니 한 번 살펴보세요.

노션 온보딩 페이지

 **페이지: 폴더 속 파일**

워크스페이스 안에 있는 페이지는 컴퓨터 속 파일과 같습니다. 저는 '오늘의 예산에 맞춰 장보기', '나의 5년 인생 로드맵' 등 주제별로 페이지를 만들어 관리하고 있습니다.

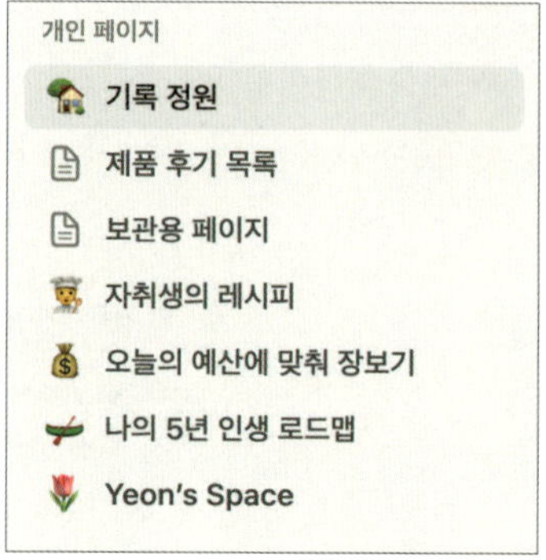
워크스페이스 내 생성된 여러 페이지

워크스페이스에서 페이지를 만드는 방법은 왼쪽 사이드 바에서 [새 페이지 추가] 버튼을 누르면 됩니다. 사이드 바에서 페이지를 드래그하여 위치를 이동시킬 수도 있습니다.

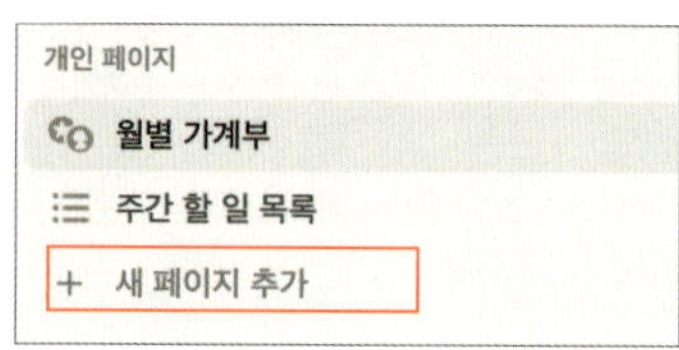
새 페이지 추가하기

하나의 페이지 안에는 텍스트를 입력하거나, 이미지를 첨부하거나, 혹은 또 다른 페이지를 삽입할 수도 있습니다. 이때는 '/페이지'를 입력하면 빠르게 페이지 내 페이지 추가가 가능합니다.

'/페이지'를 입력하여 페이지 추가하기

 **블록:** 파일 안의 요소들

컴퓨터에서 문서 파일을 열어 본다고 가정해 봅시다. 그 안에는 텍스트, 이미지, 링크 등 다양한 요소가 포함되어 있습니다.

노션에서 블록은 이러한 요소와 같은 역할을 합니다. 블록은 노션 페이지를 구성하는 기본 단위로 텍스트, 표, 이미지 등 여러 유형이 존재합니다.

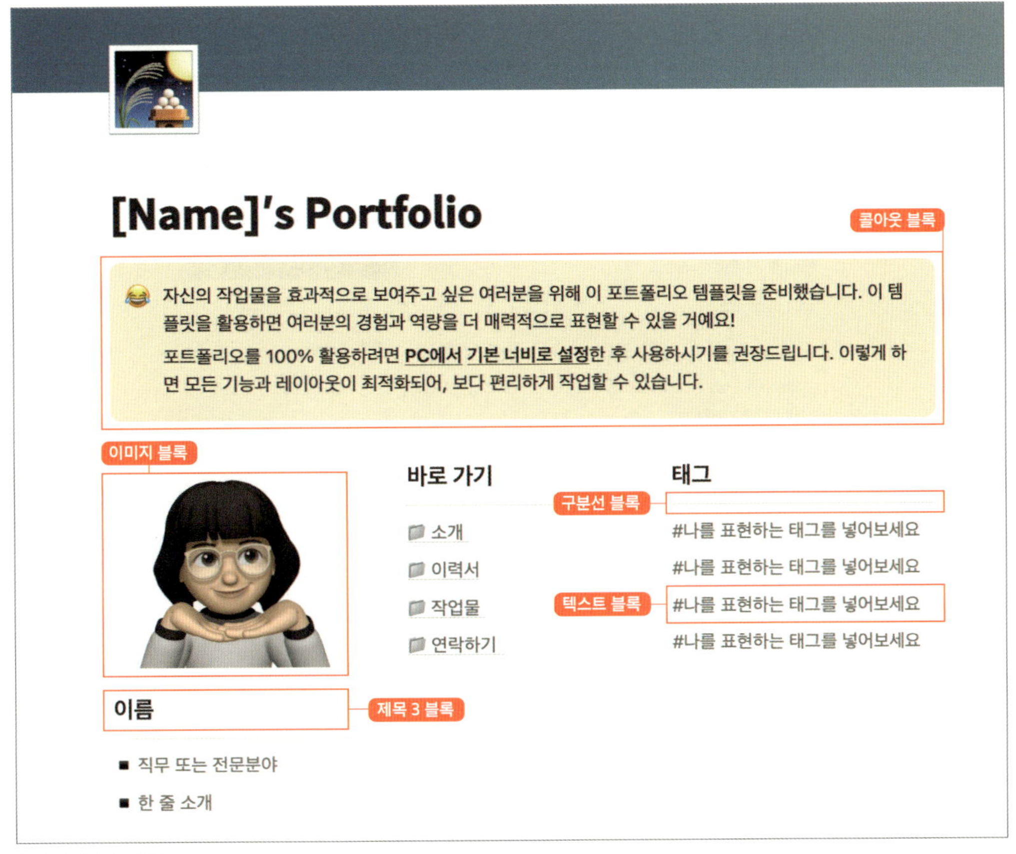

노션 페이지 속 블록들

블록을 생성하려면 페이지에서 슬래시(/)를 입력한 뒤, 나타나는 여러 유형 중 원하는 항목을 선택하면 됩니다. 각 블록 이름 위에 마우스를 올리면 설명과 미리보기가 표시되어, 직접 사용해 보지 않더라도 간단히 어떤 기능인지 파악할 수 있습니다.

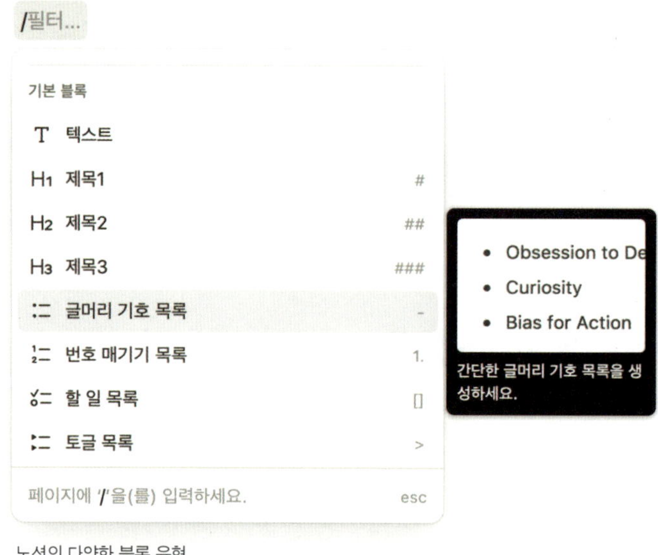

노션의 다양한 블록 유형

자주 사용하는 블록 알아보기

노션의 기초라 할 수 있는 블록을 조금 더 알아보겠습니다. 블록 유형은 이미 10가지를 넘어섰으며, 지금도 꾸준히 새로운 유형이 추가되고 있습니다. 따라서 노션의 모든 블록을 완전히 익히는 것은 어려움이 있습니다. 노션 사용이 처음이라면 무엇보다 '기본 블록'을 익히시는 것을 추천합니다.

기본 블록은 페이지에서 슬래시(/)를 입력해 보이는 여러 유형 중, 가장 상단에 위치해 있습니다. 여기에는 텍스트, 글머리 기호 목록, 할 일 목록 등 자주 쓰이는 블록들이 속해 있습니다.

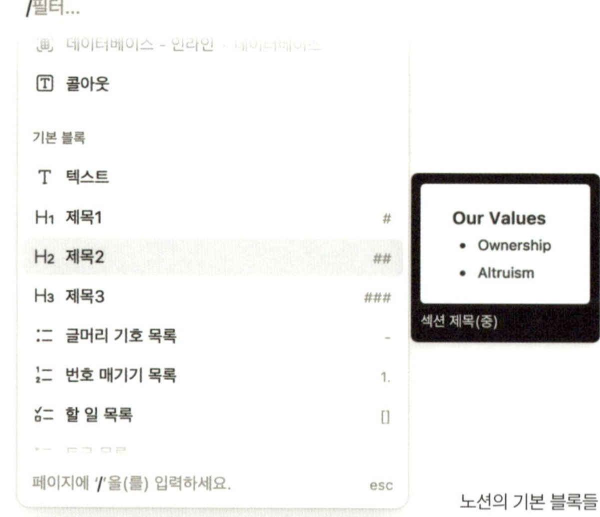

노션의 기본 블록들

노션이 아직 익숙하지 않은 분들을 위해, 자주 사용하게 될 기본 블록 3가지를 간단히 살펴보겠습니다.

 텍스트

텍스트 블록은 노션에서 가장 먼저 접하게 되는 블록일 겁니다. 페이지에서 아무 것도 선택하지 않고 글을 쓰기 시작하면, 자동으로 생성되는 것이 바로 텍스트 블록이죠.

아마 여러분도 이미 여러 번 사용해 보셨을 수도 있습니다. 그러니 블록을 어렵게 생각할 필요는 없습니다. 오히려 '나는 이미 텍스트 블록을 잘 활용하고 있다!'라는 마음으로 가볍게 시작해 보세요.

> **텍스트 블록입니다.**
>
> **가장 기본적인 블록으로, 문단을 작성하거나 내용을 입력할 때 사용합니다.**

텍스트 블록

 할 일 목록

많은 분이 '체크리스트 블록'으로 알고 계신 것이 바로 '할 일 목록'입니다. 텍스트 앞에 네모 박스가 생겨, 해야 할 작업을 목록화할 수 있습니다. 그 박스를 클릭하면 체크 표시와 함께 내용에 취소선이 그어져 완료 여부를 한눈에 확인할 수도 있습니다. 따라서 할 일을 간단히 정리하고 싶을 때 유용한 블록입니다.

> ☐ **할 일 목록 블록입니다.**
>
> ☐ **체크박스를 클릭하면 할 일을 완료 표시할 수 있습니다**
>
> ☑ ~~완료된 할 일은 이렇게 표시됩니다~~

할 일 목록 블록

구분선

노션은 일반 문서처럼 섹션 나누기가 되지 않습니다. 내용을 입력하면 입력하는 대로 끝없이 페이지가 길어집니다. 이때 유용하게 사용할 수 있는 블록이 '구분선'입니다. 이 블록을 활용하면 페이지를 깔끔하게 나눌 수 있어 가독성을 높이는 데 큰 도움이 됩니다.

> **↑ 구분선은 섹션을 나누거나 내용을 구분할 때 사용합니다.**
>
> **페이지를 깔끔하게 나눌 수 있어 가독성을 높이는 데 큰 도움이 됩니다.**

구분선 블록

Tip 블록, 이렇게도 추가할 수 있어요

기본적으로 블록을 생성하려면 슬래시(/)를 입력한 뒤 원하는 블록을 선택하면 됩니다. 동시에 '/할 일 목록'처럼 슬래시와 블록 이름을 함께 입력하면 블록을 더 빠르게 만들 수도 있습니다.

Tip 블록 유형을 전환할 수도 있어요

할 일을 텍스트 블록으로 나열했다고 가정해 보겠습니다. 이 내용을 할 일 목록 블록으로 정리하고 싶을 때 어떻게 하면 될까요? 이럴 때는 블록 유형을 전환하면 됩니다.

전환하려는 블록에 마우스를 가져다 대고, 좌측의 여섯 개 점을 클릭해 보세요. 여기에서는 블록 색 지정, 링크 복사, 복제 등 다양한 설정을 할 수 있습니다. 그중 [전환] 버튼을 누르면 블록 유형을 쉽게 변경할 수 있습니다.

참고로 노션은 일부 블록에 한해서만 유형 전환을 지원합니다. 즉, 여섯 개 점을 클릭하고 [전환] 버튼을 눌렀을 때 옵션이 나타나는 블록만 전환이 가능하다는 점을 참고하시길 바랍니다.

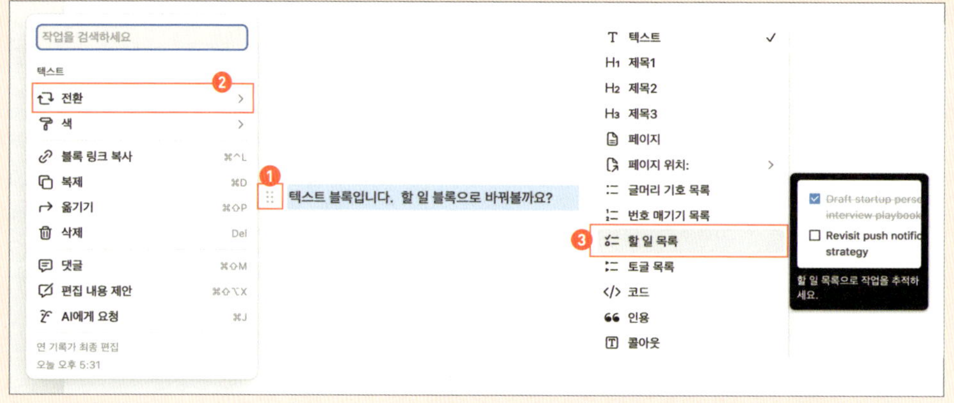

블록 유형 전환하기

노션에는 다양한 블록 유형이 있지만, 기본 블록 몇 가지만 알아도 노션 사용을 시작하는 데에는 전혀 문제가 없습니다. 기본 블록을 활용해 페이지를 구성하며, 나만의 노션 공간을 만들어 보세요.

Key Points

- 노션은 워크스페이스, 페이지, 블록이라는 3단 구조로 이루어져 있다.
- 워크스페이스는 폴더, 페이지는 폴더 안에 있는 파일, 블록은 파일 안의 다양한 요소로 이해할 수 있다.
- 노션을 처음 시작할 때는 기본 블록부터 익히고, 필요한 기능을 자연스럽게 확장해 나가는 것이 좋다.

1 - 3 | 노션 사용을 위한 준비

노션의 기본 구조를 이해했다면, 이제 실제 사용을 위한 준비를 해보겠습니다. 노션을 어디서 설치해야 하는지, 어떤 요금제를 선택해야 할지 고민하는 분들을 위해 내용을 정리했습니다. 이번 절에서는 노션 설치 방법, 요금제 선택, 그리고 전반적인 화면 구성까지 살펴보겠습니다.

설치와 계정 만들기

노션을 사용하려면 먼저 프로그램을 설치하고 계정을 만들어야 합니다. 노션은 인터넷을 통해 간편하게 다운받을 수 있습니다. 설치 방법부터 차근차근 알아보겠습니다.

💬 노션 설치하기

사실 노션은 데스크톱, 웹, 모바일에서 모두 사용할 수 있습니다. 그러나 데스크톱 앱 설치를 소개드리는 이유는 현재까지 노션 데스크톱이 가장 최적화되어 있기 때문입니다. 웹이나 모바일에 비해 제한 없이 노션의 기능을 사용할 수 있으며 기술적 오류가 낮은 편이라, 초보자분에게는 데스크톱 사용을 우선 추천드립니다.

· 노션 데스크톱 앱 설치하기

❶ 노션 홈페이지(https://www.notion.com/ko)에 접속하세요.

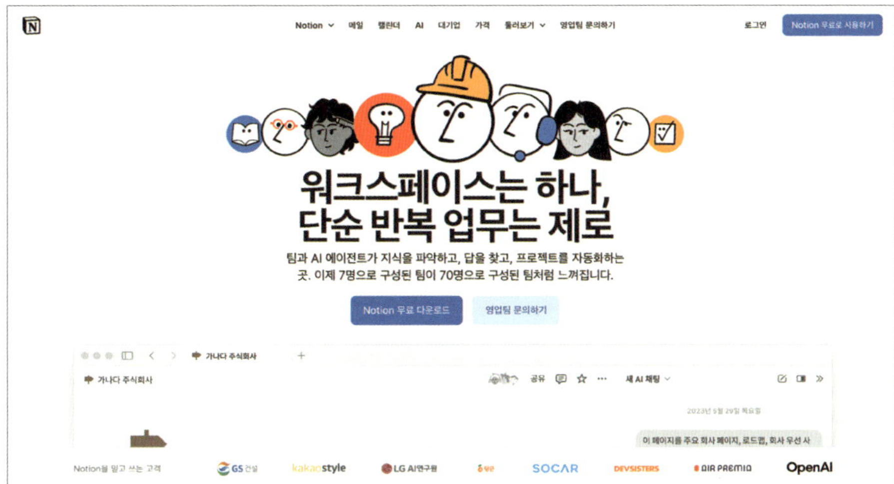

❷ 노션 홈페이지 하단에서 [다운로드] - [Mac & Windows]를 선택하세요.

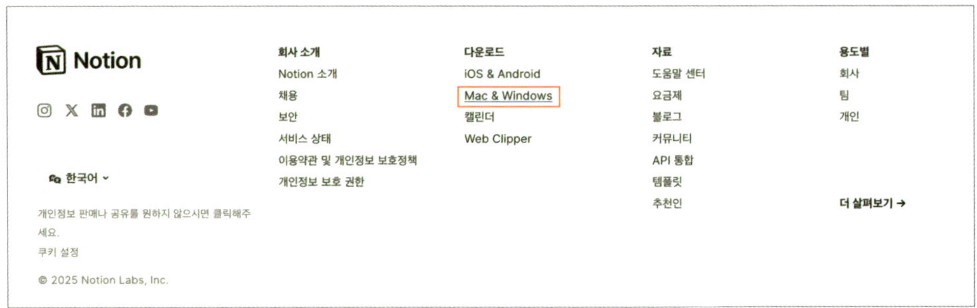

❸ 이제 운영체제(Windows/macOS)에 맞는 노션을 설치할 차례입니다. 따로 운영체제를 선택하지 않아도 자동으로 내 운영체제에 맞는 프로그램 설치 페이지가 나타납니다. 만약 다른 운영체제를 사용 중이거나 다른 운영체제용 프로그램을 다운로드하고 싶다면, 페이지를 아래로 스크롤하여 원하는 운영체제를 선택할 수 있습니다.

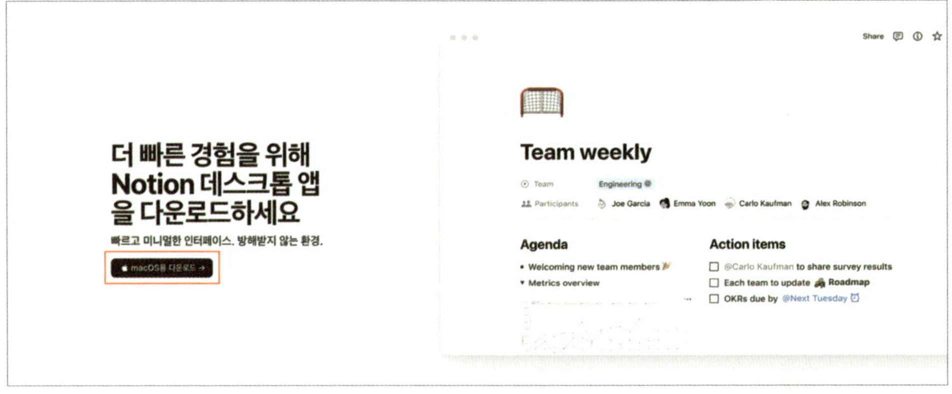

모두의 노션 AI

💬 노션 계정 만들기

노션 데스크톱을 다운받았다면, 이제 노션 계정을 생성할 차례입니다. 처음 노션을 실행하면 계정 생성 화면이 나타납니다. 구글, 애플, 이메일 등 다양한 방법으로 계정을 생성할 수 있는데요. 가입 방식에 따른 기능 차이는 없으니 편한 방법을 택하시면 됩니다.

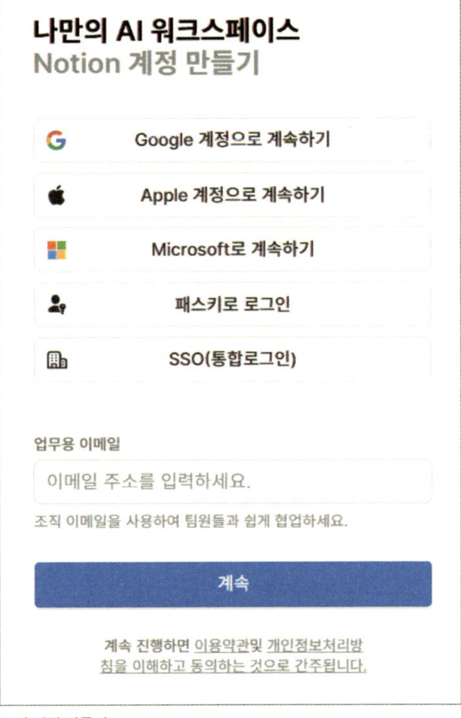

노션 계정 만들기

> **Tip** 학교 이메일을 활용하세요
>
> 만약 학교 이메일이 있다면 그 계정으로 가입하시는 것을 추천합니다. 노션에서는 교육용 이메일을 가진 사용자에게 특별한 혜택을 제공하기 때문입니다.
>
> 기본 요금제보다 업그레이드된 플러스 요금제를 무료로 사용할 수 있고, 심지어 노션 AI도 50% 할인된 가격에 이용할 수 있습니다.
>
> 학교를 졸업했더라도 이메일이 활성화되어 있고, 메일을 수신할 수 있다면 혜택을 동일하게 받을 수 있습니다. 자세한 내용은 노션 홈페이지에서 확인가능합니다.
>
> https://www.notion.com/ko/help/notion-for-education

요금제 선택하기

현재 노션에는 4가지 요금제(무료, 플러스, 비즈니스, 엔터프라이즈)가 있습니다. 지원되는 기능을 기준으로 크게 개인용과 비즈니스용으로 나눌 수 있습니다.

일반적으로 개인 사용자는 무료나 플러스 요금제를, 비즈니스 사용자는 비즈니스나 엔터프라이즈 요금제를 고려하시면 됩니다.

노션 사용이 아직 익숙하지 않거나, 노션을 사용할지 고민 중이라면 우선 무료 요금제로 시작해 보세요. 대부분의 기능은 무료 요금제만으로도 충분히 활용할 수 있습니다.

노션이 나에게 적합한지 판단하는 데에도 무료 요금제면 충분하다고 생각합니다. 더불어 필요할 때 언제든 다른 요금제로 전환할 수 있기 때문에, 먼저 무료로 시작하는 것을 추천드립니다.

요금제에 대한 자세한 내용은 노션 홈페이지에서 확인하는 것이 가장 좋습니다. 지속적으로 내용이 변화하고 있기 때문입니다. 요금제를 비교할 수 있는 표도 준비되어 있으니, 참고하면서 현재 상황에 맞는 옵션을 선택해 보세요.

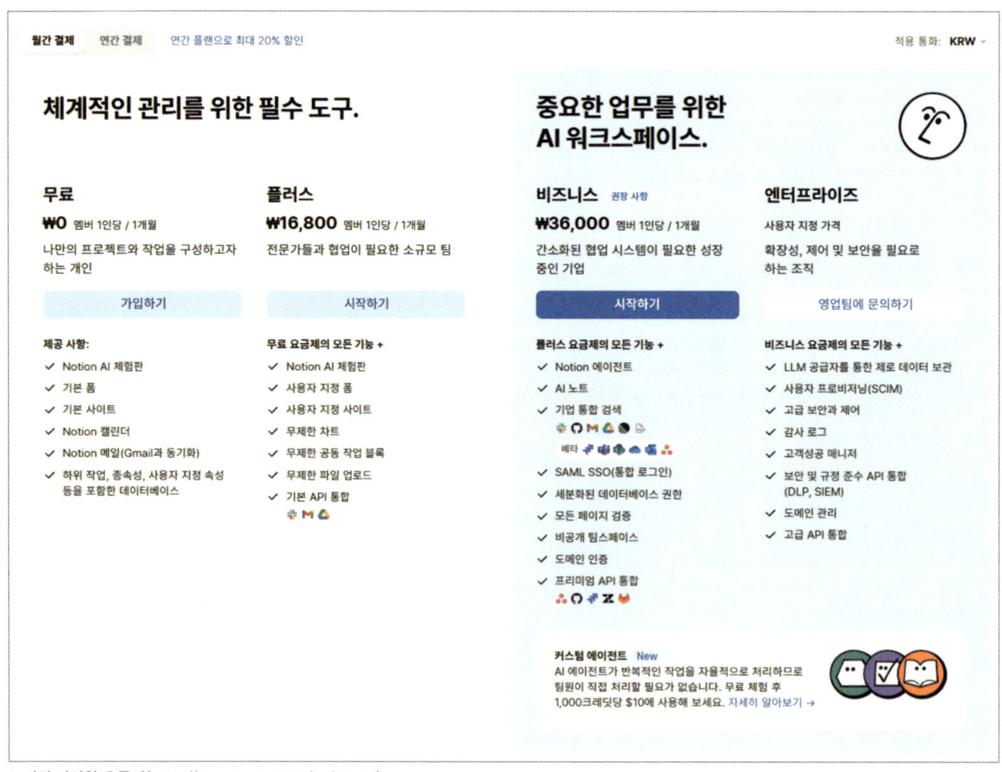

노션의 다양한 요금제(https://www.notion.com/ko/pricing)

노션 인터페이스 살펴보기

노션의 화면 구조는 간단하게 좌측과 우측, 두 영역으로 나눌 수 있습니다.

좌측에는 현재 워크스페이스, 내용 검색이 가능한 [검색] 버튼, 생성된 페이지, 설정 등 다양한 기능이 담긴 사이드 바가 있습니다.

우측은 현재 선택한 페이지의 세부 내용을 확인할 수 있는 화면입니다.

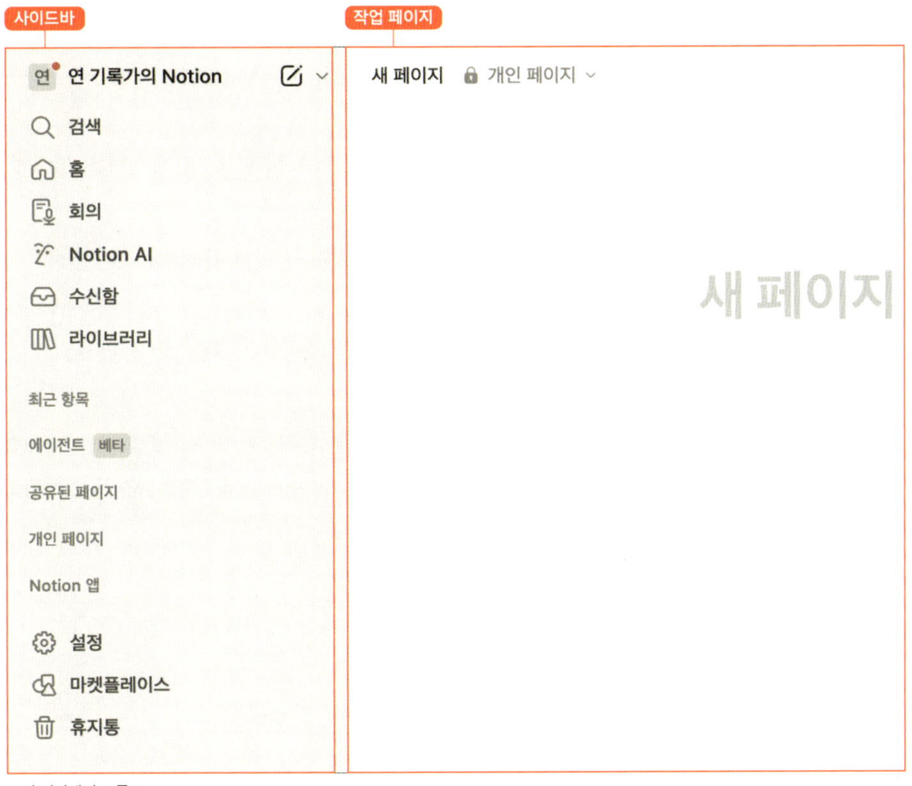

노션 인터페이스 구조

많은 기능이 존재하는 사이드 바를 세부적으로 알아볼까요? 사이드 바는 주로 워크스페이스를 변경하거나 페이지를 이동할 때 사용하게 됩니다. 특히 페이지를 드래그하여, 손쉽게 페이지 간 순서나 체계를 변경할 수 있어 편리합니다. 처음에는 많은 내용이 담겨 있는 것처럼 보이지만, 하나씩 살펴보면 의외로 단순합니다. 이제 상단부터 어떤 기능들이 있는지 확인해 보도록 하겠습니다.

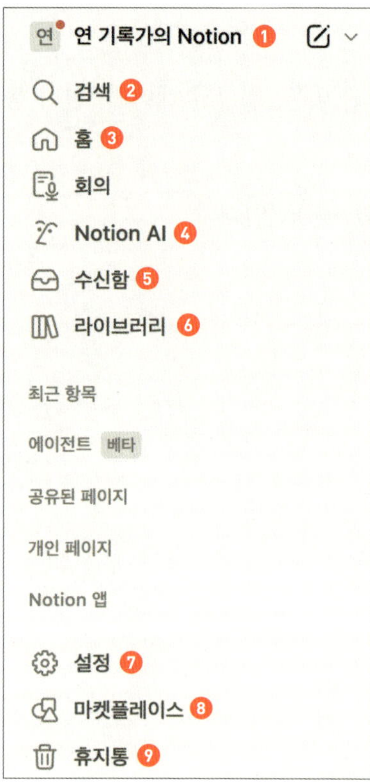

💬 노션 사이드 바

사이드 바 메뉴 목록

❶ **워크스페이스**: 현재 활성화된 워크스페이스 이름이 상단에 표시됩니다. 클릭하면 전환하거나 새로 만들 수 있습니다.

❷ **검색**: 노션 내 모든 내용을 검색할 수 있습니다.

❸ **홈**: 최근 방문했던 페이지, 예정된 이벤트, 고정된 데이터베이스 등을 간략하게 확인할 수 있습니다.

❹ **Notion AI**: 노션 AI를 통해 워크스페이스 내 정보를 검색하고, 새로운 콘텐츠를 생성할 수 있는 AI 활용 페이지입니다.

❺ **수신함**: 노션 내 알림, 페이지 업데이트 등을 확인할 수 있는 곳입니다.

❻ **라이브러리**: 워크스페이스 내 생성된 페이지를 한 번에 볼 수 있습니다.

❼ **설정**: 테마, 언어, 알림 등 노션 시스템에 대한 설정이 가능합니다.

❽ **마켓플레이스**: 다른 사용자가 만든 템플릿을 보고, 다운로드할 수 있습니다.

❾ **휴지통**: 최근 삭제한 페이지를 확인하고 복원할 수 있습니다. 기본적으로 30일 이상 보관된 페이지는 자동으로 삭제됩니다.

Tip 사이드 바를 필요할 때 숨기거나, 나타나게 할 수 있어요

노션을 사용하다 보면 사이드 바가 차지하는 공간 때문에 화면이 답답하게 느껴질 때가 있습니다. 그럴 땐 사이드 바를 잠시 숨겨서 작업 공간을 더 넓게 활용해 보세요. 상단의 화살표 버튼을 누르거나 단축키 Ctrl / Cmd + \ 를 누르면 간편하게 사이드 바를 열고 닫을 수 있습니다.

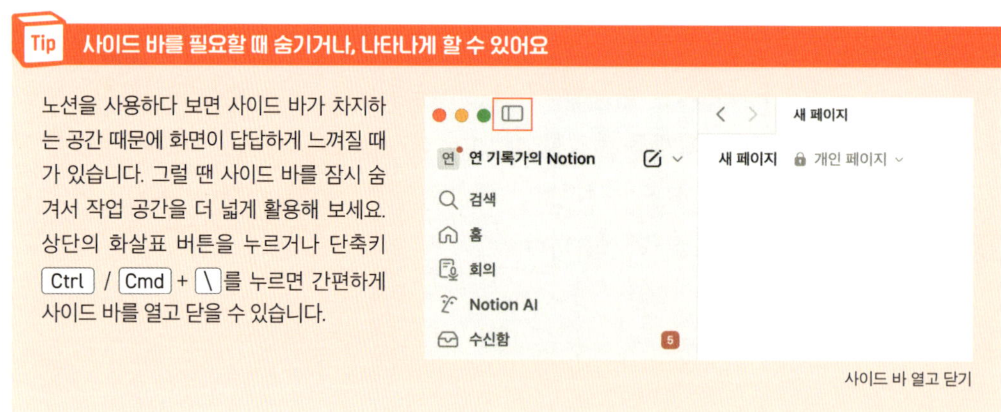

사이드 바 열고 닫기

지금까지 노션의 기본에 대해 알아봤습니다. 노션이 무엇인지부터, 기본 구조와 활용 방법 등 노션 사용에 기초적인 부분을 살펴봤는데요. 이번 장을 통해 여러분이 노션에 흥미를 가지고 궁금증을 가지셨길 바랍니다.

솔직히 노션을 완전히 이해하고 사용하기란 어렵습니다. 기능이 워낙 다양하고, 계속 새로운 항목이 추가되기 때문이죠. 따라서 처음부터 모든 것을 배우려 하기보다는 자신에게 필요한 기능부터 하나씩 살펴보며 사용하는 것을 추천합니다.

또한 노션을 잘 활용하려면 내가 노션을 어떻게 사용할지 상상하며 흥미를 가지는 것이 중요합니다. 마치 유튜브를 보듯 편한 마음으로 접근하면, 훨씬 빠르게 익숙해질 수 있을 거라 생각합니다.

여러분은 노션을 어떻게 활용하고 싶으신가요?

Key Points

- 노션에는 4가지 요금제(무료, 플러스, 비즈니스, 엔터프라이즈)가 있으며, 사용 목적에 따라 개인용과 비즈니스용으로 나눌 수 있다.
- 노션을 처음 사용하거나 사용 여부를 고민 중이라면, 무료 요금제로 시작하는 것을 권장한다.
- 노션 가입 시 플러스 요금제 무료 체험 등 혜택을 위해, 학교 이메일을 활용하는 것이 좋다.

노션의 핵심 기능, 데이터베이스

일반적인 메모 앱은 기록을 '저장하는 데' 초점이 맞춰져 있습니다. 하지만 노션은 한 걸음 더 나아가, 기록을 체계적으로 정리하고 관리할 수 있도록 돕는 도구입니다. 그 중심에는 바로 '데이터베이스'라는 기능이 있습니다.

이번 장에서는 데이터베이스의 기본 개념부터 구성 방식, 그리고 실제 활용법을 알아보겠습니다. 그전에, 데이터베이스 사용 모습을 간단히 볼까요? 이해가 잘 되지 않아도 괜찮습니다. '데이터베이스가 어떻게 생겼는지 확인해 본다.'라는 마음으로 찬찬히 살펴보시길 바랍니다.

2 - 1 | 데이터베이스 간단 예시

데이터베이스의 개념을 본격적으로 알아보기 전에, 간단한 예시를 통해 데이터베이스가 우리에게 어떤 역할을 하는지 먼저 알아보겠습니다. 예를 들어 우리가 관리해야 할 '할 일 목록'이 있다고 가정해 봅시다.

만약 일반적인 메모장을 사용한다면 어떤 할 일이 있는지와 그 우선순위가 무엇인지를 단순히 나열하는 방식이 유일한 기록법일 것입니다. 여기서 메모장의 한계가 드러납니다. 할 일이 수십 개로 늘어났을 때, 특정 우선순위별로 할 일을 모아보거나 마감 기한에 맞춰 순서대로 정렬하기가 매우 어렵다는 점입니다. 결국 필요한 정보를 찾기 위해 전체 기록을 다시 읽어야 하는 번거로움이 발생하죠.

하지만 노션과 같은 도구에서는 이러한 한계를 쉽게 극복할 수 있습니다. 바로 '데이터베이스' 기능 덕분입니다. 데이터베이스는 기록을 표 형태로 체계화해 정리하는 기능으로, 엑셀처럼 칸이 나뉜 표 안에 정보를 입력해 관리한다고 생각하면 이해하기 쉽습니다.

예를 들어 데이터베이스를 활용하면 할 일 옆에 '우선순위'라는 칸을 별도로 만들고, 각 항목에 순위를 지정할 수 있습니다. 이렇게 구조를 갖춰두면 클릭 한 번으로 우선순위가 높은 일부터 정렬해 한눈에 파악할 수 있습니다. 마감일을 관리하고 싶다면 옆에 '마감일' 행을 추가하기만 하면 되죠. 결국 데이터베이스란 흩어진 정보를 단순히 적어두는 것에 그치지 않고, 목적에 따라 언제든 정보를 가공하고 추출할 수 있는 상태로 만드는 것을 의미합니다.

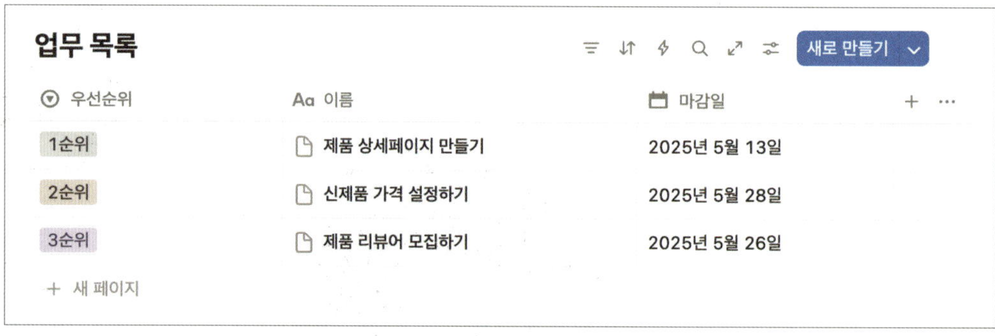

데이터베이스로 작성한 업무 목록

더불어 노션에서는 같은 기록을 여러 방식으로 볼 수도 있습니다. 이는 컴퓨터에서 파일을 [목록 보기]보다 [아이콘 보기]로 전환하는 것과 비슷합니다. 같은 내용이지만, 다른 방식으로 볼 수 있는 것이죠.

할 일을 기본적인 표 형태로 보다가, 날짜 중심으로 보고 싶을 때는 캘린더 형태로 바꿀 수 있습니다. 이번 달 어떤 업무를 해야 하는지 빠르게 파악할 수 있어 날짜가 중요한 데이터의 경우 캘린더 형태를 추천합니다.

업무 목록

= ↑↓ ⚡ Q ⤢ ⇄   새로 만들기 ∨

2025년 5월

🗓 캘린더에서 관리하기   ‹ 오늘 ›

일	월	화	수	목	금	토
27	28	29	30	5월 1일	2	3
4	5	6	7	8	9	10
11	12	13 **제품 상세페이지 만들기** 2025년 5월 13 1순위	14	15	16	17
18	19	20	21	22	23	24
25	26 **제품 리뷰어 모집하기** 2025년 5월 26 3순위	27	28 **신제품 가격 설정하기** 2025년 5월 28 2순위	29	30	31

표로 되어 있던 업무 목록 데이터베이스를 캘린더 형태로 보기

이처럼 노션을 특별하게 만드는 기능이 바로 데이터베이스입니다. 데이터베이스에 대한 호기심이 생기셨나요? 데이터를 단순히 나열했던 과거에서 이제는 데이터를 활용하는 방향으로 전환해보세요.

2-2 | 데이터베이스의 기본 개념

데이터베이스의 개념을 이해할 때는 페이지와 비교하며 살펴보는 것이 좋습니다. 데이터베이스가 페이지의 한계를 어떻게 극복했는지 이해하면, 그 개념을 보다 쉽게 파악할 수 있기 때문입니다.

페이지와 데이터베이스를 비교하며, 데이터베이스의 개념을 알아보겠습니다.

페이지와 데이터베이스의 차이

페이지에서는 다양한 블록을 활용해 원하는 대로 내용을 구성할 수 있습니다. 다만, 겉으로는 그 내용이 드러나지 않기 때문에 특정 기준이나 내용에 따라 페이지를 정렬하거나 그룹화하는 것은 어렵습니다.

페이지를 활용하여 청소 목록을 장소별로 정리했다고 가정해 봅시다. 페이지 단위로 구성되어 있기 때문에 날짜나 우선순위에 따라 분류하기는 어렵습니다.

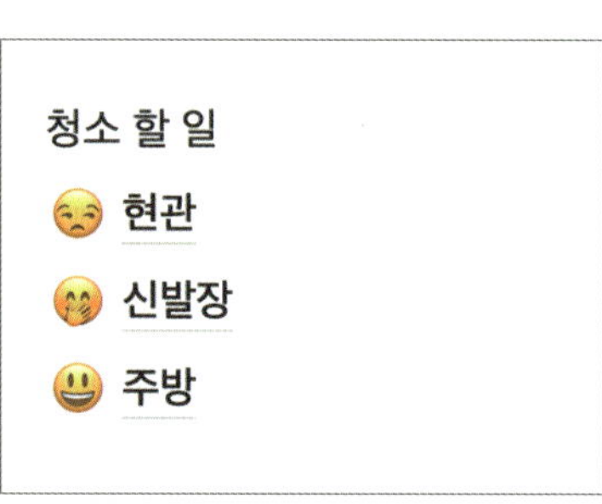

페이지로 정리한 청소 목록

하지만 데이터베이스를 활용한다면 이 어려움을 쉽게 해결할 수 있습니다. 데이터베이스는 각 페이지에 다양한 속성을 붙여 관리하는 도구입니다. 열이 곧 페이지이며, 행은 속성입니다.

다음 그림은 장소별 청소 페이지에 [우선순위], [마감일], [진행 상태]와 같은 속성을 추가해 데이터베이스로 구현한 모습입니다. 이 속성을 기준으로 페이지를 정렬하거나 필터링할 수 있습니다.

이처럼 데이터베이스를 활용하면 각 데이터를 효과적으로 관리할 수 있게 됩니다.

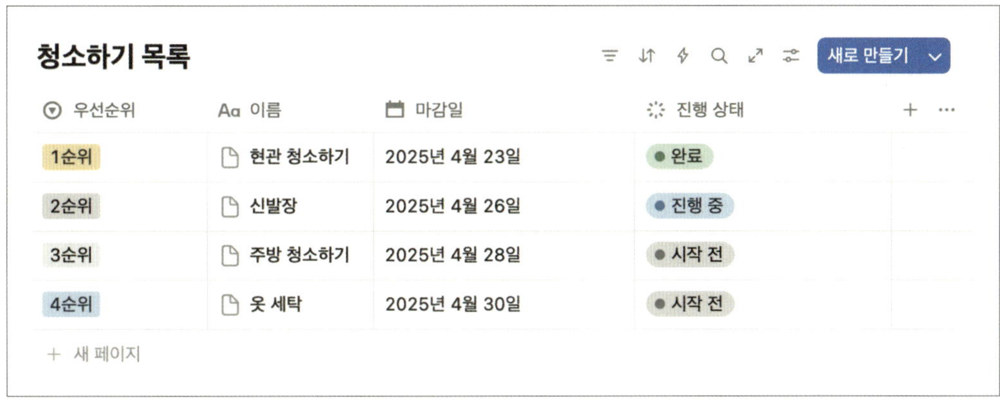

데이터베이스로 정리한 청소 목록

데이터베이스 만들기

데이터베이스도 여러 블록 중 하나이기 때문에 다른 블록들과 생성 방식은 동일합니다. 원하는 위치에 슬래시(/)를 입력해 데이터베이스를 찾거나, '/데이터베이스'를 입력해 빠르게 생성도 가능합니다.

한 가지 특이한 점은 '데이터베이스'라는 이름의 블록은 따로 없다는 것입니다. 대신 데이터베이스 그룹 안에는 다양한 옵션이 존재하며, 이 옵션들 모두가 데이터베이스를 의미합니다.

옵션은 크게 세 가지로 나뉩니다.

❶ **데이터베이스-인라인**: 페이지 안에 데이터베이스를 바로 삽입하는 기본적인 형태입니다.

❷ **데이터베이스-전체 페이지**: 독립된 페이지 형태로 데이터베이스를 만드는 방식입니다. 데이터베이스만 따로 보고 싶을 때 추천합니다.

❸ **각종 보기**: [표], [갤러리], [캘린더] 등 특정 보기로 데이터베이스를 생성하는 옵션입니다. 어떤 보기를 선택해도 이후에 다른 보기로 자유롭게 전환할 수 있습니다. 따라서 처음에는 부담없이 원하는 형태를 선택해 보세요.

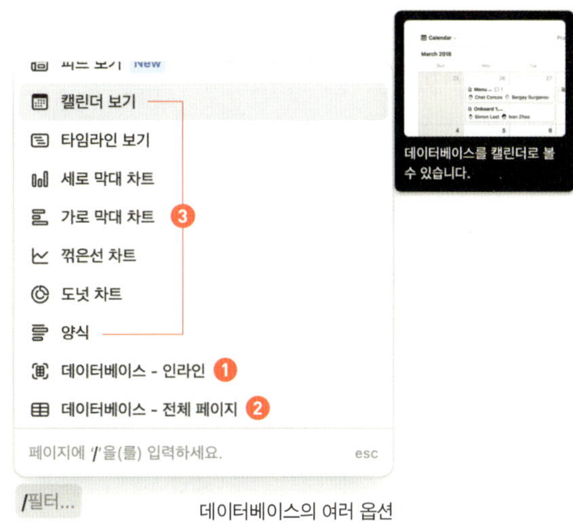

데이터베이스의 여러 옵션

데이터베이스 구성 살펴보기

데이터베이스는 어떻게 이루어져 있을까요? 데이터베이스를 잘 활용하기 위해서는 먼저 그 구성을 이해하는 것이 중요합니다. 하나씩 살펴보며 데이터베이스와 가까워지는 시간을 가져보도록 하겠습니다.

데이터베이스 구성

① **데이터베이스 이름 입력**: 데이터베이스의 용도를 파악할 수 있도록 자유롭게 이름을 붙일 수 있습니다. 필자의 경우 데이터베이스가 속한 페이지와 그 목적을 적어두는 편입니다. 예를 들어, 직장생활 페이지 내 할 일 관리 데이터베이스라면 '직장생활 - 할 일 관리'로 데이터베이스 이름을 설정하고 있습니다.

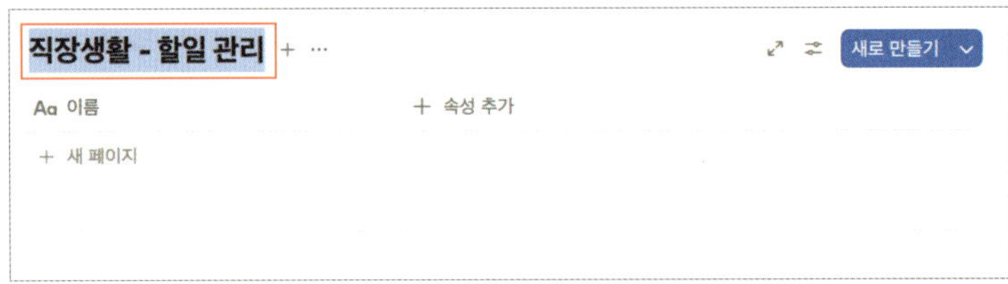

② **새 보기 추가**: 데이터베이스에는 '보기'라는 개념이 있습니다. 이는 데이터 자체는 바꾸지 않고, 그저 다른 방식으로 확인하고 표현할 수 있는 기능을 의미합니다. 우리는 [보기 추가]를 통해 한 데이터베이스를 여러 방식으로 볼 수 있습니다.

❸ **보기와 데이터베이스 간단 설정**: 현재 데이터베이스 보기를 복제하거나, 제목 및 아이콘 편집 등이 가능합니다. [데이터베이스 보기] 버튼을 누르면, 현재 어떤 데이터베이스의 보기인지 확인할 수 있습니다.

❹ **전체 페이지로 열기**: 인라인으로 배치된 데이터베이스를 전체 페이지로 확장하여 볼 수 있습니다. 페이지에 여러 내용이 있어 데이터베이스만에 집중하기 어려울 때 주로 사용합니다.

❺ **보기와 데이터베이스 세부 설정**: 현재 보기와 데이터베이스를 세부적으로 설정할 수 있는 버튼입니다. 필터와 정렬 등 보기를 설정하는 부분과, 데이터베이스 잠금이나 속성 편집 등 데이터베이스 자체를 설정하는 부분으로 구성되어 있습니다.

❻ **새 페이지 추가**: 앞에서 언급했다시피 데이터베이스는 여러 페이지의 모음입니다. 해당 버튼을 통해 데이터베이스 안에 새로운 페이지를 생성할 수 있습니다. 기본적으로 데이터베이스 좌측과 우측에 각각 버튼이 존재합니다.

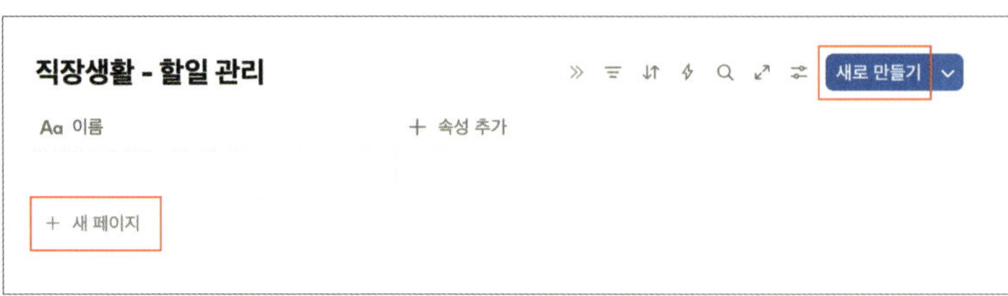

❼ **템플릿 생성**: 반복해서 같은 구조의 페이지를 만들어야 한다면, 자주 쓰는 양식을 템플릿으로 저장해 보세요. 예를 들어, 주간회의록은 매주 비슷한 구성일 겁니다. 안건, 의견, 앞으로의 방향성 같은 항목들이 늘 들어가게 되죠. 이런 틀을 미리 템플릿으로 만들어 두면, 매번 같은 형식을 다시 적을 필요가 없게 되어 편리합니다.

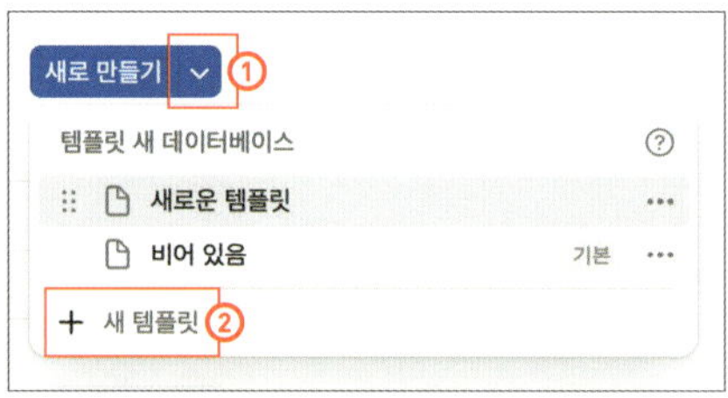

 속성 추가: 데이터베이스 내 데이터를 분류하고 정렬하려면 적절한 속성을 추가하는 것이 중요합니다. 어떤 기준으로 데이터를 분류할지 먼저 고려한 후, 그에 맞는 속성을 추가하면 됩니다. 만약 날짜를 기준으로 데이터를 정렬하고 싶다면 ① 우선 [속성 추가] 버튼을 누른 뒤, ② [날짜] 속성을 추가해 주세요.

데이터베이스의 속성과 보기

데이터베이스를 잘 사용한다는 것은 무엇일까요? 저는 상황에 맞게 속성과 보기를 적절히 활용하는 것이라고 생각합니다.

데이터베이스에서는 사용자의 필요한 목적에 맞춰 어떤 속성을 추가할지, 데이터를 어떤 형식으로 볼지 고민하고 결정하는 과정이 가장 중요합니다.

데이터베이스 속성이란?

속성은 데이터베이스 내 여러 페이지를 구분하는 역할을 합니다. '어떤 속성을 써야 한다.'라는 정해진 답은 없습니다. 사용자가 페이지를 어떻게 구분하고 싶은지에 따라 속성의 유형이 달라지기 때문입니다.

속성을 활용할 때는 먼저 페이지를 어떤 기준으로 분류할지 생각하고, 그에 맞는 속성을 찾아 적용하는 것이 훨씬 편리합니다.

데이터베이스 속성

> **Tip 속성을 숨길 수도 있어요**
>
> ❶ 현재 속성을 클릭하면 편집 화면이 나타납니다. ❷ 여기서 [숨기기]를 선택하면 해당 속성을 겉으로 보이지 않게 설정할 수 있습니다. 이 경우 속성이 삭제되는 것은 아니며, 페이지를 열어야만 확인할 수 있게 됩니다.
>
> 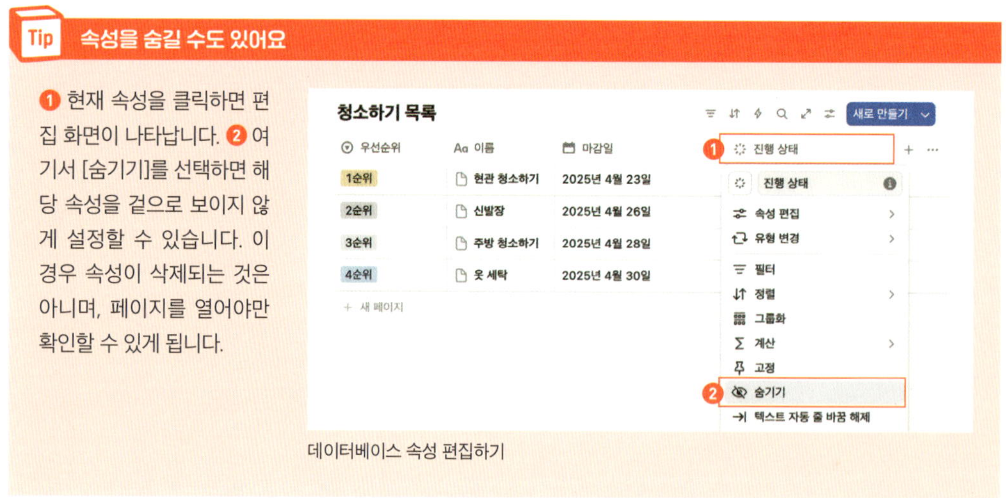
>
> 데이터베이스 속성 편집하기

모두의 노션 AI

 데이터베이스 보기란?

데이터베이스의 장점 중 하나는, 동일한 내용을 다양한 방법으로 보여줄 수 있다는 점입니다. 이 때문에 하나의 데이터베이스를 목적과 취향에 맞게 다른 형태로 볼 수 있습니다. 물론 데이터 자체는 변함이 없는 상태입니다.

이를 위해서는 '보기'를 잘 활용해야 합니다. 참고로 노션에서는 보기를 '레이아웃'이라고도 칭합니다. 새로운 데이터베이스를 만들 때 [차트] 보기, [캘린더] 보기 등 특정 보기를 선택해 시작할 수도 있지만, 기본적으로 데이터베이스는 [표] 보기 형태로 생성됩니다. 이를 시작점으로, 필요에 따라 원하는 방식으로 보기 형태를 전환할 수 있습니다.

어떤 방식이 가장 적합한지는 목적에 따라 달라지므로, 다양한 보기를 직접 사용해 보며 익혀보는 것을 추천합니다.

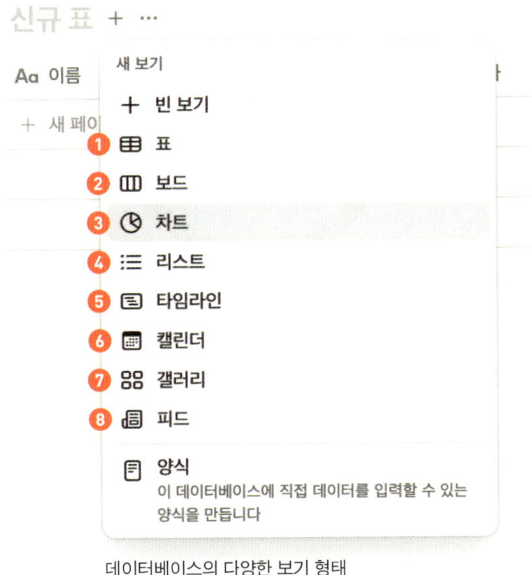

데이터베이스의 다양한 보기 형태

1 **표**: 가장 기본적인 보기 형태로 데이터의 속성을 한눈에 비교하고 싶을 때 유용합니다. 일반적인 엑셀과 비슷하다고 생각하시면 됩니다.

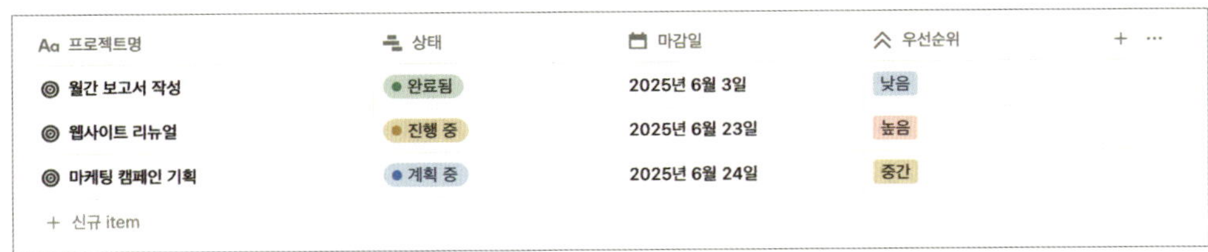

❷ **보드**: 데이터를 특정 기준에 따라 그룹별로 나누어 보고 싶을 때 적합합니다. 그 특정 기준은 진행 상황이 될 수도 있고, 각 데이터의 카테고리가 될 수도 있습니다. 내가 원하는 기준으로 그룹을 생성하여 볼 수 있습니다.

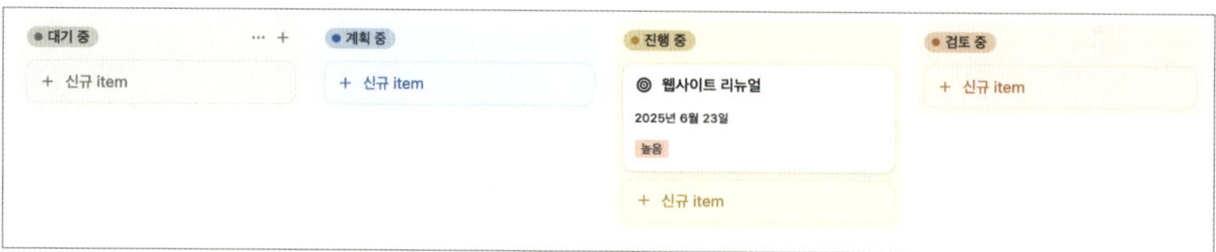

❸ **차트**: 데이터를 그래프로 보고 싶을 때 적합합니다. 현재는 막대와 원형 그래프를 제공하고 있습니다.

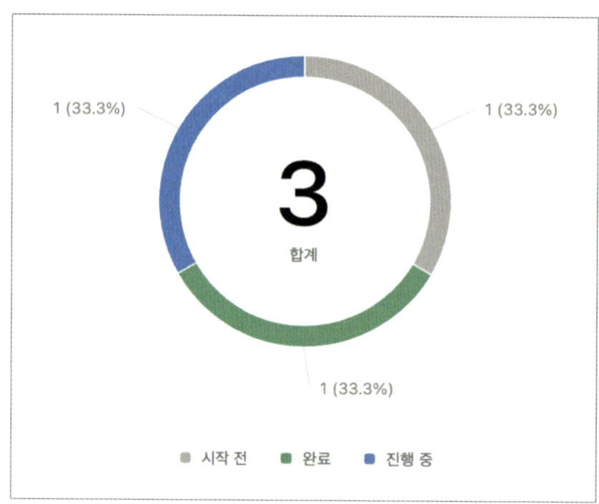

❹ **리스트**: 가장 단순한 형태로, 데이터를 간단하게 나열하고 싶을 때 추천합니다. 마치 페이지를 나열한 것과 동일하게 보이죠. 다만 속성을 표시할 수 있어 한눈에 데이터를 구분지을 수 있다는 점이 매력적입니다.

❺ **타임라인**: 시간의 흐름이 중요할 때 활용하면 좋은 보기 형태입니다. 한 프로젝트의 작업 상황을 이어서 쭉 보고 싶을 때 사용하면 좋습니다.

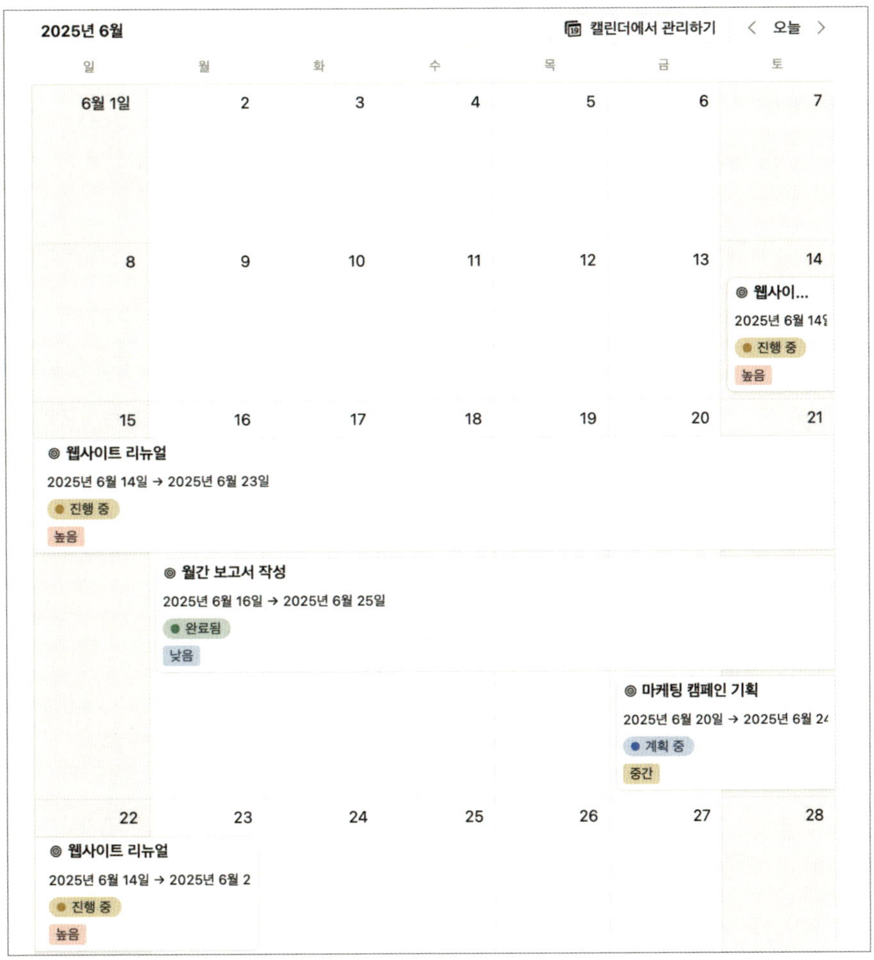

❻ **캘린더**: 일정 관리처럼 날짜 정보가 중요한 경우에 효과적입니다. 캘린더 보기에서는 데이터를 월별 또는 주별로 확인할 수 있습니다. 이 보기를 생성하면 자동으로 데이터베이스에 [날짜] 속성이 추가됩니다. 이는 해당 속성을 기준으로 캘린더에 데이터가 표시되기 때문입니다.

❼ **갤러리**: 이미지 등 시각적 정보가 중요한 경우 활용하기 좋습니다. 페이지의 커버 이미지를 대표 이미지로 설정할 수도 있지만, [파일 및 콘텐츠] 속성을 추가해 해당 속성을 대표 이미지로 사용할 수도 있습니다.

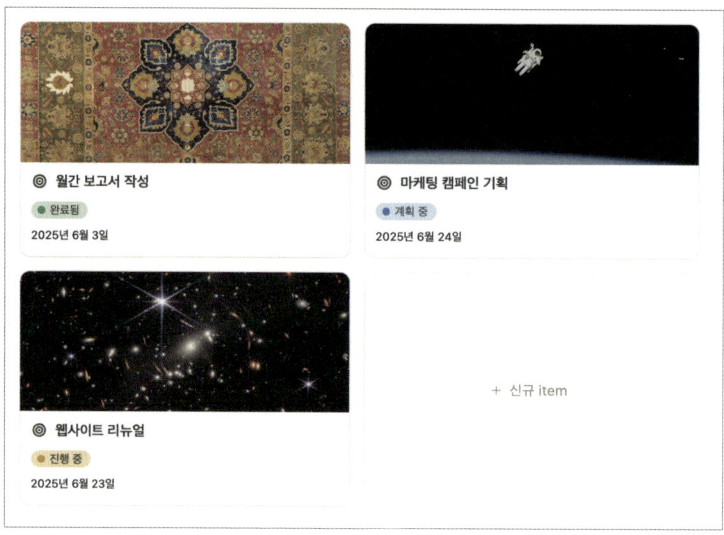

❽ **피드**: 페이지를 카드형으로 보여 줍니다. 마치 인스타그램의 피드를 보는 듯한 느낌이 납니다. 해당 보기는 공지처럼 콘텐츠를 빠르게 읽어야 할 때 유용합니다.

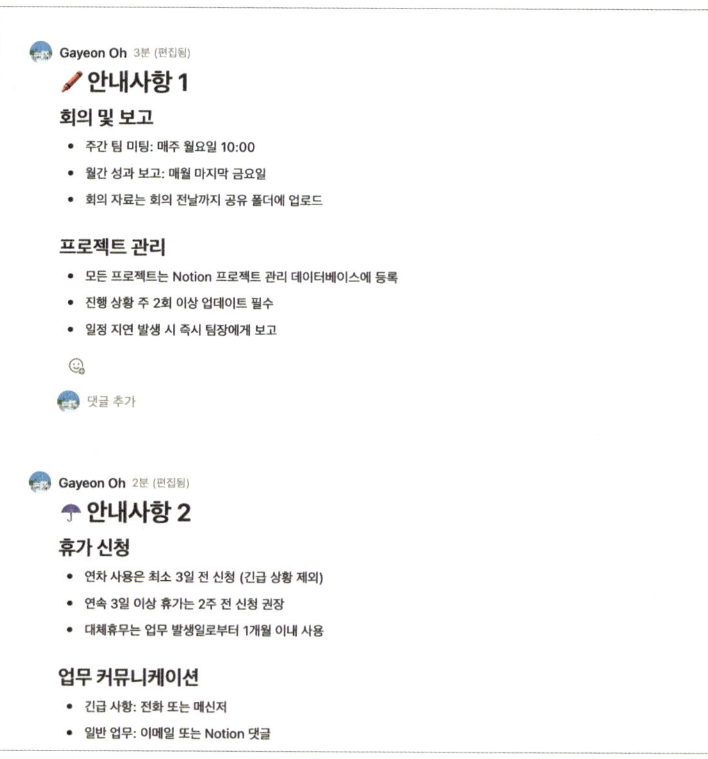

지금까지 여덟 가지 데이터베이스 보기 형태를 살펴봤습니다. 보기 형태는 지속적으로 업데이트되고 있는데요. 많은 보기 형태에 대체 어떤 것을 사용해야 할지 고민될 때가 많습니다. 이럴수록 '보기'의 본질을 기억해 주세요. 보기는 데이터베이스에 담긴 데이터를 내가 원하는 형태로 시각화하여, 정보의 활용도를 극대화하기 위해 존재합니다.

따라서 데이터의 특성과 맥락을 고려해 가장 적합한 보기를 선택한다면, 보기 형식이 아무리 많아져도 필요한 방식을 주저 없이 고를 수 있을 것입니다.

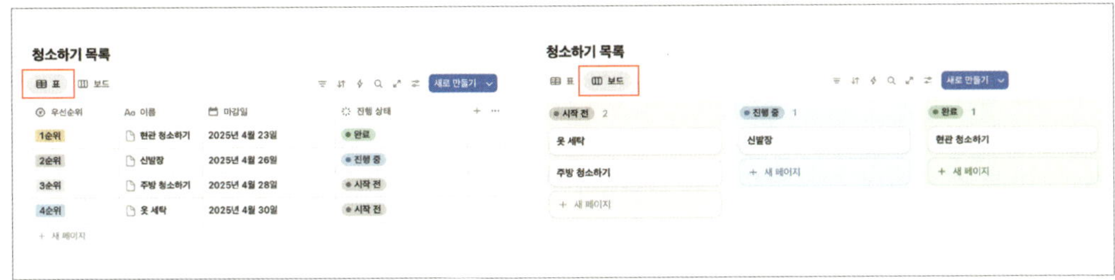
동일한 데이터베이스이지만 다른 보기 형태

데이터베이스는 '노션의 전부'라고 불러도 과언이 아닐 만큼 그 비중이 큽니다. 다양한 기록을 가능하게 하고, 이를 체계적으로 정리할 수 있도록 돕는 핵심 기능이기 때문입니다. 이어지는 절에서는 데이터베이스를 구축하는 방법과 활용 방식을 본격적으로 살펴보겠습니다.

데이터베이스의 기능은 매우 다양하지만, 처음부터 모든 것을 완벽히 알 필요는 없습니다. 이번 절에서 다룬 '속성'과 '보기'라는 두 가지 핵심 개념만 이해해도 이후 예시들을 통해 데이터베이스에 쉽게 익숙해질 수 있을 것입니다.

이제 직접 데이터베이스를 만들어 볼 차례입니다. 지금 바로 나의 첫 번째 데이터베이스를 만들어 보러 갈까요?

Key Points

- 페이지는 다양한 블록을 자유롭게 담는 공간이다.
- 반면, 데이터베이스는 여러 페이지에 속성을 부여해 정리하고 관리할 수 있도록 도와주는 도구다.
- 데이터베이스에는 사용자의 목적에 따라 다양한 속성을 추가할 수 있고, 스타일에 맞게 여러 가지 보기도 활용할 수 있다.

2 - 3 | 데이터베이스 생성과 활용

데이터베이스의 기본 개념을 이해했다면, 이제는 직접 만들어 보며 익혀볼까요? 데이터베이스는 개념을 이해하는 것보다 실제로 만들어 보는 것이 가장 빠른 학습법입니다.

이번에는 데이터베이스 활용 예시와 함께 자주 사용되는 보기 형태들을 알아보겠습니다.

예시로 살펴보는 데이터베이스 생성

데이터베이스를 어떻게 활용할 수 있을까요? 이번에는 가장 쉽고 흔히 사용하는 세 가지 보기 형태를 중심으로 활용 예시를 소개하려 합니다. 예시를 살펴보며 '나라면 데이터베이스를 어떻게 만들고 싶을까?'를 고민해 보고, 실제로 노션을 직접 다루면서 책을 함께 보는 것도 큰 도움이 될 것입니다. 그럼 첫 번째 예시부터 시작해 볼까요?

💬 취업 준비를 위한 할 일 관리: [보드 보기]

취업 준비를 위해 해야 할 일을 정리하는 데이터베이스를 만들어 보겠습니다. 이 예시는 취업뿐 아니라 다른 모든 할 일 관리에도 활용할 수 있습니다.

성공적인 취업을 위해서는 해야 할 일이 매우 많습니다. 일이 많아지면 무엇부터 시작해야 할지 막막하게 느껴지기 쉽죠. 이럴 때, 지금 어떤 일을 해야 하는지와 완료한 일을 한눈에 확인할 수 있다면 훨씬 수월하게 관리할 수 있습니다.

특히 '시작 전', '진행 중', '완료'처럼 상태별로 그룹화할 수 있는 [보드 보기]가 큰 도움이 됩니다.

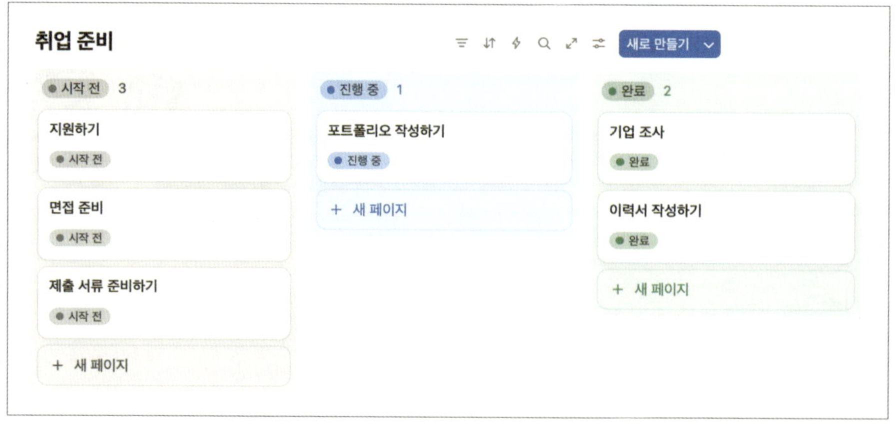

- **취업 준비용 데이터베이스,
  [보드 보기]로 만들기**

  ❶ 데이터베이스를 만들고 싶은 위치에서 "/데이터베이스"를 입력하고, 나타나는 옵션 중 [보드 보기]를 선택합니다.

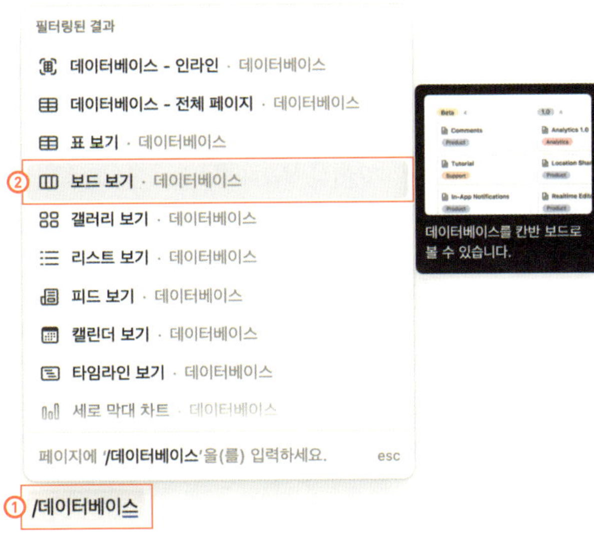

❷ 보드가 생성되면, [+ 새 페이지]를 눌러 취업 준비에 필요한 할 일을 하나씩 입력해 보세요. 각 할 일을 상태별로 드래그해 이동할 수도 있습니다.

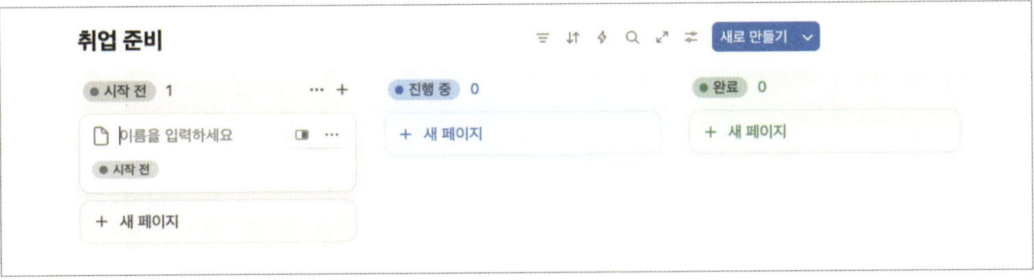

작성한 할 일에 우선순위를 기입하고 싶나요? 단순히 할 일 이름에 우선순위를 포함시켜도 되지만, 속성을 활용하는 방법도 좋습니다. 추후 해당 속성을 기준으로 정렬하거나 그룹화할 수 있기 때문입니다.

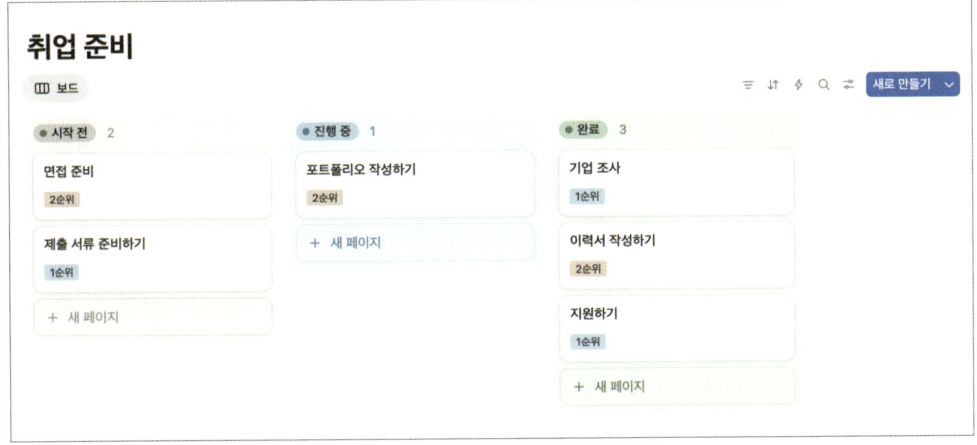

우선순위가 보이는 취업 준비용 데이터베이스

•할 일의 우선순위를 표시하기 위해 속성 활용하기

① 데이터베이스 상단의 [+속성 추가] 버튼을 누릅니다.

② 선택형 속성을 만들어 줍니다.

③ 속성의 이름을 '우선순위'로 지정합니다.

④ 각 할 일 페이지에 '1순위', '2순위'처럼 우선순위를 지정할 수 있습니다.

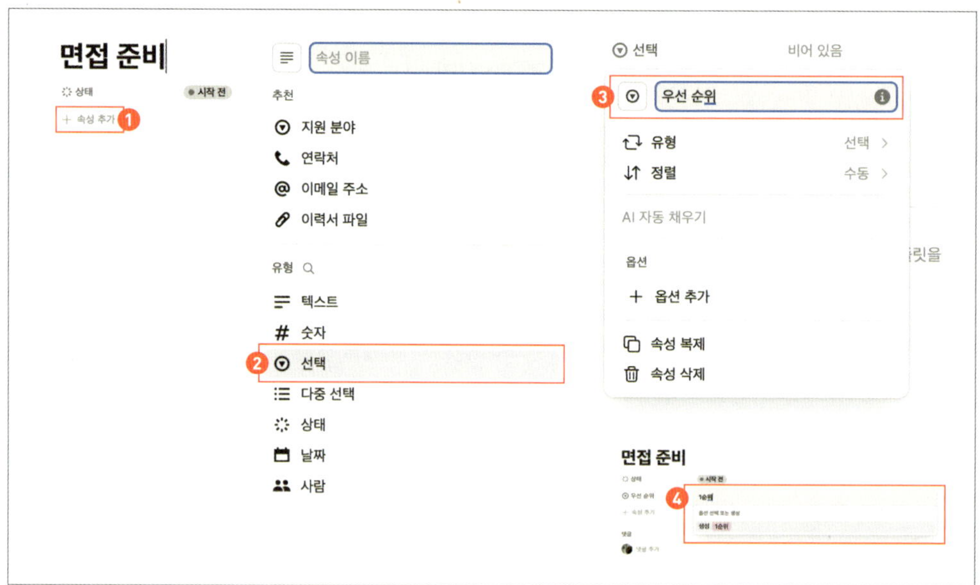

> **Tip** 만든 속성이 보이지 않는다면 이렇게 해 보세요

만약 추가한 속성이 보드에 표시되지 않는다면 속성이 숨겨져 있기 때문입니다. 이럴 때는 데이터베이스 설정에서 숨겨진 속성을 숨김 해제하면 됩니다.

① 데이터베이스의 오른쪽 상단 설정(⇄) 아이콘을 눌러 주세요.

② [속성 표시 여부]를 눌러 주세요.

③ 숨겨져 있던 속성의 눈 아이콘을 눌러, 속성을 표시해 주세요.

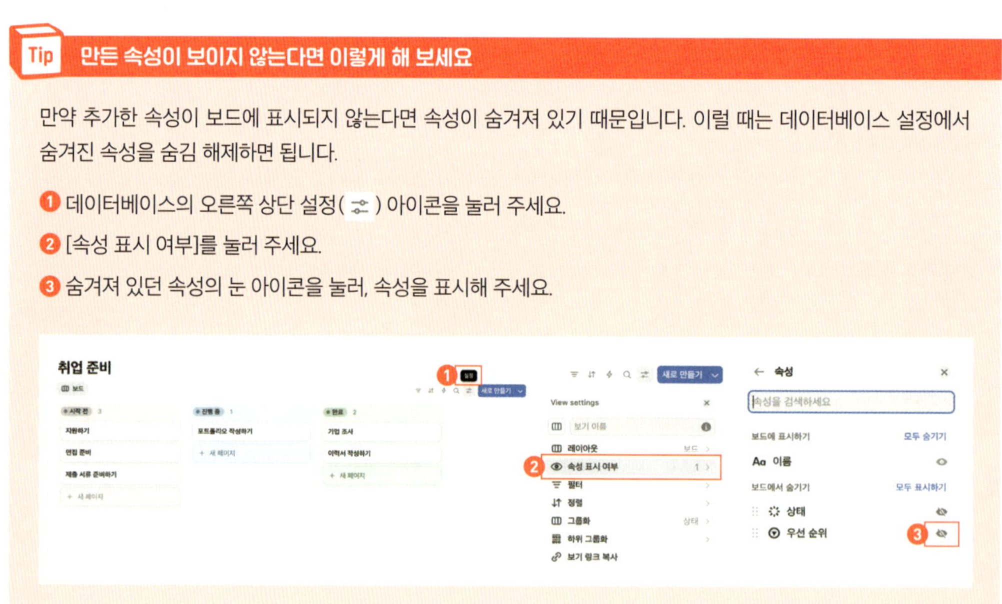

[보드 보기]에서는 그룹화 기준을 바꿀 수 있습니다. 현재 그룹화 기준은 [상태]로, '시작 전', '진행 중', '완료' 순으로 구분되어 있는 상태입니다. 이 기준을 바꿔 우선순위 등 다른 속성으로 그룹화를 변경할 수도 있습니다.

1 데이터베이스의 오른쪽 상단 설정(⇄) 아이콘을 눌러 주세요.

2 [그룹화]를 눌러 주세요.

3 상단의 [그룹화 기준]을 선택해 주세요.

4 원하는 속성으로 그룹화 기준을 변경하면 됩니다.

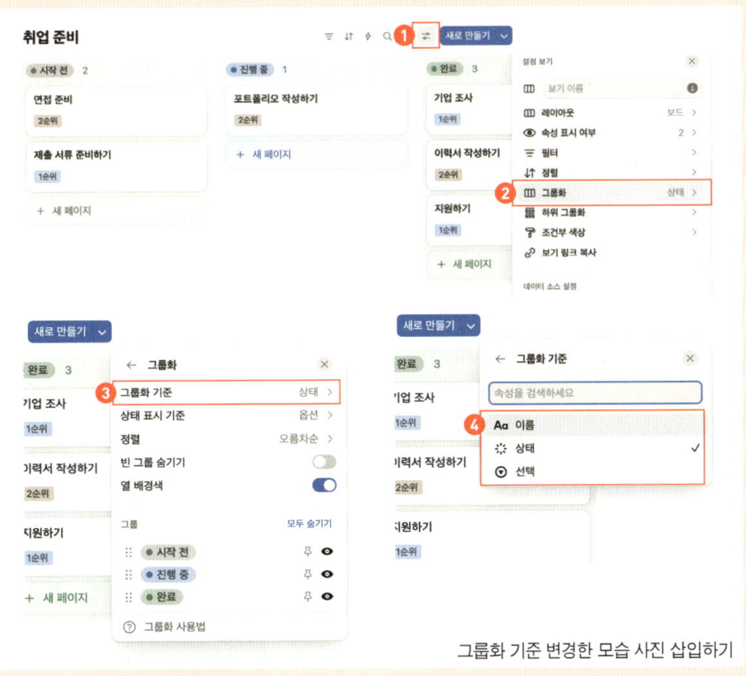

그룹화 기준 변경한 모습 사진 삽입하기

💬 직장인의 일정 관리: [캘린더 보기]

이번에는 일정 관리를 데이터베이스로 해보려고 합니다. 특히 직장인이라면 어제 어떤 업무를 했는지, 오늘 무엇을 해야 하는지 확인하는 순간이 많은데요.

이렇게 날짜가 중요할 때는, 날짜별로 할 일을 시각적으로 확인할 수 있는 [캘린더 보기]가 적합합니다.

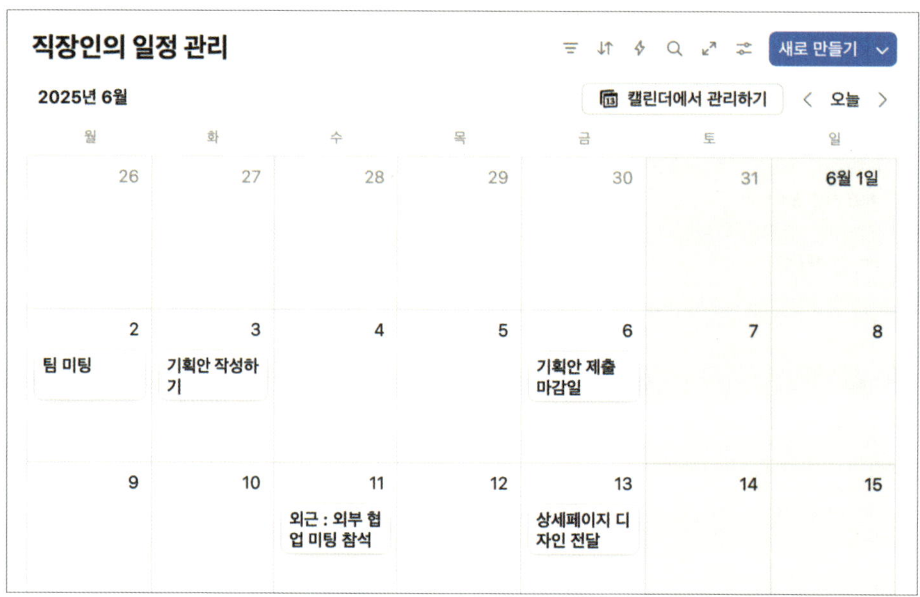

[캘린더 보기]를 활용한 직장인의 일정 관리용 데이터베이스

• 직장인의 일정 관리용 데이터베이스, [캘린더 보기]로 만들기

❶ 데이터베이스를 만들고 싶은 위치에서 "/데이터베이스"를 입력하고, [캘린더 보기]를 선택합니다.

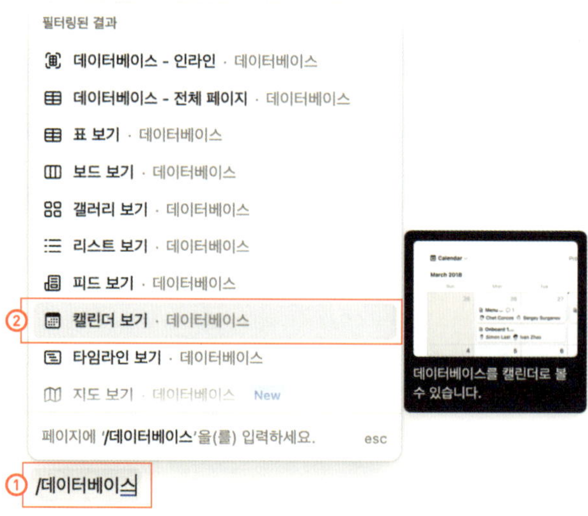

❷ 캘린더가 생성되면 [새로 만들기]를 눌러 할 일을 입력하세요. 혹은 원하는 날짜에 마우스를 가져다 대어 [+] 버튼을 누르면 됩니다.

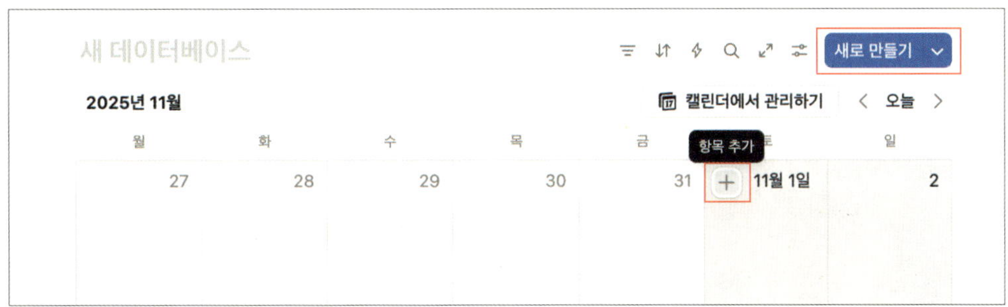

일정의 성격을 구분하고 싶다면 [선택형 속성]을 활용할 수 있습니다. '미팅', '개인 업무', '협업'과 같은 속성을 만들어 각 일정에 지정하면 됩니다. 마치 태그된 것처럼 일정이 구분되어 시각적으로 좋습니다.

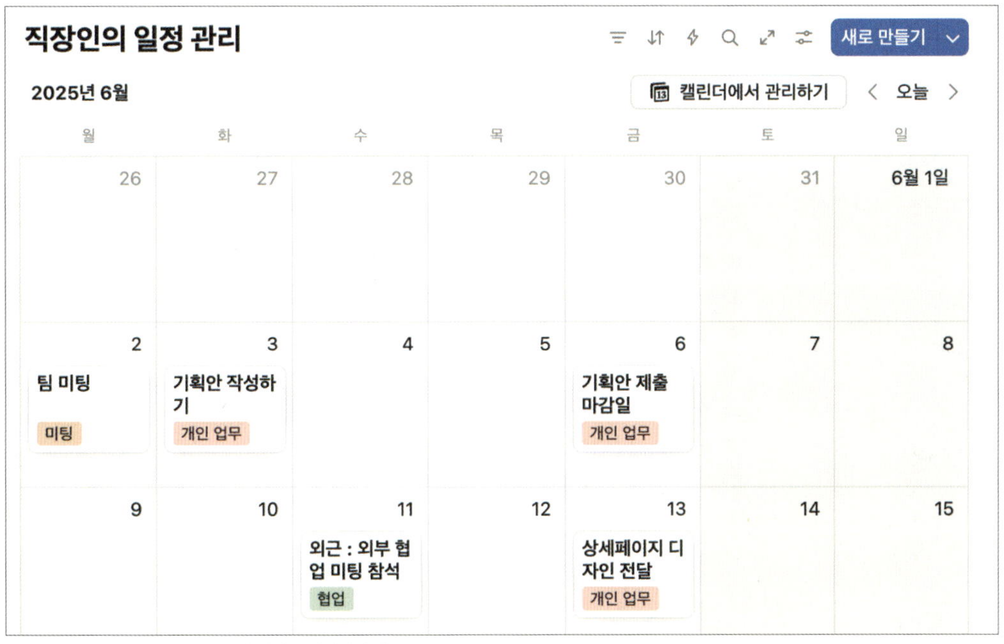

일정 성격이 보이는 직장인의 일정 관리용 데이터베이스

💬 사진 일기 쓰기: [갤러리 보기]

매일의 일상을 사진과 함께 기록하고 싶다면 어떤 보기 형태를 사용하면 좋을까요? 사진 중심의 기록이라면 [갤러리 보기]가 가장 적합합니다.

•사진 일기용 데이터베이스, [갤러리 보기]로 만들기

❶ 데이터베이스를 만들고 싶은 위치에서 "/데이터베이스"를 입력하고, [갤러리 보기]를 선택합니다.

❷ 페이지를 생성한 뒤 이미지를 추가하면 썸네일로 표시됩니다.

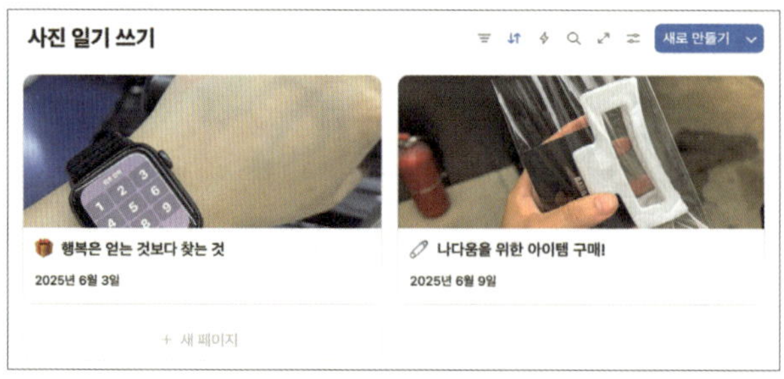

썸네일이 보이지 않는다면 오른쪽 상단의 설정 아이콘 → [레이아웃] → [카드 미리보기] 옵션을 확인해 보세요. [카드 사용 안함] 대신 다른 옵션을 선택하면 됩니다.

갤러리 보기에서 썸네일 설정하기

썸네일로 설정할 수 있는 옵션은 총 3가지가 존재합니다.

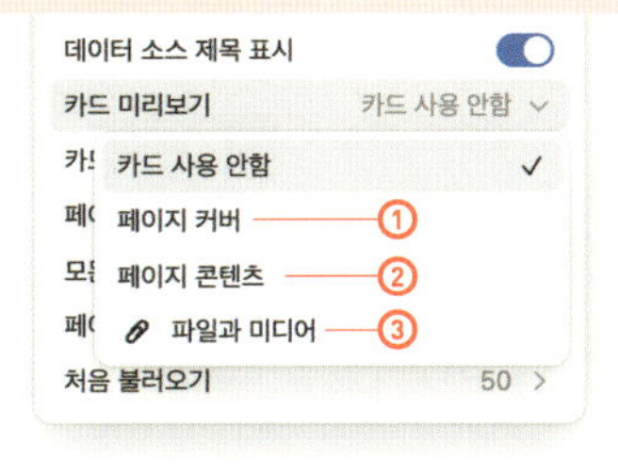

갤러리 보기에서 썸네일이 될 수 있는 세 가지 옵션

① [페이지 커버]는 각 페이지 내부에서 설정이 가능합니다. 페이지 제목에 마우스 커서를 가져다 대면 아래에 [커버 추가]라는 버튼이 뜹니다. 해당 버튼을 통해 커버를 추가할 수 있습니다.

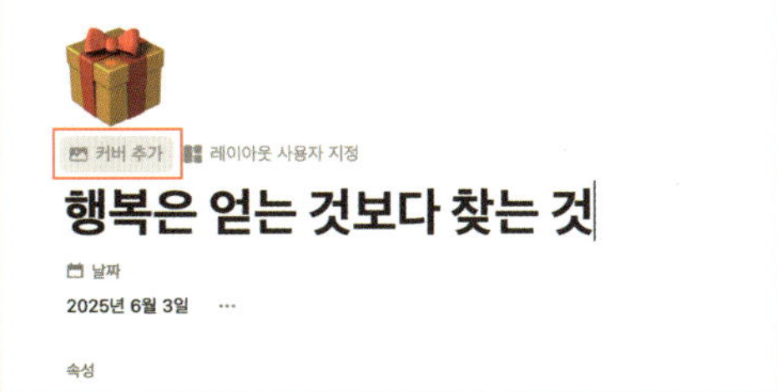

② [페이지 콘텐츠]는 페이지 안에서 가장 먼저 작성된 내용을 썸네일로 보여 주는 방식입니다. 텍스트로 시작하면 텍스트가, 이미지로 시작하면 그 이미지가 썸네일에 표시됩니다.

③ [파일과 미디어]는 페이지 커버나 내용을 썸네일로 설정하지 않고, 내가 원하는 특정 이미지를 썸네일로 지정하고 싶을 때 사용할 수 있습니다. 데이터베이스에 [파일과 미디어] 속성을 추가하고, 해당 속성에 원하는 사진 파일을 업로드하면 됩니다.

하나의 데이터베이스, 다양한 레이아웃 구성

기존에 [표 보기]로 정리한 데이터를 어느 순간 진행 상태별로 보고 싶을 때가 있을 수 있습니다. 그럴 때는 새로운 데이터베이스를 만들 필요 없이, 보기 형태를 전환하면 됩니다.

특정 속성을 기준으로 그룹화 지어 데이터를 보고 싶다면 [보드 보기]를 활용하는 것을 추천합니다.

Aa 이름	상태	날짜	+ ···
기업 조사	● 완료	2025년 5월 2일	
이력서 작성하기	● 완료	2025년 5월 17일	
포트폴리오 작성하기	● 진행 중	2025년 6월 12일	
제출 서류 준비하기	● 시작 전	2025년 6월 17일	
면접 준비	● 시작 전	2025년 6월 19일	
지원하기	● 시작 전	2025년 6월 27일	
+ 새 페이지			

데이터베이스를 표 형태로 보기

데이터베이스를 보드 형태로 보기

데이터베이스에 새로운 보기 형태 만들기

데이터베이스의 보기 형태를 바꿔볼까요? 현재 보기를 완전히 전환하는 방법부터, 기존 보기는 유지하면서 새로운 보기를 생성하는 방법까지 알아보겠습니다.

• 데이터베이스 기존 보기 형태로 전환하기

❶ 데이터베이스의 오른쪽 상단 설정 아이콘을 눌러 주세요.

❷ [레이아웃]을 눌러 주세요.

❸ 원하는 보기 형태로 전환하세요.

기존 데이터베이스에 새로운 보기 추가하기

❶ 데이터베이스 제목 옆 [+] 버튼을 눌러 주세요.

❷ 원하는 레이아웃을 선택해 주세요.

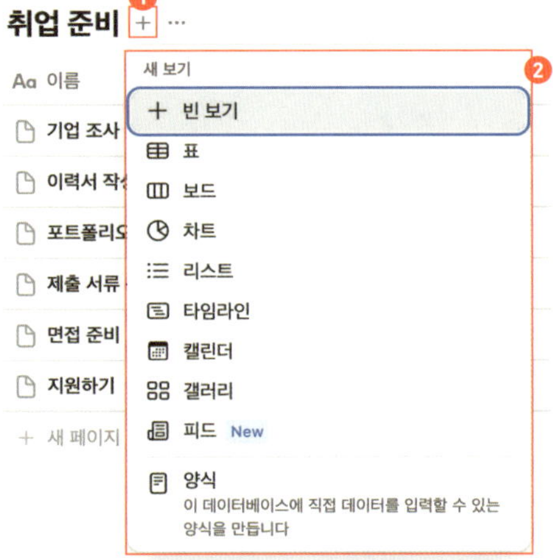

빈 공간에 기존 데이터베이스의 새로운 보기 추가하기

❶ "/데이터베이스"를 입력하고, 원하는 보기를 선택합니다.

❷ [기존 데이터 소스 연결하기]를 클릭해 기존 데이터베이스와 연결해 주세요.

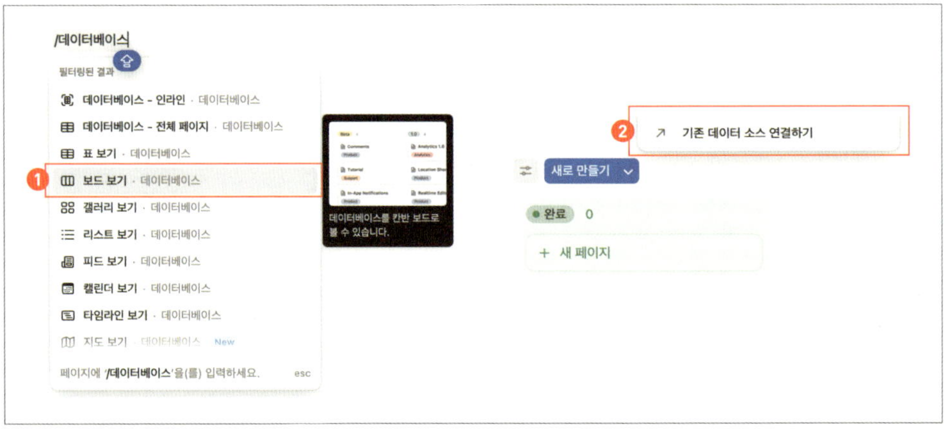

이렇게 데이터베이스의 기존 보기를 완전히 전환하거나, 기존 보기는 유지하면서 새로운 보기를 추가할 수도 있습니다. 특히 '기존 데이터베이스에 새로운 보기 추가하기' 방법은 하나의 화면에서 탭으로 보기를 전환할 수 있어, 원하는 형태로 빠르게 데이터를 확인할 수 있다는 장점이 있습니다.

'빈 공간에 기존 데이터베이스의 새로운 보기 추가하기'는 기존 보기와 새로운 보기를 완전히 독립적으로 분리해 확인할 수 있어, 마치 별도의 데이터베이스처럼 보여 시각적으로 더 편리합니다. 각각의 장점이 명확하기 때문에 상황에 따라 직접 시도해 보며 가장 잘 맞는 방식을 찾는 것을 추천드립니다.

예전에는 하나의 데이터베이스 안에서 해당 데이터의 '보기' 방식만 바꿀 수 있었습니다. 그러나 이제는 서로 다른 데이터베이스의 보기를 한 화면에 추가할 수 있게 되었는데요. 데이터베이스 상단의 [+] 버튼을 누른 뒤, 불러오고 싶은 다른 데이터베이스를 선택해 보세요. 여러 곳에 흩어진 정보를 한 곳에서 관리할 수 있어 효율이 훨씬 높아집니다.

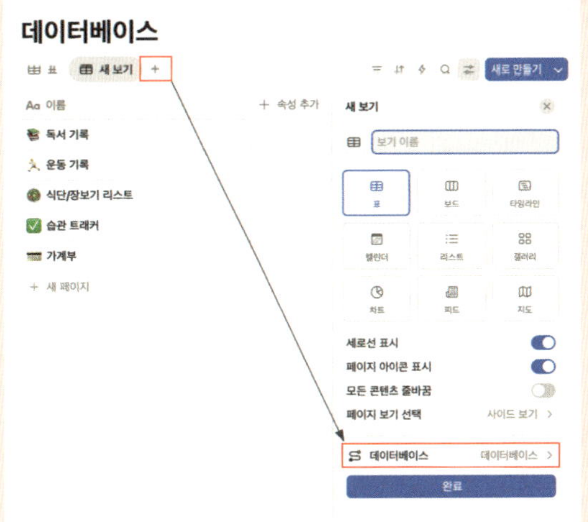

한 공간에서 여러 데이터베이스의 여러 보기 확인하기

Key Points

- 데이터를 어떻게 보고 싶느냐에 따라 데이터베이스의 보기를 설정할 수 있다.
- 하나의 데이터베이스를 여러 형태로 시각화하거나, 다른 위치에 불러와서 사용할 수도 있다.
- 속성 표시, 카드 미리보기 옵션 등 세부 설정을 활용하면 더 직관적이고 보기 좋은 데이터베이스를 만들 수 있다.

이제는 데이터베이스를 더 유용하게 만들어 주는 고급 기능을 알아보겠습니다. 해당 기능을 몰라도 데이터베이스 사용에는 큰 문제가 없지만, 고급 기능을 알게 되면 데이터베이스를 더 자유롭게 활용할 수 있을 것입니다. 데이터베이스의 고급 기능으로 알려진 자동화, 관계형, 롤업을 사례를 통해 살펴보겠습니다.

자동화 기능을 활용한 효율화

매번 반복되는 작업이 있다면 노션의 '자동화' 기능을 활용해 보세요. 실행 조건과 그에 따른 작업을 설정해 두면, 직접 손대지 않아도 노션이 업무를 알아서 처리합니다. 자동화는 기본적으로 유료 요금제에서 제공됩니다. 인증이 가능한 학교 이메일만 있다면 사용 가능한 '교육용 플러스 요금제'도 자동화를 활용할 수 있습니다. 무료 요금제에서도 일부 기능을 체험해 볼 수는 있지만, 제약 없이 완벽한 업무 환경을 구축하고 싶다면 유료 요금제 사용을 추천드립니다. 효율적인 작업을 위해 꼭 필요한 자동화, 함께 알아볼까요?

💬 자동화란?

자동화는 조건이 충족되면 지정해 둔 작업이 자동으로 실행되는 구조입니다. 같은 일을 반복해야 할 때 효율적으로 진행하기 위해 자동화를 사용할 수 있습니다.

❶ 데이터베이스 오른쪽 상단 [자동화] 버튼을 누르면 ❷ 자동화가 실행될 조건과 ❸ 어떤 자동화를 진행할 것인지 작업을 설정할 수 있습니다.

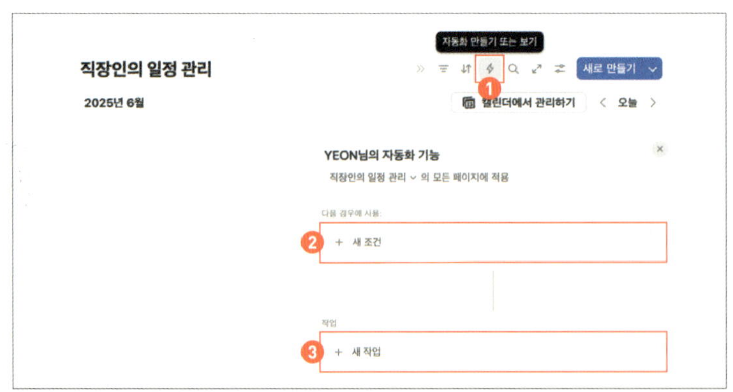

자동화의 구조

예를 들어 매주 월요일마다 팀 미팅 페이지를 생성해야 하는 상황이라면, 자동화를 활용할 수 있습니다. 실제 예시를 통해 자동화 사용 방법을 알아보겠습니다.

• 매주 월요일, 팀 미팅 페이지가 자동으로 생성될 수 있도록 자동화 설정하기

❶ 데이터베이스 오른쪽 상단 [자동화] 버튼을 클릭합니다.

❷ 조건 설정을 위해 [새 조건]을 눌러 주세요.

❸ 반복되어야 하는 자동화이므로 [반복] 버튼을 눌러 줍니다.

❹ 매주 생성되어야 하니 반복 주기는 [주]로 선택해 주세요.

❺ 매주 언제 자동화를 실행할 것인지 설정해 주세요.

❻ 조건을 설정했다면, 이제 조건이 발생할 때 실행할 작업을 선택합니다. [새 작업]에서 [페이지 추가 위치]를 눌러 주세요.

❼ 이후 어떤 페이지를 반복적으로 만들 것인지 설정해 줍니다. 이름 속성에 '월요일 미팅'을 입력하면, 매주 월요일마다 '월요일 미팅'이라는 제목을 가진 페이지가 생성됩니다.

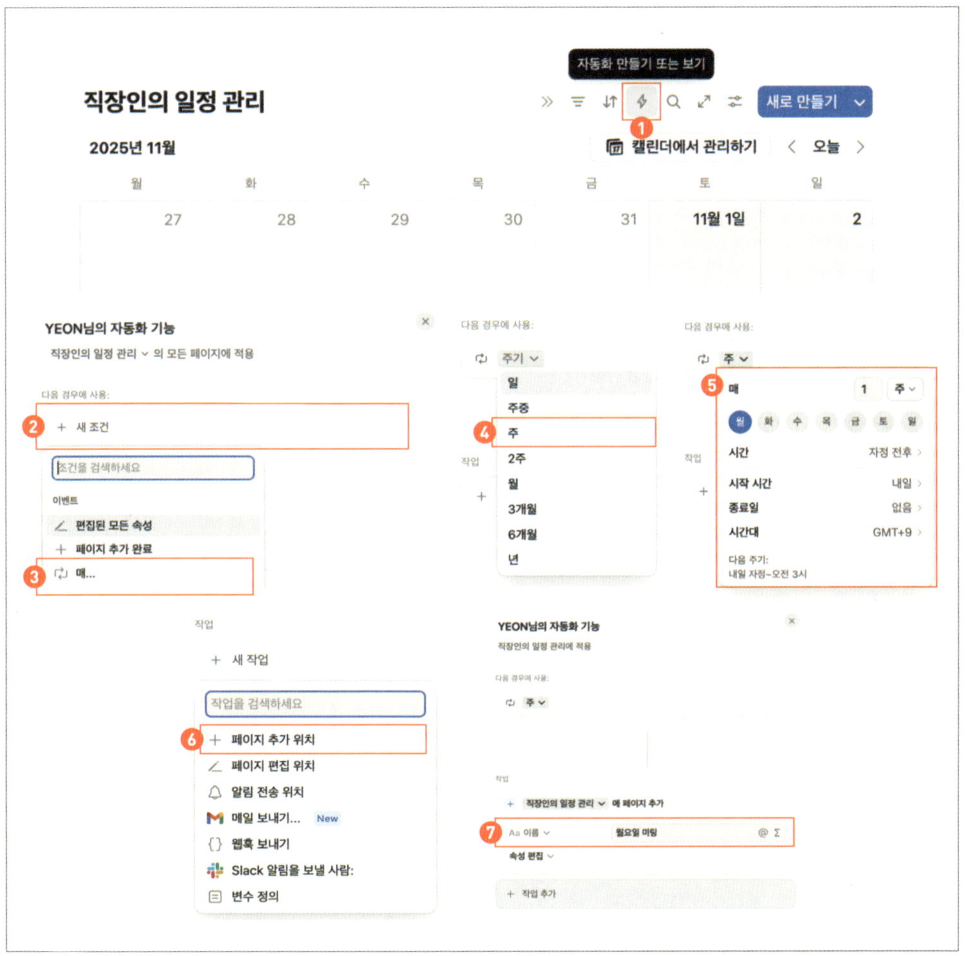

관계형과 롤업의 구조 및 활용

데이터베이스를 여러 개 사용하다 보면 한 가지 아쉬운 점이 생깁니다. 예를 들어 [프로젝트] 데이터베이스와 [할 일] 데이터베이스가 존재한다고 했을 때, 내가 현재 프로젝트에서 어떤 일을 하고 있는지 한눈에 파악하기 어렵습니다. [프로젝트] 데이터베이스를 보고, [할 일] 데이터베이스를 비교하면서 스스로 파악해야 합니다.

이럴 때는 관계형과 롤업을 활용하면 불편함을 해결할 수 있습니다. 하나의 데이터베이스에 또 다른 데이터베이스를 연결해, 두 개 이상의 데이터베이스를 한 번에 보는 효과를 경험할 수 있습니다.

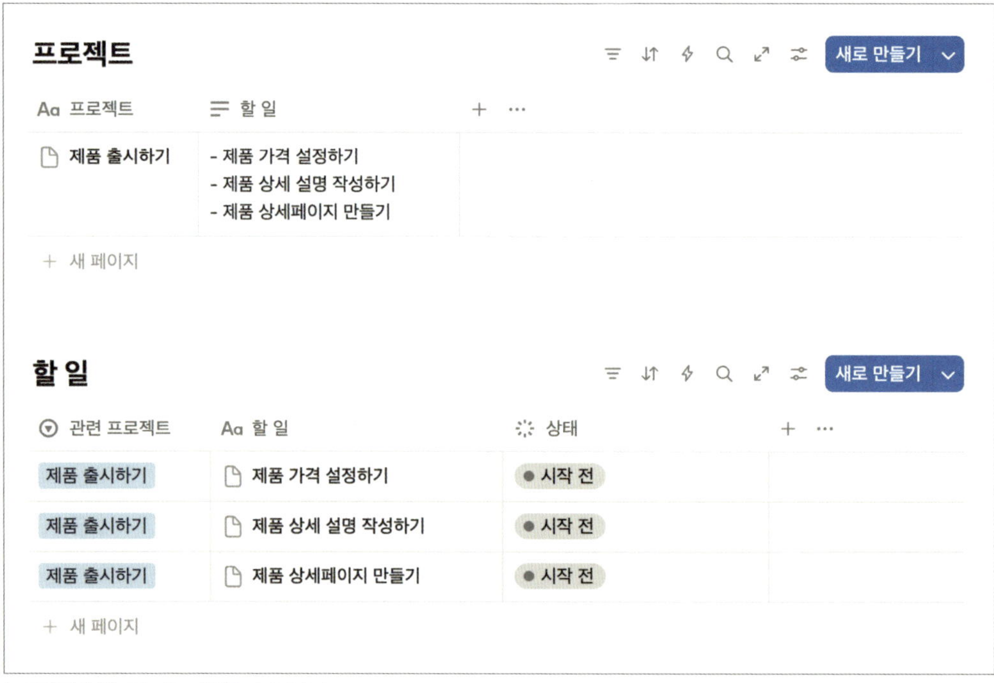

[프로젝트]와 [할 일], 서로 다른 두 데이터베이스

관계형이란?

서로 다른 두 데이터베이스를 잇는 '관계형' 기능을 살펴보겠습니다. 우리는 관계형을 통해 따로 떨어져 있는 데이터베이스 내 정보들을 연결할 수 있게 됩니다. 이 때문에 보다 체계적으로 정보를 관리하며 활용할 수 있죠. 관계형 기능을 사용해 두 데이터베이스를 연결해 볼까요?

• 관계형 맺기

❶ 관계형을 맺고자 하는 데이터베이스에서 [+] 버튼을 누릅니다.

❷ [관계형] 속성을 추가해 주세요.

❸ 현재 데이터베이스와 관계형으로 묶을 또 다른 데이터베이스를 선택해 주세요.

❹ [양방향 관계형]을 켜 주세요. 해당 버튼을 활성화하면 한 데이터베이스에서 내용을 수정했을 때 두 데이터베이스 모두에서 적용됩니다.

❺ [관계형 추가] 버튼을 눌러 관계형 맺기를 완료하세요.

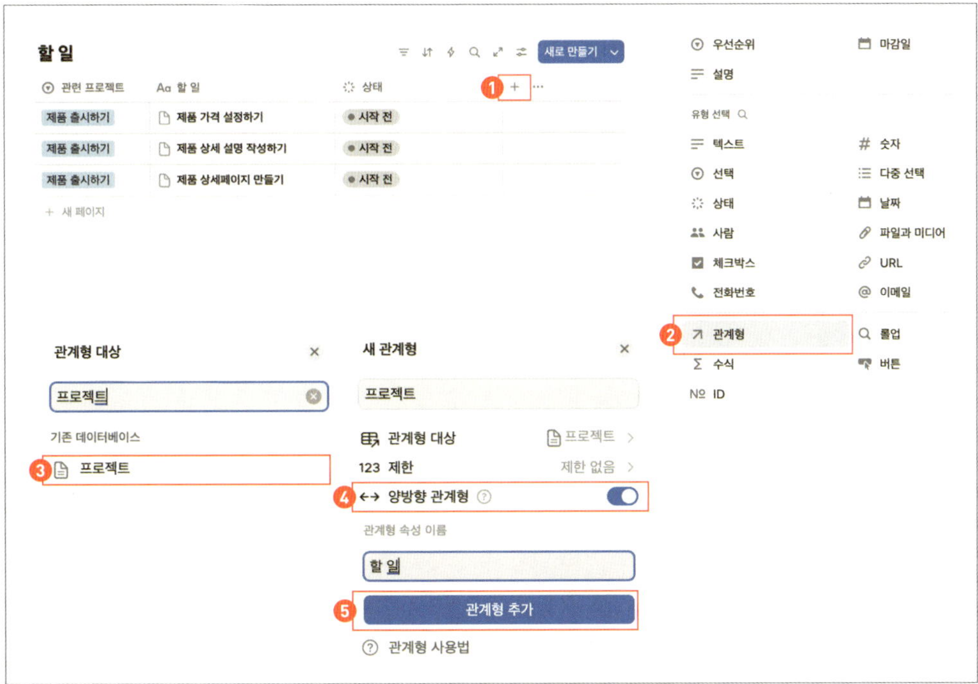

두 데이터베이스가 관계형으로 연결됐다면, 이제 각 페이지를 연결해 주는 작업을 할 차례입니다. [할 일] 데이터베이스의 페이지와, [프로젝트] 데이터베이스의 페이지를 연결하는 작업입니다.

• 데이터베이스 간 페이지 연결하기

① 각 페이지에서 [관계형] 속성을 눌러 줍니다.

② 연결된 관계형 데이터베이스에서 해당 페이지와 연결할 또 다른 페이지를 선택해 주세요.

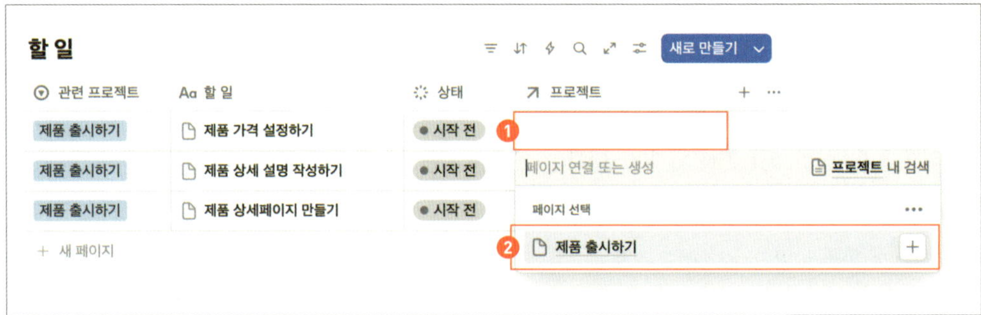

이렇게 되면 [할 일] 데이터베이스와 [프로젝트] 데이터베이스가 연결되고, 각 데이터베이스 내 페이지가 묶이게 됩니다. 따라서 나의 할 일이 어떤 프로젝트와 연관되어 있는지 한눈에 확인할 수 있죠.

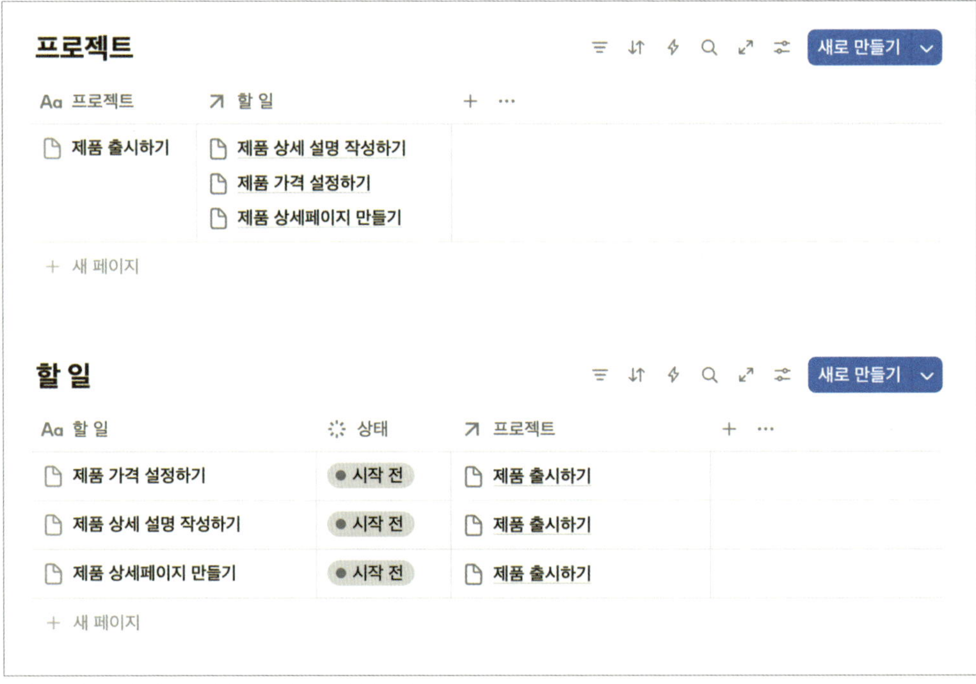

데이터베이스를 관계형으로 묶은 뒤, 페이지가 연결된 모습

예를 들어, [프로젝트] 데이터베이스에서, 프로젝트별로 연결된 할 일 중 완료된 항목 수를 확인하고 싶다면 어떻게 해야 할까요?

관계형으로 데이터베이스를 연결한 뒤, [롤업] 기능을 활용하면 연결된 데이터베이스에서의 정보를 불러올 수 있습니다. 이때 가져오는 정보는 연결된 데이터베이스의 속성과 관련이 있습니다.

[프로젝트] 데이터베이스와 [할 일] 데이터베이스는 관계형으로 묶인 상태이며, 각 페이지끼리 연결되었다고 가정한 상황에서 롤업 기능을 사용해 보겠습니다.

• 롤업 기능을 사용해 프로젝트별, 완료한 할 일 항목의 개수를 파악하기

먼저 [프로젝트] 데이터베이스에서 [롤업] 속성을 추가합니다.

❶ [롤업] 속성을 어떤 관계형에 사용할 것인지 선택하는 작업입니다.

❷ [기존 관계형을 선택하세요]에서 [할 일] 데이터베이스를 택하면 됩니다.

❸ 우리는 [할 일] 데이터베이스의 상태 속성을 활용할 것이기 때문에, 속성으로 [상태]를 선택해 주세요.

❹ 완료한 할 일의 수를 파악해야 하기 때문에 [수]를 택하면 됩니다.

❺ 이후 [그룹별 개수]를 선택해 주세요. 그래야 상태별 숫자를 활용할 수 있습니다.

❻ 마지막으로 [완료된 항목]을 지정해 주세요. 이렇게 설정하면 완료된 항목의 개수를 도출할 수 있습니다.

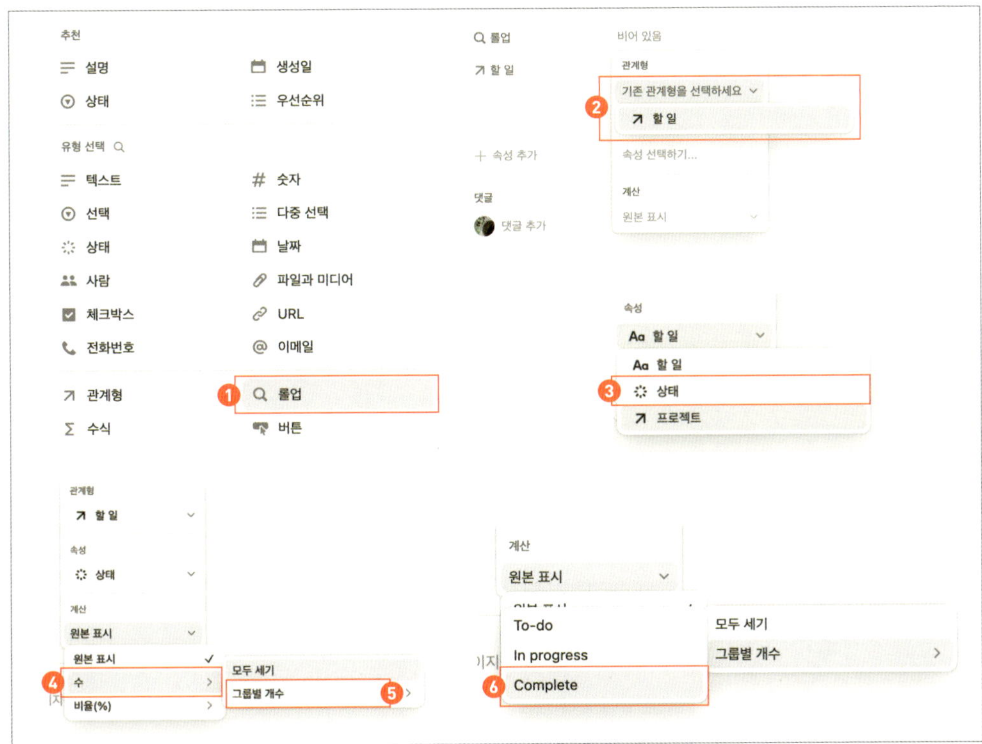

롤업 설정 완료 화면

실전 데이터베이스 활용하기

지금까지는 데이터베이스를 이론적으로 살펴봤다면, 이제는 실제로 활용해 볼 차례입니다. 데이터베이스는 직접 만들어 보면서 익히는 과정에서 훨씬 빠르게 이해할 수 있습니다. 이번에는 삶에서 이루고 싶은 목표와 그 목표를 위한 실행 항목을 정리하는 '인생 로드맵' 페이지를 직접 만들어 보겠습니다. 페이지를 만들면서 데이터베이스를 생성하고, 지금까지 배운 기능들을 실제로 적용해 보는 시간을 가져보겠습니다. 그럼 시작해 볼까요?

💬 데이터베이스 만들기

먼저 어떤 페이지를 만들고 싶은지 구체적으로 정리해 보겠습니다. 우리가 만들 페이지는 '인생 로드맵' 페이지로, 삶에서 이루고 싶은 목표와 그 목표를 실현하기 위해 필요한 요소들을 체계적으로 정리하는 것을 목표로 합니다.

이를 위해 필요한 데이터베이스는 두 가지입니다. 하나는 삶의 목표를 담는 데이터베이스, 또 하나는 각 목표에 따른 할 일을 정리하는 데이터베이스입니다.

또한 목표는 단순히 나열하는 것이 아니라 나이대별로 분류해서 살펴보려고 합니다. 결국 나이대별로 어떤 목표를 가지고 있고, 그 목표를 이루기 위해 어떤 행동을 해야 하는지 한눈에 볼 수 있는 페이지를 만드는 것이 우리의 목표입니다.

그럼, 우선 [목표] 데이터베이스부터 만들어 보겠습니다.

• [목표] 데이터베이스 만들기

❶ 데이터베이스에서 [+] 버튼을 눌러 줍니다.

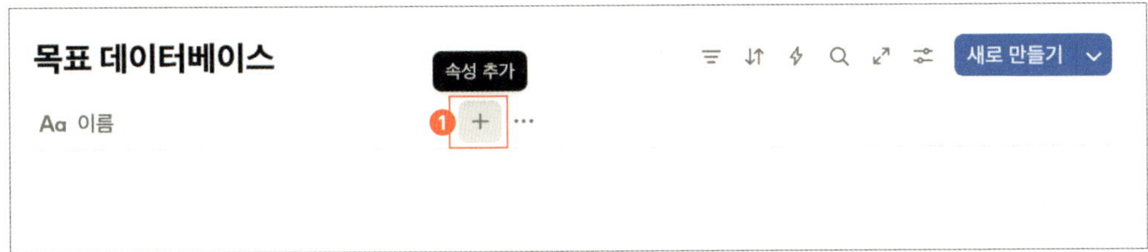

❷ 나이대별로 목표를 분류하기 위해 [선택] 속성을 추가하여 나이대를 입력하고, 목표를 달성했는지 여부를
확인하기 위해 [체크박스] 속성을 추가합니다.

❸ 나이대별로 어떤 목표가 있는지 한눈에 파악하기 위해 [보드 보기]로 변경합니다. 데이터베이스 오른쪽
설정 버튼을 누르고, [레이아웃]에서 [보드 보기]를 선택하면 됩니다.

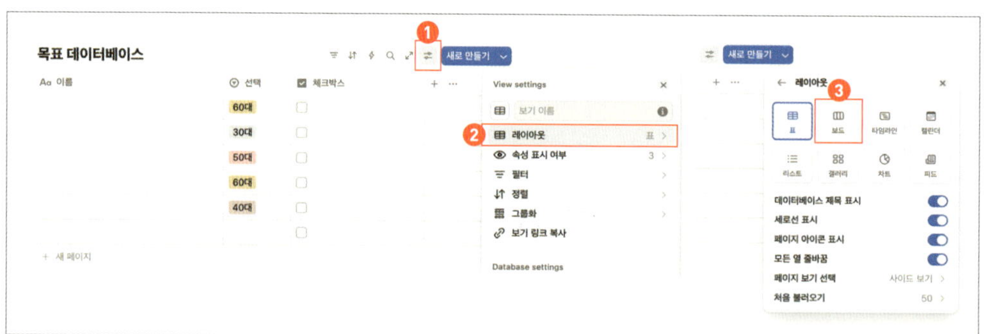

모두의 노션 AI

❹ 보기를 변경했다면 [그룹화 기준]을 누르고, 현재 선택되어 있는 기준을 클릭해 이를 [선택]으로 변경합니다. 해당 설정을 완료하면 나이대별로 그룹화하여 데이터를 볼 수 있습니다.

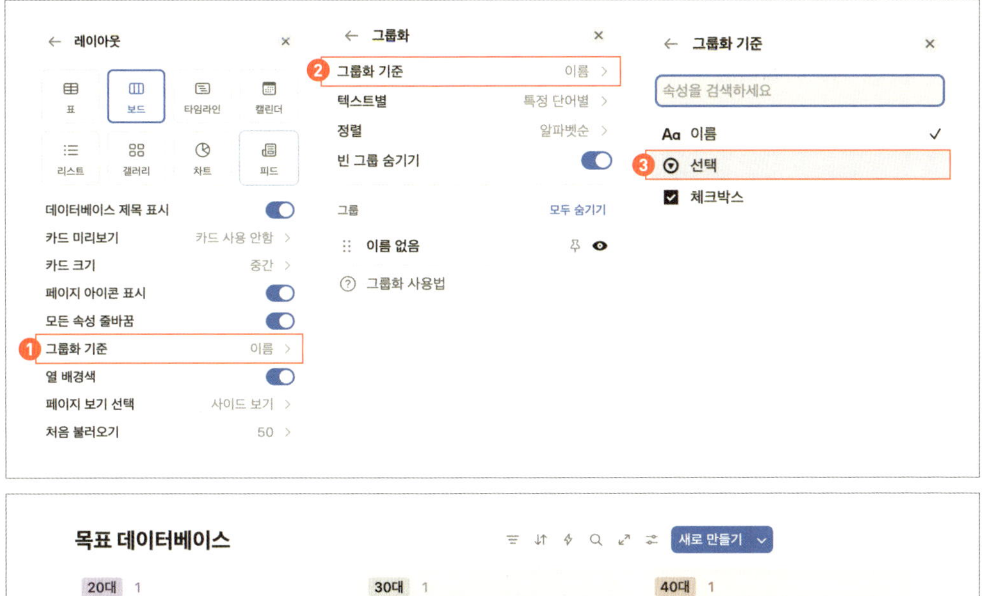

'[목표] 데이터베이스 만들기' 완료한 모습

[목표] 데이터베이스를 만들었다면, 이제 [할 일] 데이터베이스를 만들어 보겠습니다. 이는 내가 이루고자 하는 목표를 위해 할 일을 작성하는 데이터베이스입니다.

• [할 일] 데이터베이스 만들기

❶ 데이터베이스에서 [+] 버튼을 눌러 줍니다.

❷ 할 일의 마감일과 완료 여부를 볼 수 있도록 [날짜] 속성과 [체크박스] 속성을 추가합니다.

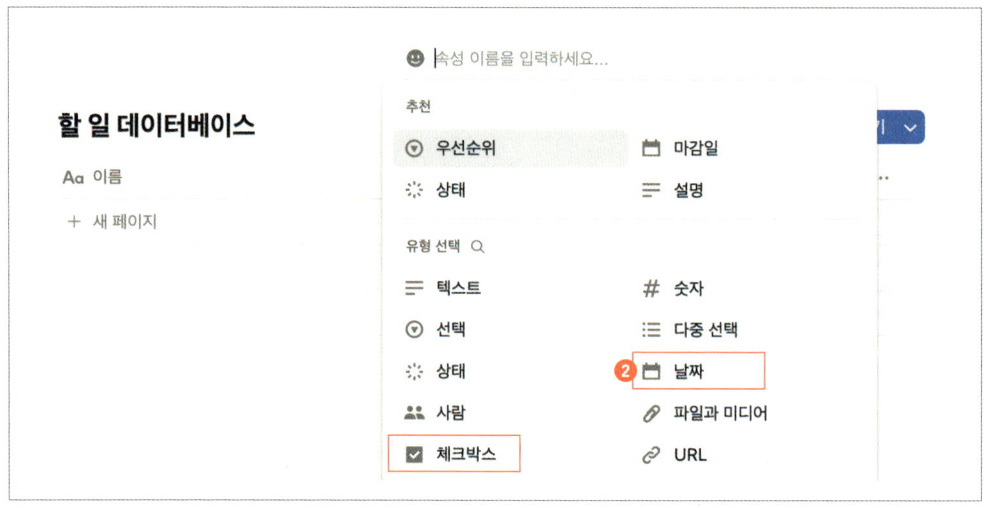

'[할 일] 데이터베이스 만들기' 완료한 모습

현재는 목표와 할 일이 다른 데이터베이스로 존재해, 한눈에 들어오지 않는다는 아쉬운 부분이 있습니다. 이를 해결하기 위해 두 데이터베이스를 관계형으로 연결할 시간입니다. 두 데이터베이스를 관계형으로 묶고 각 데이터베이스 내 페이지들을 연결해 볼까요?

• 관계형을 활용해 두 데이터베이스 연결하기

❶ [할 일] 데이터베이스에서 [+] 버튼을 눌러 줍니다.

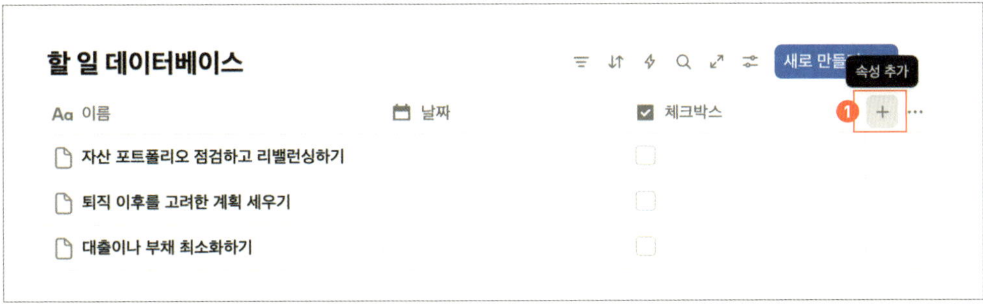

❷ [관계형] 속성을 추가하고, [목표] 데이터베이스와 연결합니다. 이때 양방향 관계형이 켜져 있는지 확인한 후 최종적으로 [관계형 추가]를 눌러 줍니다.

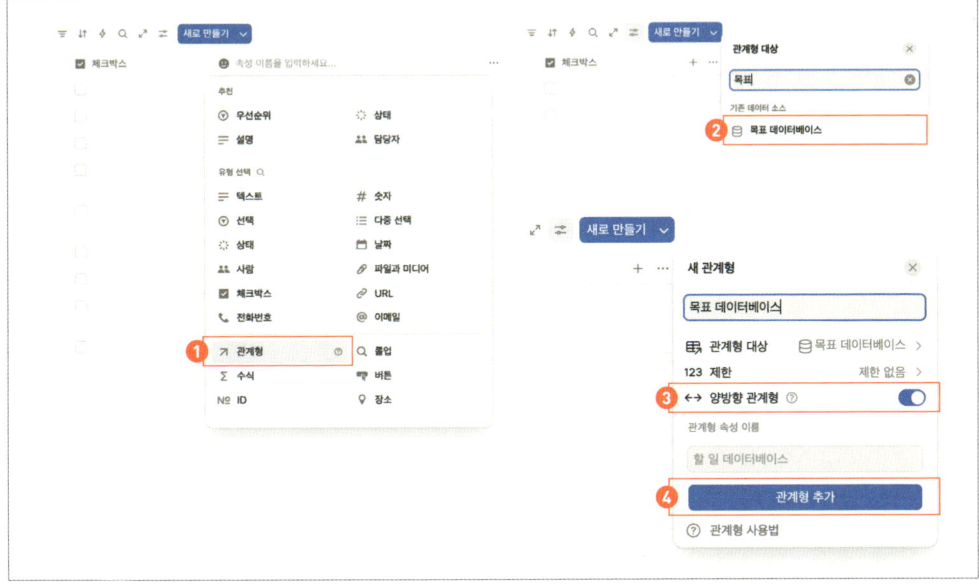

❸ 두 데이터베이스를 관계형으로 묶었다면, 페이지 간 연결을 진행해 주세요. 할 일 데이터별로 관계형 칸을 누르고, 해당 할 일과 관계 있는 목표 데이터를 추가하면 됩니다.

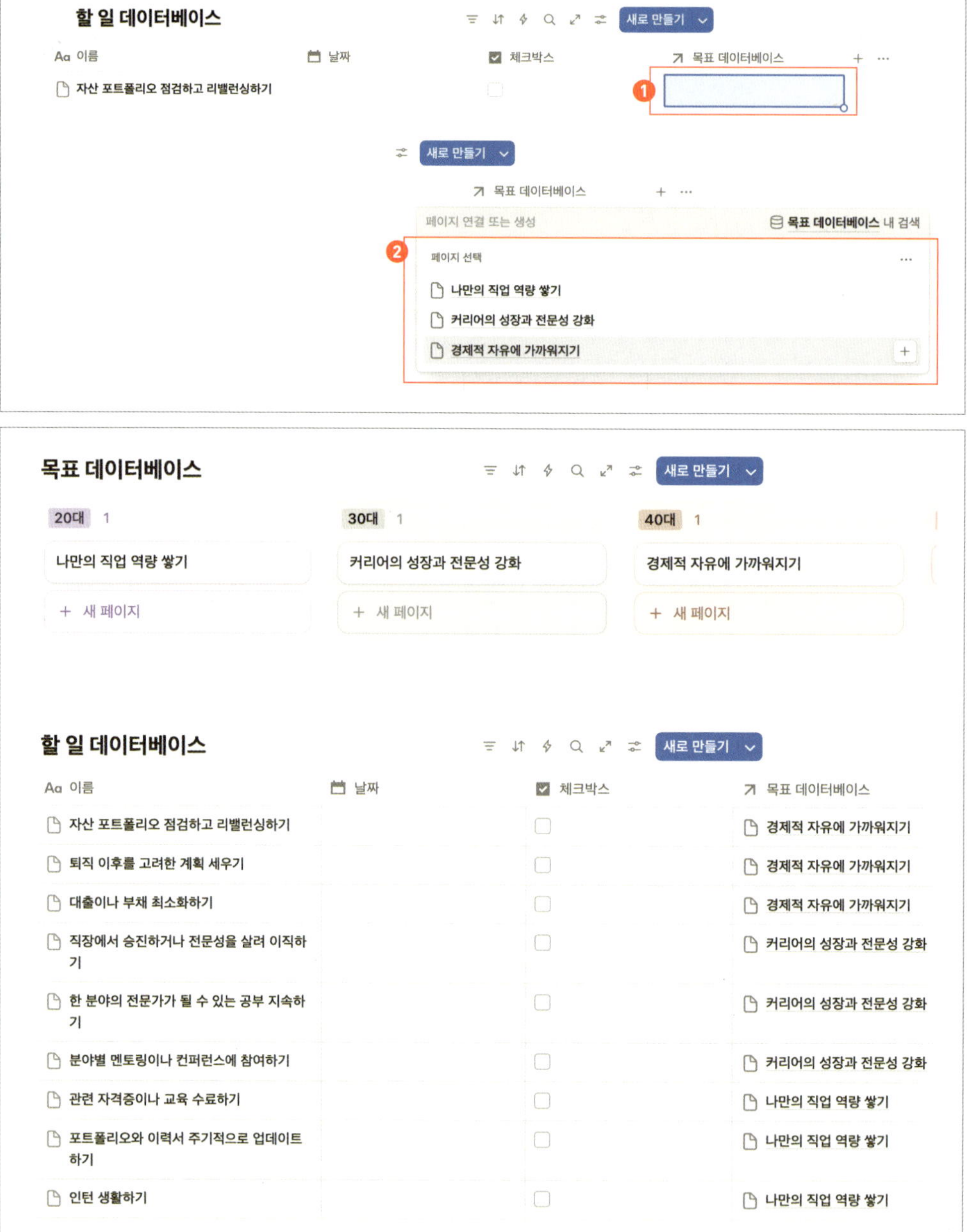

'관계형을 활용해 두 데이터베이스 연결하기' 완료한 모습

모두의 노션 AI

현재는 관계형으로 묶였지만 [목표] 데이터베이스 내에서는 할 일이 보이지 않고 있습니다. 양방향 관계형을 생성했는데 왜 이런 일이 발생했을까요? 이럴 때는 속성 숨김 처리가 된 건 아닐지 확인해 봐야 합니다.

데이터베이스 설정에서 [속성 표시 여부] → [관계형] 속성을 활성화해 주면 돼요. 이렇게 하면 목표별로 해야 할 일을 한눈에 확인할 수 있습니다.

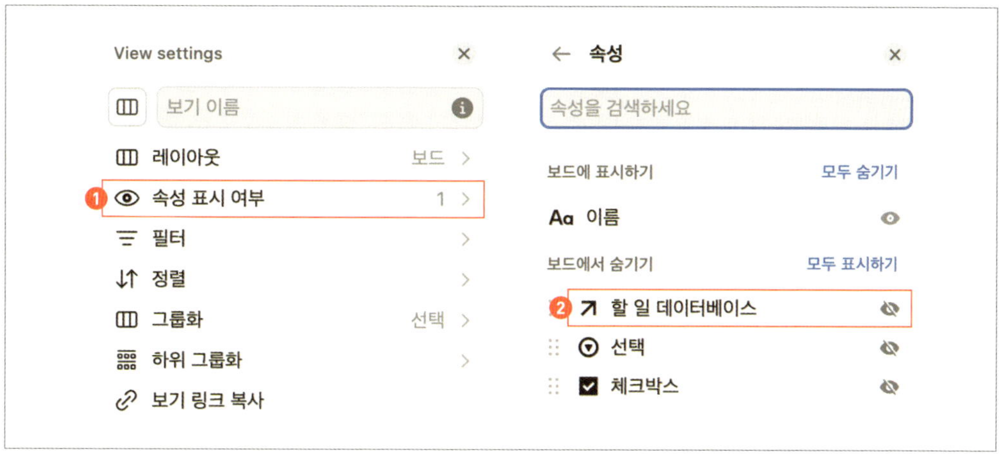

목표 데이터베이스의 속성 표시 여부 설정하기

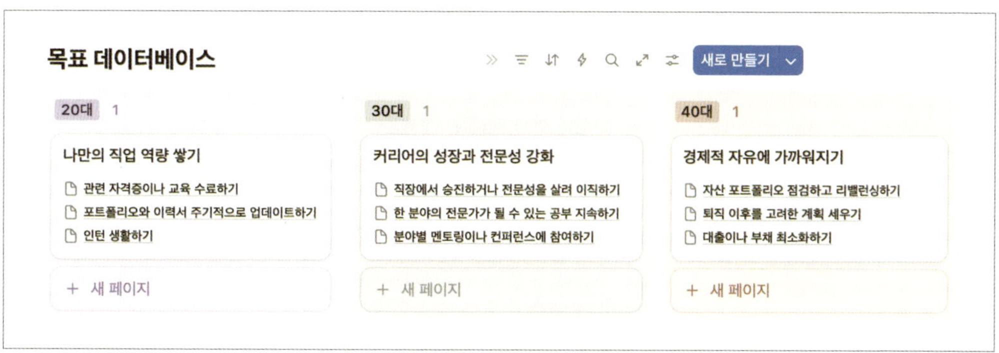

'인생 로드맵' 페이지 최종 화면

지금까지의 과정을 통해 [목표]와 [할 일] 데이터베이스를 구축하고 서로 연결해 보았습니다. 이제 내가 이루고 싶은 목표를 위해 구체적으로 무엇을 해야 하는지, 그 실행 계획을 한눈에 파악할 수 있는 나만의 시스템을 갖추게 된 셈입니다.

데이터베이스는 노션에서 가장 어렵게 느껴지는 요소 중 하나입니다. 기능이 워낙 방대하고 업데이트도 잦아 생소할 수밖에 없죠. 하지만 새로운 기능이 계속 등장해도 데이터베이스의 '기본 개념'은 변하지 않습니다. 이 원리만 한 번 제대로 익혀두면 노션 활용도를 200% 이상 끌어올릴 수 있는 강력한 무기가 됩니다.

만약 여전히 데이터베이스가 부담스럽다면, 혹시 '완벽해야 한다'는 마음 때문은 아닐까요? 그 욕심은 잠시 내려놓고, 아주 간단한 것부터 내 손으로 직접 만들어 보시길 추천합니다. 저 역시 처음에는 데이터베이스가 막막해 다른 사람들의 예시를 분석하며 활용법을 익히려 애썼습니다. 하지만 결국 실력이 가장 빠르게 늘었던 순간은 직접 고민하며 데이터베이스를 구축했을 때였습니다. 담고 싶은 내용을 정하고 속성을 하나씩 눌러보며 시스템에 익숙해지는 과정은 반드시 거쳐야 할 과정입니다.

만약 혼자 시작하는 것이 막막하다면, 이어지는 장에서 소개할 '노션 AI'의 도움을 받아보세요. 데이터베이스 생성부터 속성 설정, 내용 편집까지 AI가 든든한 가이드가 되어줄 것입니다. 결국 중요한 것은 데이터베이스를 어떻게 활용할지에 대한 '나만의 아이디어'와 도전을 두려워하지 않는 '마음가짐'입니다. 노션 실력은 직접 부딪히는 과정에서 가장 빠르게 성장한다는 사실을 기억하며, 지금 당장 필요한 데이터베이스 하나부터 가볍게 만들어 보세요.

Key Points

- 반복 작업을 줄이기 위해 자동화 기능을 설정해 효율성을 높일 수 있다.
- 관계형과 롤업을 활용하면 서로 다른 데이터베이스를 연결하고, 연계된 데이터를 불러와서 확인할 수 있다.
- 데이터베이스를 활용할 때는 목적을 먼저 정하고, 구조를 설계한 뒤 관계와 속성을 적절히 설정하는 것이 중요하다.

MEMO ...

노션 AI 시작하기

인공지능 기술은 이제 우리 일상에서 떼려야 뗄 수 없는 존재가 되었습니다. 생활 전반은 물론 업무 환경까지 빠르게 변화시키고 있습니다. 그중에서도 노션은 AI 기능을 적극적으로 서비스에 통합하여 사용자 경험을 크게 향상시켰습니다. 노션 AI는 단순한 부가 기능을 넘어, 노션의 핵심 기능으로 자리 잡아가고 있습니다. 이번에는 노션 AI의 기본 개념과 특징, 그리고 활용 방법을 살펴보겠습니다.

노션 AI는 인공지능 기술을 노션 서비스에 통합한 기능으로 사용자가 더 효율적으로 콘텐츠를 생성하고 관리할 수 있도록 도와줍니다. 기존 노션의 블록 기반 구조와 데이터베이스 기능에 인공지능의 텍스트 생성 및 분석 능력이 결합되어 문서 작성, 아이디어 발전, 정보 정리 등 다양한 작업을 더욱 신속하고 효과적으로 수행할 수 있게 해 줍니다.

노션 AI 기능의 개념과 특징

노션 AI는 GPT(Generative Pre-trained Transformer, 생성형 인공지능) 기술을 기반으로 하며, 자연어 처리 기술을 통해 사용자의 요청에 따라 텍스트를 생성하거나 수정할 수 있습니다. 특히 노션의 환경 내에서 완벽하게 작동하도록 최적화되어 있어 노션 사용자는 별도의 AI 도구를 오가는 번거로움 없이 작업 흐름 내에서 AI의 도움을 받을 수 있습니다.

노션 AI의 가장 큰 특징 중 하나는 언제 어디서나 쉽게 접근할 수 있다는 점입니다. 사용자가 작업 흐름을 방해받지 않고 AI의 도움을 받을 수 있도록 여러 접근 방법을 제

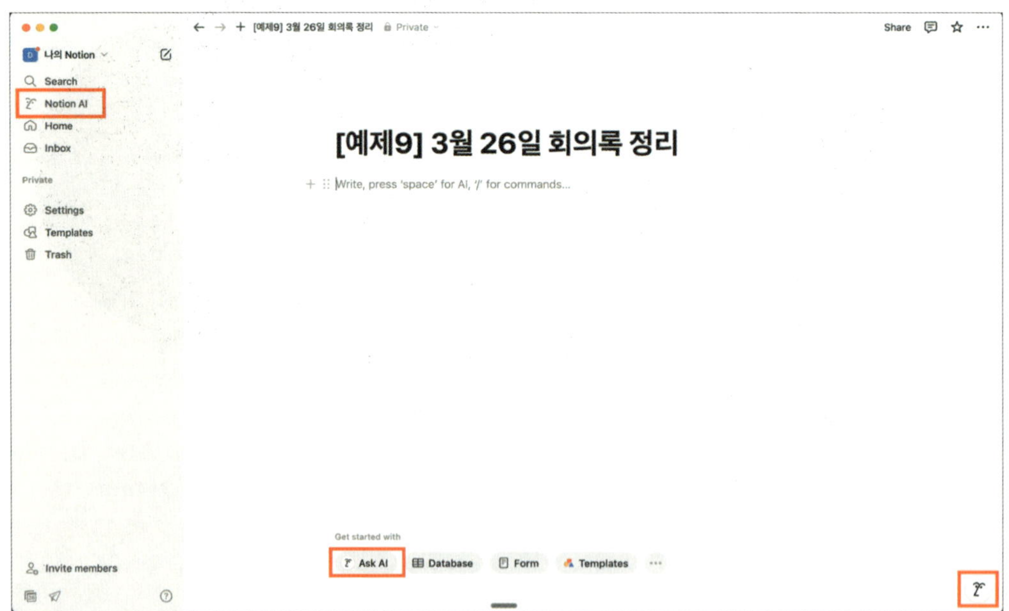

언제 어디서나 쉽게 노션 AI 사용하기

공합니다. 페이지 어디서나 새로운 블록을 만들고 스페이스 바를 입력하면 AI 기능을 바로 사용할 수 있으며 화면 우측 하단의 노션 AI 아이콘을 클릭하면 현재 작업 중인 위치에서 바로 노션 AI를 호출할 수도 있습니다.

또한 왼쪽 사이드 바 상단에 있는 'Notion AI' 메뉴를 클릭하면 전체 화면에서 채팅하듯 AI와 여러 번 대화를 주고받을 수 있어서 복잡한 아이디어를 발전시키거나 심층적인 질문에 답변을 구할 때 유용하게 사용 가능합니다.

노션 데스크톱 앱이 설치되어 있는 사용자라면 `Shift`+`Ctrl`+`J` / `Shift`+`Cmd`+`J` 단축키를 사용하여 노션 앱이 아닌 다른 프로그램을 사용 중이더라도 빠르게 노션 AI를 호출할 수 있어요. 이는 언제든 새로운 영감이 떠오를 때 즉시 기록하고 발전시킬 수 있다는 장점이 있습니다. 이러한 접근성은 사용자가 영감을 얻는 순간, 즉시 AI의 도움을 받을 수 있게 하여 아이디어의 흐름이 끊기지 않도록 해 주는 큰 장점이 있습니다.

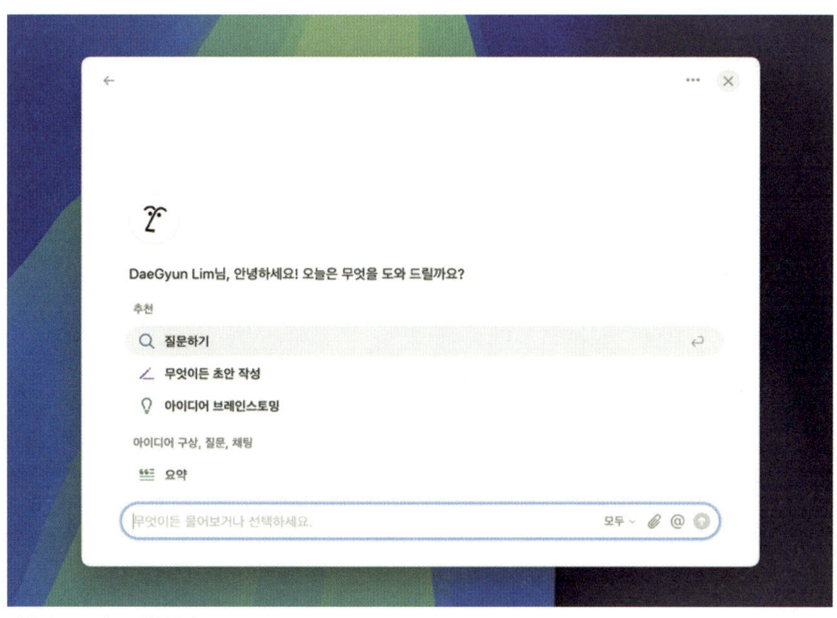

단축키로 노션 AI 사용하기

노션 AI는 단순히 텍스트 생성에만 그치지 않고 노션의 블록 기반 환경과 통합되어 더욱 강력한 기능을 제공합니다. 이 통합은 노션 AI가 다른 AI 도구들과 차별화되는 핵심 요소입니다. 노션 AI는 현재 작업 중인 페이지의 전체 맥락을 이해할 수 있어서 같은 페이지에 있는 콘텐츠를 참조하여 더 관련성 높은 응답을 생성합니다.

예를 들어, 회의록 아래에서 AI에게 할 일 목록을 만들어 달라고 요청하면 회의 내용을 반영한 후속 조치해야 할 작업 목록을 바로 생성해 주는 것이 가능합니다.

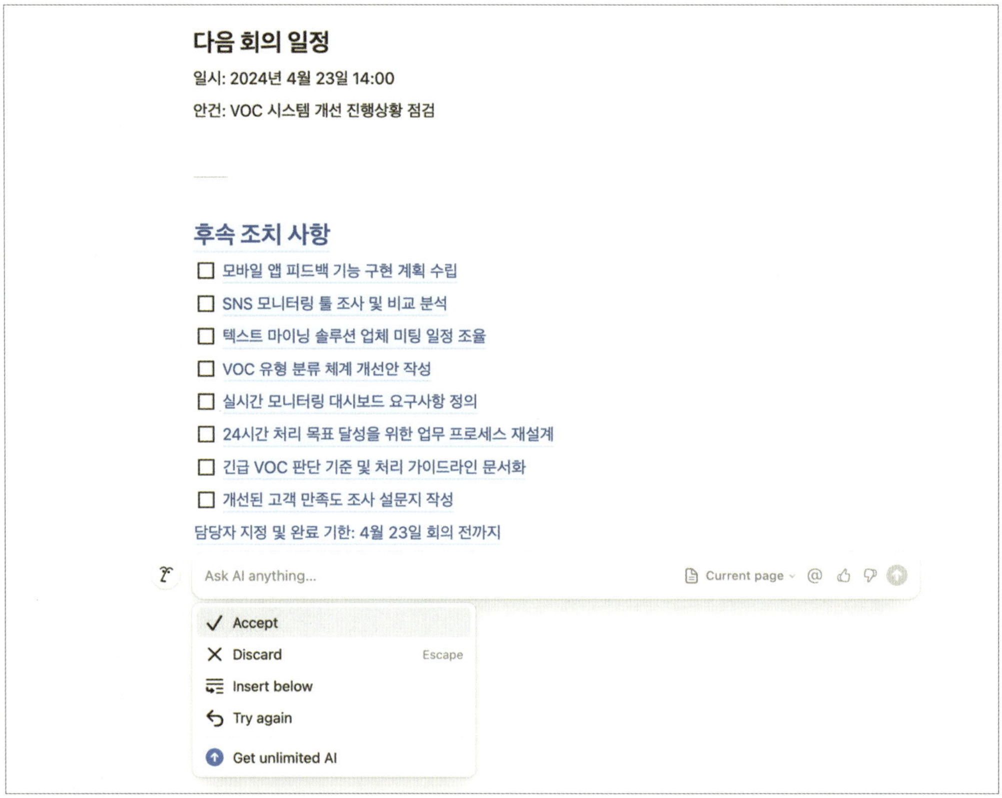

후속 조치사항 생성하기

노션 AI는 블록 단위로 작동하기 때문에 특정 부분에만 AI를 적용하거나 AI가 생성한 콘텐츠를 기존 구조에 자연스럽게 통합할 수 있으며, 특정 블록만 선택하여 AI에게 수정, 확장 또는 다시 작성을 요청할 수도 있습니다. 그리고 AI가 생성한 내용은 자동으로 노션의 블록 구조에 맞춰 포맷팅되어서 표, 목록, 체크박스 등 노션의 다양한 블록 타입으로 콘텐츠를 생성할 수 있습니다. 이러한 특징들은 노션 AI가 단순한 텍스트 생성기가 아닌 노션 환경에 완벽히 통합된 지능형 협업 도구임을 보여 주고 있습니다.

노션 AI는 단순한 텍스트 생성에 그치지 않고 다양한 작업을 지원합니다. 블로그 글, 이메일, 회의록, 제안서 등 다양한 형식의 문서를 손쉽게 생성할 수 있으며, 기존 텍스트를 다른 형식이나 톤으로 변환하거나 요약, 확장, 간소화하는 것도 가능합니다. 브레인스토밍, 개념 설명, 질문에 대한 답변을 통해 아이디어를 발전시킬 수도 있습니다.

다양한 언어로 콘텐츠를 생성하거나 번역할 수 있어 글로벌 협업에 유용한 점도 큰 장점이며 프로그래밍 코드 생성, 설명, 디버깅을 지원하여 개발자에게도 큰 도움이 됩니다. 이러한 다재다능한 AI 기능들은 노션을 단순한 노트 앱이 아닌, 강력한 올인원 워크스페이스로 변화시켰다고 볼 수 있습니다.

노션 AI 기본 사용법

노션 AI는 다른 어떤 AI보다 사용자 친화적인 AI입니다. 다양한 AI 서비스들이 제공되고 있지만 그 중 노션 AI가 가장 접근성이 뛰어나기 때문입니다. 노션의 사용 환경에서 자연스럽게 통합되어 있는 노션 AI의 기본적인 사용법에 대해서 알아보겠습니다.

💬 실시간 작업에서 AI 활용하기

노션 AI는 기존에 노션을 활용하던 환경에서 실시간으로 바로 활용할 수 있다는 큰 장점이 있습니다. 이메일을 작성하고 있다면 중간에 막힐 때 AI에게 "이 이메일을 더 설득력 있게 다듬어 줘."라고 요청할 수 있고, 회의록을 작성 중이라면 "이 회의에서 결정된 사항들을 요약해 줘."라고 빠르게 요청할 수 있습니다.

노션 AI를 활용해서 회의록을 작성하는 실습을 함께 진행해 보겠습니다. 아래의 순서에 맞게 실습을 진행해 보세요.

❶ 원하시는 곳에서 '/페이지'를 입력하거나 [+] 버튼을 눌러서 새로운 페이지를 생성해 주세요.

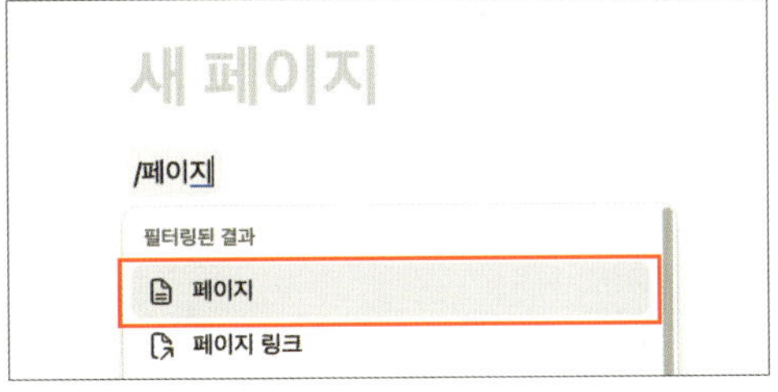

❷ 새로운 페이지를 생성하고 나서 노션의 화면을 커서로 한번 누르면 아래와 같은 안내가 나옵니다.

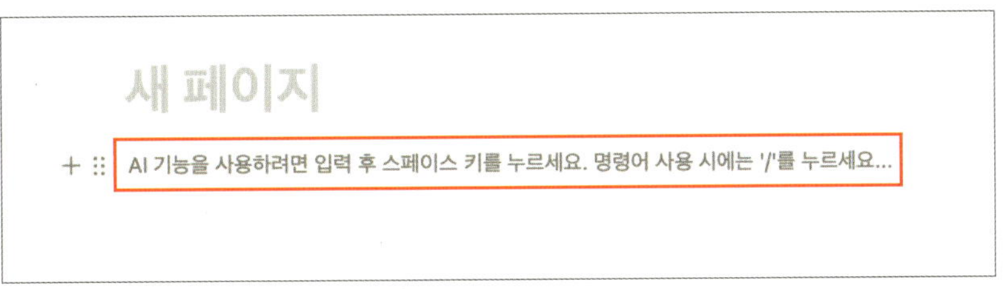

❸ 이제 스페이스 키를 입력하여 바로 노션 AI를 사용할 수 있습니다.

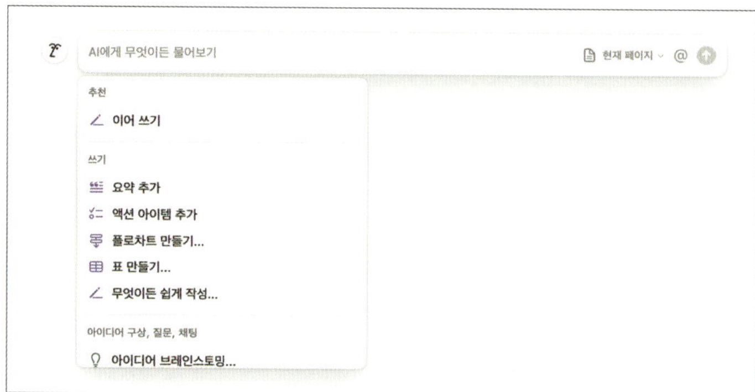

❹ "회의록 기본 템플릿을 만들어 줘."라고 노션 AI에게 요청해 보세요. AI가 저절로 회의록 양식에 맞게 템플릿을 만들어 줍니다.

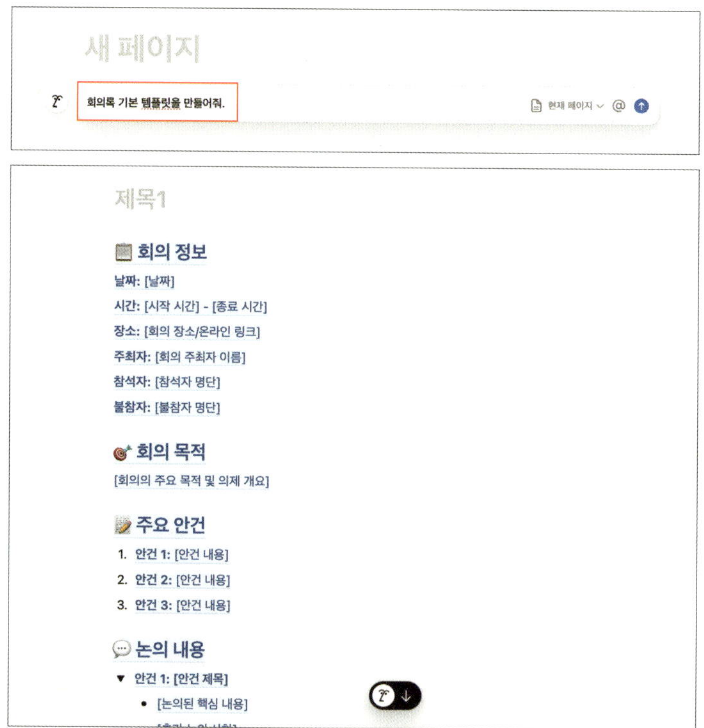

❺ 생성된 내용을 확인한 후 수락하여 AI가 만들어 준 템플릿을 활용하여 회의록을 작성할 수 있고, 필요 시 추가적으로 수정을 요청할 수도 있습니다. 결과물이 마음에 들지 않으면 다시 수정을 요청해 보세요.

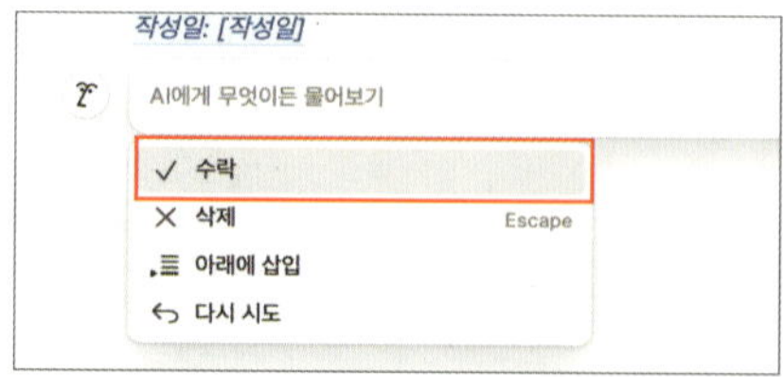

모두의 노션 AI

실시간 작업에서 유용한 접근 방식은 '단계적 개선'입니다. 처음부터 완벽한 결과를 기대하기보다 기본 내용을 AI에게 생성하도록 한 후 "이것을 더 간결하게 해 줘.", "더 전문적인 용어를 사용해 줘." 등으로 점진적으로 개선해 나가는 방식이에요. 이렇게 하면 원하는 품질의 콘텐츠를 더 빠르게 얻을 수 있습니다.

💬 AI와 대화하며 아이디어 구체화하기

노션 AI는 ChatGPT와 같은 대화형 사용 방식도 제공합니다. 이를 통해서 여러 번의 심도 있는 대화로 아이디어를 구체화하고 발전시킬 수 있어요. 복잡한 주제를 탐색하거나 여러 단계의 작업이 필요할 때는 노션 AI 채팅 인터페이스를 활용하는 것이 좋습니다.

왼쪽 사이드 바의 'Notion AI' 메뉴를 클릭하면 전체 화면 모드의 AI 채팅 인터페이스가 열립니다. 이 모드에서는 ChatGPT와 유사하게 AI와 대화하듯 여러 차례 메시지를 주고받을 수 있습니다. AI 채팅은 특히 브레인스토밍, 복잡한 아이디어 발전, 단계별 지도가 필요한 작업에 유용합니다.

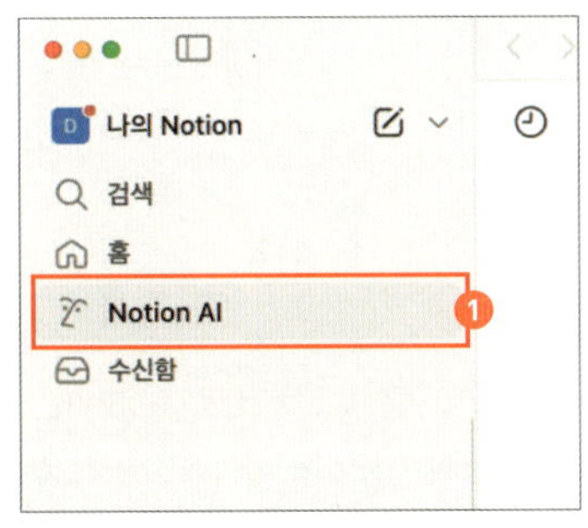

왼쪽 사이드 바에서 빠르게 노션 AI 사용하기

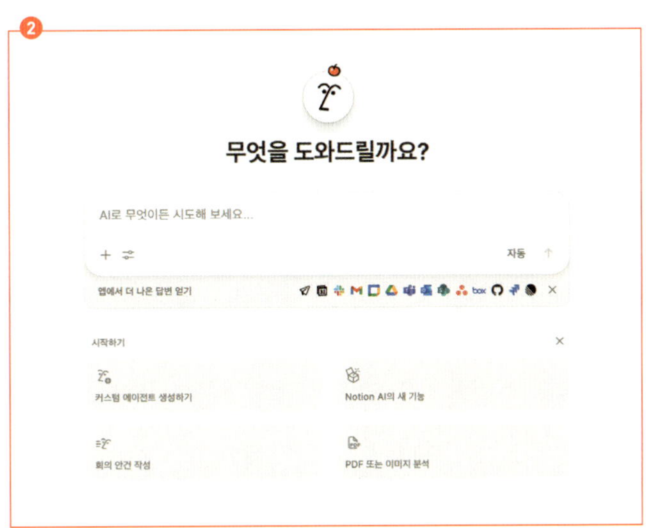

전체 화면에서 노션 AI 사용하기

예를 들어, 신제품 출시 전략을 세우는 과정에서 "경쟁사 분석을 위한 프레임워크를 제안해 줘."라고 요청한 후, 그 결과에 기반하여 "이제 우리 제품의 차별화 포인트를 찾기 위한 질문들을 만들어 줘."라고 이어서 요청할 수 있습니다. 이런 방식으로 대화를 발전시켜 나가면서 아이디어를 더욱 구체화할 수 있습니다.

또한 AI 채팅에서는 이전 대화 내용을 참조하며 대화를 이어갈 수 있다는 장점이 있습니다. AI는 대화의 맥락을 기억하고, 이를 바탕으로 더 관련성 높은 응답을 제공합니다. "아까 말한 세 번째 아이디어에 대해 더 자세히 설명해 줘."라고 요청하면, AI는 이전 대화를 참조하여 적절한 아이디어에 대해 설명을 해 줄 거예요.

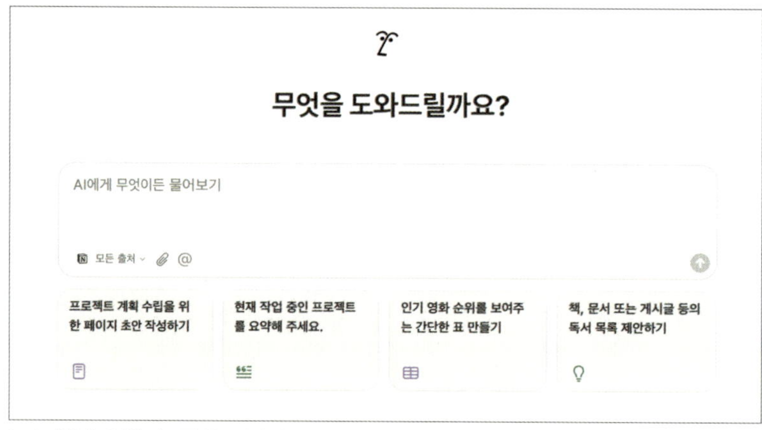

노션 내부의 다양한 정보를 참고하여 빠르게 노션 AI 사용하기

💬 언제든 노션 AI에 빠르게 접근하기

노션 AI는 노션을 사용하고 있지 않은 환경에서도 빠르게 접근이 가능합니다. 지금 바로 ' Shift + Ctrl + J / Shift + Cmd + J ' 키를 입력해 보세요. 노션 데스크톱 앱이 설치되어 있다면 노션을 사용 중인지 여부와 관계없이 어디서든 빠르게 노션 AI에 접근하여 노션 워크스페이스 내부에 있는 콘텐츠들을 맥락으로 하여 AI의 답변을 받아볼 수 있습니다.

노션 데스크톱 앱이 설치되어 있지만 ' Shift + Ctrl + J / Shift + Cmd + J ' 키를 눌러도 아무런 반응이 없나요? 그럼 여기서 설정을 변경해 보세요.

❶ 왼쪽 상단 프로필을 누르고 [설정] 버튼을 클릭하세요.

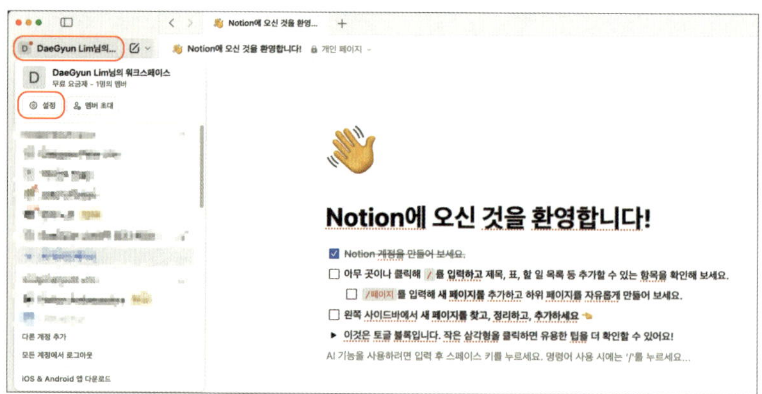

❷ 왼쪽 사이드에서 'Preferences'을 클릭해 주세요.

❸ 아래쪽으로 내려 데스크톱 앱 섹션에서 "Notion AI 단축키" 설정을 원하는 단축키로 변경해 주세요.

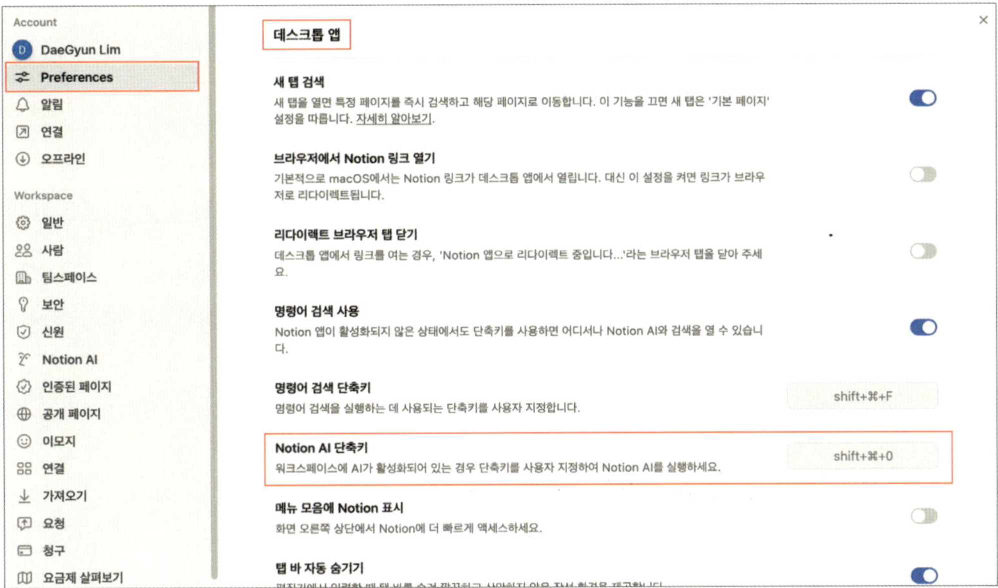

노션 AI의 기본적인 사용법에 대해 함께 알아보았습니다. 마치 노션 AI가 다양한 접근 방식을 제공하는 것처럼 여러 업무 분야에서도 각기 다른 방식으로 활용될 수 있어요. 업무 영역별로 노션 AI를 어떻게 효과적으로 활용할 수 있는지에 대한 구체적인 전략들은 이어지는 절에서 더 자세히 살펴보도록 하겠습니다.

노션 AI 요금제와 크레딧

노션 AI는 무료 사용자에게도 열려 있지만 월간 사용량에 제한이 있습니다. 매월 20개의 AI 크레딧이 무료로 제공되며 노션 AI에 프롬프트로 요청을 할 때마다 1크레딧씩 차감됩니다. 이 기본 크레딧만으로도 노션 AI의 여러 기능을 경험해 볼 수 있어 노션 AI를 처음 시작하는 사용자에게 큰 도움이 됩니다.

노션 AI를 더욱 깊이 활용하고 싶다면 월 36,000원으로 마음껏 사용이 가능한 비즈니스 요금제를 선택할 수 있습니다. 연간 결제 시에는 20% 할인된 가격으로, 월 30,000원의 비용으로 이용 가능합니다. 비즈니스 플랜은 대량의 콘텐츠 생성이 필요하거나 복잡한 작업에 AI를 적극적으로 활용하는 사용자에게 적합합니다.

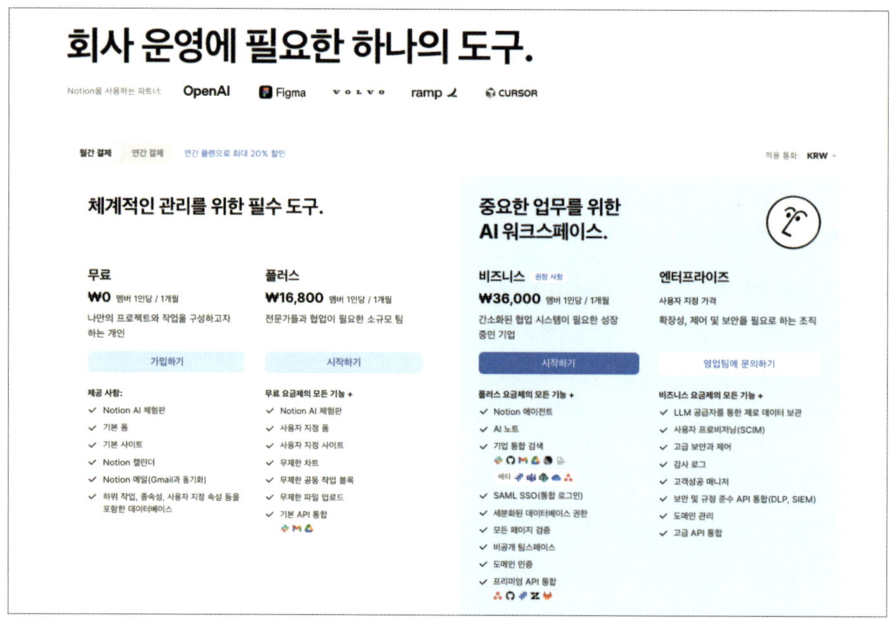

유료 요금제 사용하여 노션 AI 무제한 사용하기

> **Tip** **무료 제공 월별 크레딧은 이월되지 않아요**
>
> 한 가지 알아 두면 좋은 점은 무료 사용자에게 제공되는 20회 월별 크레딧은 다음 달로 이월되지 않는다는 점이에요. 그래서 달이 끝나갈 무렵에 남은 크레딧이 있다면, 앞으로 활용할 수 있는 콘텐츠 미리 생성해 두기, 아이디어 브레인스토밍하기 또는 복잡한 정보 구조화하기 등의 작업에 활용해 보세요.
>
> 매월 무료로 제공되는 AI 크레딧을 충분히 활용해 보고 난 후 구매를 결정하는 것을 추천합니다. 노션 AI의 가치를 직접 경험해 보고, 자신의 업무나 학습 패턴에 얼마나 도움이 되는지 판단한 후에 구독 여부를 결정해야 후회하지 않을 수 있어요.

- 노션의 독특한 요소인 페이지와 데이터베이스는 노션 AI와 함께 사용할 때 최상의 결과를 제공한다.
- 노션 AI 데스크톱 앱을 활용하면 언제 어디서든 간편하게 AI 기능을 활용할 수 있다.
- 노션 AI를 무제한 사용하기 위해서는 유료 요금제 가입이 필요하지만, 모든 사용자에게 무료로 일정 사용량을 제공한다.

3-2 | 노션 AI 활용하기

노션 AI의 기본적인 사용법을 익혔다면 이제는 깊이 있게 활용하는 방법을 알아볼 차례입니다. 이번 절에서는 노션 AI가 어떤 원리로 작동하는지 이해하고, 이를 바탕으로 더 효과적으로 텍스트를 생성하고 편집하는 방법, 그리고 다양한 글쓰기 스타일을 활용하는 방법까지 상세히 다루어보겠습니다. 이러한 심화 학습을 통해 노션 AI를 단순한 도구가 아닌 진정한 업무 파트너로 활용할 수 있게 될 거예요.

노션 AI 기본 원리

노션 AI를 효과적으로 활용하기 위해서 먼저 AI가 어떻게 작동하는지 이해하는 것이 중요합니다. 이러한 AI에 대한 기술적 이해는 더 나은 결과물을 얻기 위한 프롬프트 작성과 AI와의 협업 방식을 개선하는 데 큰 도움이 됩니다.

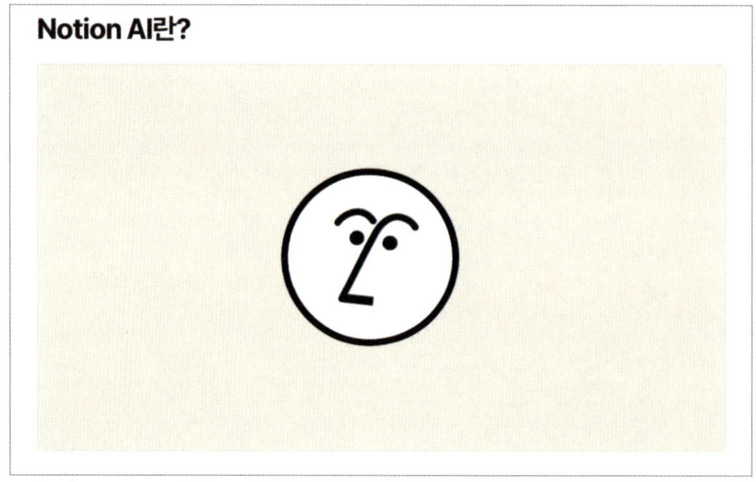

노션 AI란?

대규모 언어 모델의 작동 방식

노션 AI는 대규모 언어 모델(Large Language Model, LLM)을 기반으로 작동합니다. AI 언어 모델은 인터넷에 존재하는 방대한 양의 텍스트 데이터를 학습하여 인간의 언어 패턴을 이해하고 재현할 수 있게 되었어요. 마치 어린아이가 주변 사람들의 대화를 듣고 언어를 배우듯이, AI도 수많은 텍스트를 통해 언어의 구조와 의미를 학습했습니다.

노션 AI가 텍스트를 생성할 때는 '예측'의 원리를 사용합니다. 주어진 입력(Prompt, 프롬프트)을 바탕으로 다음에 올 가장 적절한 단어나 문장을 예측하는 방식이죠. 이 과정은 단순히 기계적인 예측이 아니라 문맥과 의미를 고려한 지능적인 예측입니다. 예를 들어, "오늘 날씨가 좋아서"라는 문장 다음에는 "산책을 나갔다"이거나 "기분이 좋다"와 같은 문장이 올 확률이 높다는 것을 AI는 방대한 양의 텍스트 데이터 학습을 통해 알 수 있게 되었습니다.

하지만 중요한 점은 AI가 단순히 학습한 내용을 그대로 반복하는 것이 아니라는 점입니다. AI는 학습한 패턴을 바탕으로 새로운 조합을 만들어 내고, 창의적인 콘텐츠를 생성할 수 있습니다. 이는 마치 요리사가 기본 레시피를 알고 있으면서도 새로운 요리를 창작하는 것과 비슷합니다.

💬 맥락 정보 이해와 활용

노션 AI의 가장 큰 강점 중 하나는 '맥락 정보' 활용 능력입니다. 노션 AI는 단순히 사용자가 작성한 프롬프트만 보는 것이 아니라 현재 작업 중인 페이지의 전체 내용, 이전 대화 내용, 그리고 노션 워크스페이스의 관련 정보까지 참고할 수 있어요. 이는 다른 ChatGPT 등과 같은 챗봇과 다른 노션 AI의 장점입니다.

이러한 컨텍스트 활용은 여러 수준에서 이루어집니다.

첫째, 현재 페이지 수준에서는 같은 페이지에 있는 다른 블록들의 내용을 참고합니다. 예를 들어 페이지 상단에 프로젝트 개요가 있고 하단에서 AI에게 "이 프로젝트의 주요 마일스톤을 작성해 줘."라고 요청하면, AI는 프로젝트 개요를 참고하여 관련성 높은 마일스톤을 제안할 수 있습니다.

둘째, 워크스페이스 수준에서는 권한이 있는 다른 페이지들의 정보도 참조할 수 있습니다. 이를 통해 조직의 분위기와 스타일, 자주 사용하는 용어나 표현 등을 학습하여 더 일관성 있는 콘텐츠를 생성할 수 있어요.

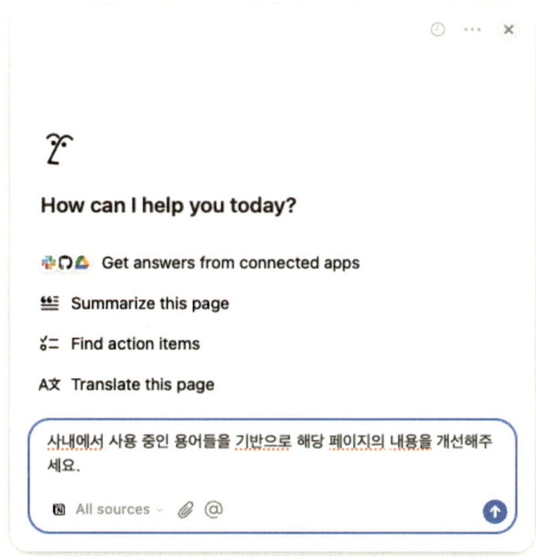

권한이 있는 다른 페이지들의 정보를 참조하여 노션 AI 활용하기

셋째, 대화 수준에서는 AI와의 이전 대화 내용 및 일반적인 상식으로 이미 학습된 내용들을 활용하고 참조합니다. 특히 AI 채팅 인터페이스를 사용할 때는 전체 대화의 흐름을 고려하여 응답을 생성하므로 복잡한 주제를 단계적으로 탐색할 때 매우 유용합니다.

프롬프트 엔지니어링의 중요성

프롬프트 엔지니어링은 AI에게 효과적으로 요구사항을 전달하는 기술입니다. 같은 요청이라도 어떻게 표현하느냐에 따라 결과물의 품질이 크게 달라질 수 있어요. 이는 마치 같은 요리 재료로도 요리사의 요리 방법에 따라 전혀 다른 결과가 나오는 것과 같습니다.

효과적인 프롬프트의 핵심 요소는 명확성, 구체성, 그리고 충분한 맥락 정보 제공입니다. 예를 들어 "발표 자료 만들어 줘."보다는 "건강 관리를 위한 모바일 앱 신제품 출시를 위한 10분 분량의 발표 자료를 만들어 줘. 대상은 잠재 투자자들이고, 시장 분석, 제품 특징, 수익 모델을 포함해 줘."라고 요청하는 것이 훨씬 효과적입니다.

명확하고 구체적인 맥락 제공을 통한 자료 작성하기

Tip 프롬프트 이렇게 작성해 보세요

프롬프트에는 다음과 같은 요소들을 포함시키면 좋습니다. 먼저 작업의 목적과 대상 독자를 명시하세요. 원하는 형식이나 구조가 있다면 이를 구체적으로 설명하고, 글의 분위기와 말투에 대한 지침도 제공하세요. 포함되어야 할 핵심 요소나 제외해야 할 내용이 있다면 이것도 명시하는 것이 좋습니다.

원하는 답변을 얻기 위해서 단계적으로 접근하는 것이 효과적입니다. 복잡한 작업에 대한 답변을 한 번에 얻으려고 하지 말고, 먼저 큰 틀을 만들고, 각 섹션을 확장하고, 마지막으로 전체를 다듬는 방식으로 진행하면 더 나은 결과를 얻을 수 있을 거예요.

💬 AI의 한계 이해하기

노션 AI를 효과적으로 활용하기 위해서는 그 한계 또한 이해해야 합니다. AI는 사전 학습된 데이터 범위 내에서만 정보를 제공할 수 있으며, 실시간 정보나 최신 뉴스는 알 수 없습니다. 또한 때로는 그럴듯하지만 정확하지 않은 내용을 생성할 수 있으므로, 중요한 사실 관계는 반드시 검증이 필요합니다.

이러한 한계를 인식하면 AI를 더욱 현명하게 활용할 수 있습니다. AI가 제공하는 초안이나 아이디어를 출발점으로 삼되, 최종적인 판단과 수정은 사용자가 주도하는 협업 관계를 구축하는 것이 바람직합니다.

텍스트 생성/편집

노션 AI의 가장 기본적이면서도 강력한 기능은 텍스트 생성과 편집입니다. 이 기능을 잘 활용하면 콘텐츠 작성 시간을 획기적으로 단축하면서도 품질을 향상시킬 수 있어요. 다양한 상황에서 텍스트를 생성하고 편집하는 구체적인 방법들을 살펴보겠습니다.

💬 새로운 콘텐츠 생성하기

텅 빈 페이지를 마주했을 때의 막막함은 누구나 경험해 본 적이 있을 거예요. 노션 AI는 이런 '백지의 공포'를 극복하는 데 큰 도움을 줍니다. 새로운 콘텐츠를 생성할 때는 먼저 작성하고자 하는 내용의 큰 틀을 잡는 것부터 시작하세요.

예를 들어, 블로그 포스트를 작성한다고 가정해 볼게요. 먼저 AI에게 "AI 기술을 활용하여 업무 생산성을 높일 수 있는 방법에 대한 블로그 포스트 개요를 작성해 줘."라고 요청할 수 있습니다. AI가 생성한 개요를 검토한 후, 각 섹션을 하나씩 확장해 나가는 방식으로 진행하면 체계적인 글을 완성할 수 있습니다.

콘텐츠 생성 시 유용한 접근법은 '역피라미드 구조'를 활용하는 것입니다. 먼저 핵심 메시지나 결론을 AI에게 생성하도록 한 후, 이를 뒷받침하는 세부 내용을 추가해 나가는 방식이죠. 이렇게 하면 글의 일관성을 유지하면서도 논리적인 흐름을 만들 수 있습니다. 아래 프롬프트를 활용하여 AI에게 글을 수정하도록 요청해 보세요. 보다 더 논리적으로 글을 수정할 수 있을 거예요.

> **AI프롬프트:**
> 이 글을 역피라미드 구조에 맞게 논리적 구성으로 수정해 줘. 핵심이 되는 메시지를 명확히 제시한 후 뒷받침하는 근거, 설명, 배경 정보를 단계적으로 덧붙여서 제시해 줘.

템플릿을 활용하여 콘텐츠를 생성하는 것도 효과적입니다. 자주 작성하는 문서 유형(보고서, 제안서, 이메일 등)에 대한 템플릿을 AI와 함께 만들어 두고, 필요할 때마다 이를 기반으로 구체적인 내용을 채워나

가는 방식이에요. 이렇게 하면 일관된 품질의 문서를 빠르게 작성할 수 있습니다. 모두 처음부터 만들 필요가 없어요. 노션에서 공식적으로 제공하고 또한 다른 사용자들이 커뮤니티에 공유한 템플릿을 적극적으로 활용해 보세요.

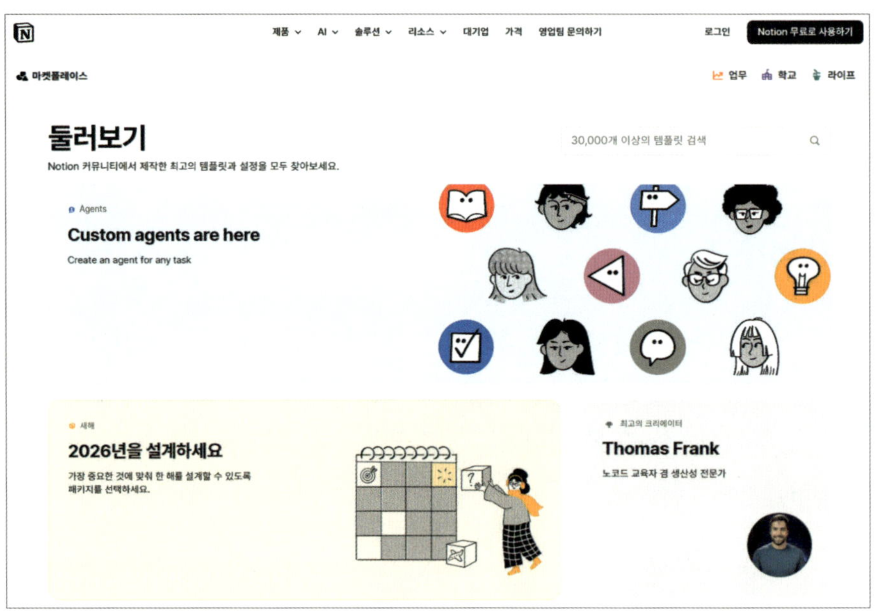

https://www.notion.com/ko/templates
노션 공식 또는 커뮤니티의 템플릿 활용하기

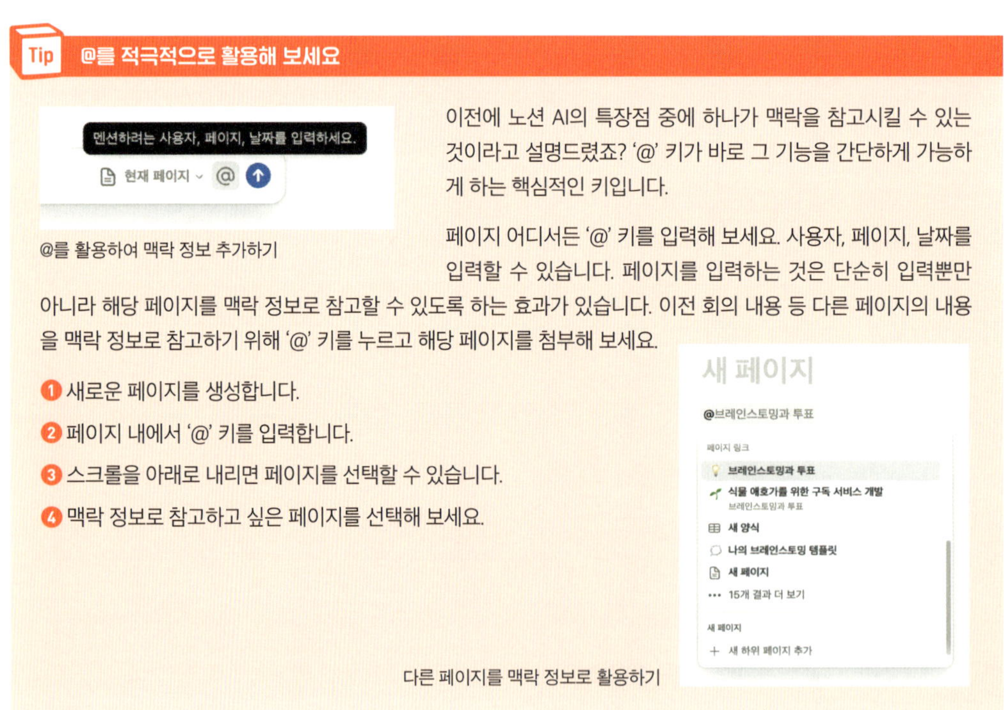

이전에 노션 AI의 특장점 중에 하나가 맥락을 참고시킬 수 있는 것이라고 설명드렸죠? '@' 키가 바로 그 기능을 간단하게 가능하게 하는 핵심적인 키입니다.

페이지 어디서든 '@' 키를 입력해 보세요. 사용자, 페이지, 날짜를 입력할 수 있습니다. 페이지를 입력하는 것은 단순히 입력뿐만 아니라 해당 페이지를 맥락 정보로 참고할 수 있도록 하는 효과가 있습니다. 이전 회의 내용 등 다른 페이지의 내용을 맥락 정보로 참고하기 위해 '@' 키를 누르고 해당 페이지를 첨부해 보세요.

❶ 새로운 페이지를 생성합니다.

❷ 페이지 내에서 '@' 키를 입력합니다.

❸ 스크롤을 아래로 내리면 페이지를 선택할 수 있습니다.

❹ 맥락 정보로 참고하고 싶은 페이지를 선택해 보세요.

다른 페이지를 맥락 정보로 활용하기

모두의 노션 AI

🗨 기존 텍스트 개선하기

이미 작성된 텍스트를 개선하는 것은 노션 AI의 또 다른 강력한 활용법입니다. 일반적인 ChatGPT와 같은 AI 서비스는 채팅 화면에서 처음부터 내용 작성을 시작해야 하지만, 노션은 기존에 작성된 콘텐츠들을 적극적으로 활용이 가능합니다. 이미 작성된 콘텐츠를 컨텍스트로 활용하여 문체를 다듬고, 가독성을 높이고, 논리적 흐름을 개선할 수 있습니다.

텍스트 개선의 첫 번째 단계는 '명확성 향상'입니다. 복잡하거나 모호한 문장을 선택한 후 "이 문장을 더 명확하고 이해하기 쉽게 다시 작성해 줘."라고 요청하면, AI가 같은 의미를 더 간결하고 명확하게 표현해 줍니다. 특히 전문 용어가 많이 포함된 기술 문서를 모두가 이해하기 편한 쉬운 용어로 변환할 때 매우 유용합니다.

두 번째는 '톤 조정'입니다. 같은 내용이라도 상황에 따라 다른 톤이 필요할 수 있죠. 예를 들어 내부 보고서를 외부 발표용으로 변환하거나, 공식적인 문서를 친근한 블로그 포스트로 바꿀 때 AI의 도움을 받을 수 있습니다. "이 내용을 더 친근하고 대화체로 바꿔 줘." 또는 "더 전문적이고 공식적인 톤으로 수정해 줘."와 같은 요청이 가능합니다.

세 번째는 '구조 개선'입니다. 긴 문단을 읽기 쉽게 나누거나, 핵심 포인트를 불릿 포인트로 정리하거나, 논리적 흐름을 재구성하는 작업을 AI와 함께 할 수 있습니다. "이 내용의 핵심 포인트를 3개로 요약해 줘." 또는 "이 문단들을 논리적 순서로 재배열해 줘."와 같은 요청을 통해 구조를 개선할 수 있습니다.

🗨 다국어 콘텐츠 작업

글로벌 협업이 일상화된 현재, 다국어 콘텐츠 작업은 매우 중요한 역량이 되었습니다. 노션은 번역 기능을 이미 제공하고 있습니다. 다음과 같이 메뉴에서 번역 메뉴를 선택하여 20여 개의 언어로 순식간에 번역이 가능합니다.

❶ 번역할 페이지로 이동합니다.

❷ 페이지 우측 상단 '...' 설정 메뉴 키를 선택합니다.

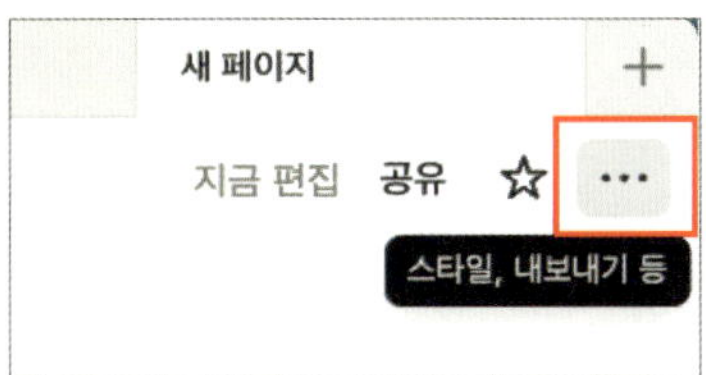

❸ 아래로 내리면 번역 메뉴가 있습니다. 이후 어떤 언어로 번역할지 선택합니다.

노션 AI를 활용하면 좀 더 자연스러우면서 사용자의 의도에 맞게 개인화를 하여 번역 작업을 할 수 있습니다. 단순히 "이것을 영어로 번역해 줘."라고 요청하기보다는 아래와 같이 요청해 보시는 것을 추천합니다.

AI프롬프트:
이 개인정보 이용 약관을 미국 법규에 맞게 영어로 번역하고 현지화해 줘.

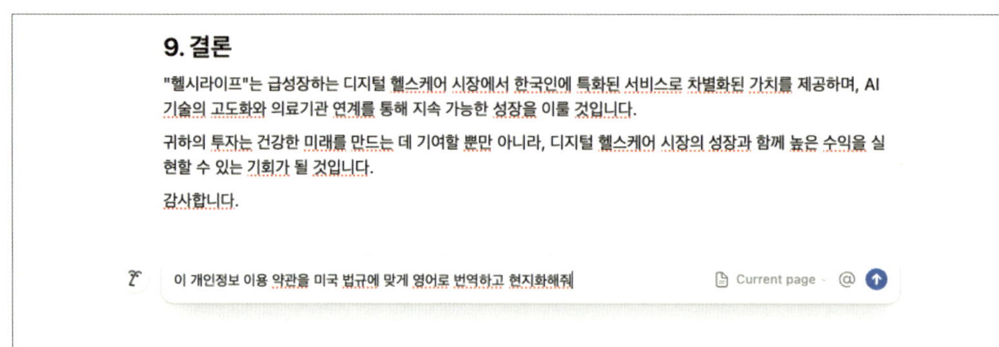

노션 AI 기능을 활용하여 현지 문화에 최적화된 번역 제공하기

모두의 노션 AI

다국어 콘텐츠 작업 시 특히 주의해야 할 점은 문화적 민감성입니다. 어떤 표현이나 이미지가 특정 문화권에서는 다른 의미로 해석될 수 있으므로, AI에게 "이 내용이 [특정 국가/문화권]에서 적절한지 검토해 줘."라고 요청하여 문화적 적절성을 확인하는 것이 좋습니다.

💬 데이터 기반 콘텐츠 생성

노션 AI는 구조화된 데이터를 바탕으로 의미 있는 콘텐츠를 생성하는 데도 탁월합니다. 숫자와 통계를 스토리로 변환하거나, 복잡한 데이터를 이해하기 쉬운 설명으로 바꾸는 작업을 수행할 수 있습니다.

예를 들어, 분기별 실적 데이터가 있다면 판매 데이터를 바탕으로 인사이트를 포함한 분석 리포트를 바로 생성할 수 있습니다. AI는 단순히 숫자를 나열하는 것이 아니라 전년 대비 성장률, 주목할 만한 변화, 향후 전망 등을 포함한 종합적인 분석을 제공해 줄 거예요. 아래 프롬프트를 활용하여 리포트를 생성해 보세요.

> **AI프롬프트**:
> 이 판매 데이터를 바탕으로 주요 트렌드와 인사이트를 포함한 분석 리포트를 작성해 줘.

판매 데이터 분석 리포트

주요 트렌드

- **꾸준한 매출 증가**: 2024년 1월부터 6월까지 매출이 꾸준히 증가했으며, 1월(₩10,880,000)에서 6월(₩14,860,000)까지 약 37%의 성장률을 보였습니다.
- **제품 C의 높은 성장률**: 제품 C가 1월 대비 6월에 약 47%의 가장 높은 성장률을 기록했습니다. 이는 제품 C에 대한 소비자 수요가 크게 증가했음을 시사합니다.
- **2분기 실적 우수**: 2분기(4-6월) 매출이 1분기(1-3월) 대비 약 31% 증가했으며, 전체 매출의 65.63%를 차지했습니다.
- **서울 중심 판매 구조**: 서울 지역이 전체 매출의 42%를 차지하며, 판매가 수도권에 집중되어 있습니다.

핵심 인사이트

1. 제품 포트폴리오 분석

제품 A는 전체 매출의 37.81%로 가장 높은 비중을 차지하고 있으나, 제품 C의 성장세가 두드러집니다. 제품 C는 초기에는 가장 낮은 매출을 기록했으나, 상반기 동안 가장 빠른 성장을 보여 장기적으로 주요 수익원이 될 잠재력이 있습니다.

2. 지역별 판매 전략 제안

서울(42%)과 부산(18%)이 전체 매출의 60%를 차지하고 있어 수도권과 대도시 중심의 판매 전략이 효과적임을 보여줍니다. 그러나 대구, 인천, 광주 등 기타 지역에서의 시장 점유율을 높이기 위한 지역 맞춤형 마케팅 전략이 필요합니다.

3. 판매 담당자 성과 분석

박서연 담당자가 총 ₩20,640,000의 매출로 가장 높은 성과를 보였으며, 이민수 담당자는 ₩17,100,000으로 상대적으로 낮은 실적을 기록했습니다. 이민수 담당자의 성과 향상을 위한 추가 교육이나 지원이 필요할 수 있습니다.

4. 계절적 요인 분석

월별 판매 증가 추세가 봄에서 여름으로 넘어가는 시기에 더욱 두드러지고 있어, 계절적 요인이 판매에 영향을 미치고 있을 가능성이 있습니다. 하반기 전략 수립 시 이러한 계절적 변동성을 고려해야 합니다.

권장 사항

- **제품 C 마케팅 강화**: 높은 성장률을 보이는 제품 C에 대한 마케팅 투자를 확대하여 성장 모멘텀을 유지하세요.
- **지역 다변화 전략**: 현재 서울에 집중된 판매 구조를 다변화하기 위해 지방 대도시 및 신흥 시장에 대한 진출 전략을 수립하세요.

노션 AI 기능을 활용하여 데이터에서 분석 리포트 생성하기 또한 지역별 판매 데이터가 있다면 이를 바탕으로 그래프를 생성하는 것도 노션 AI를 활용하면 가능합니다. 지역별 데이터가 있는 페이지에서 아래 AI 프롬프트를 활용해 보세요.

> **AI프롬프트:**
> 위 지역별 판매 비율 내용을 그래프로 나타내 줘.

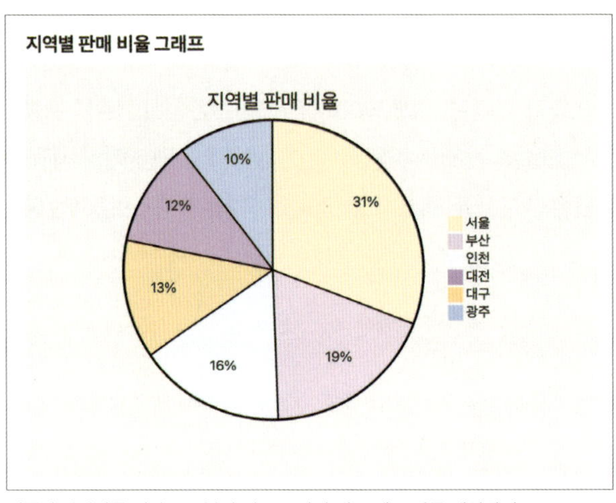

업무상 데이터를 기반으로 분석 리포트 작성 및 그래프 자동 생성하기

> **Tip** 실습을 위해서 임의의 데이터를 활용해 보세요

위 실습을 진행하기 위해서는 적절한 데이터가 필요합니다. 분기별 또는 지역별 판매 데이터가 있어야 실습이 가능합니다. 만약 유사한 형태의 데이터가 없어서 실습이 불가할 때는 아래의 프롬프트를 통해 임의의 데이터를 생성하고 이를 활용해 보세요.

> **AI프롬프트:**
> 분기별, 지역별 판매 실적을 나타내는 임의의 정보를 작성해 줘.

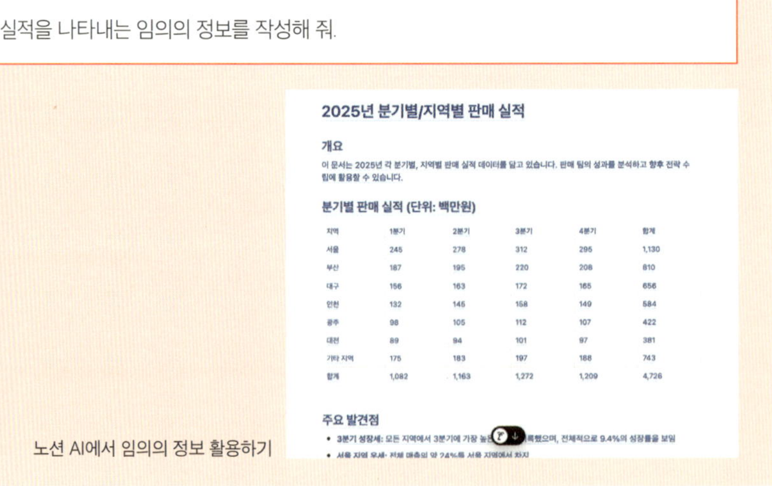

2025년 분기별/지역별 판매 실적

개요

이 문서는 2025년 각 분기별, 지역별 판매 실적 데이터를 담고 있습니다. 판매 팀의 성과를 분석하고 향후 전략 수립에 활용할 수 있습니다.

분기별 판매 실적 (단위: 백만원)

지역	1분기	2분기	3분기	4분기	합계
서울	245	278	312	295	1,130
부산	187	195	220	208	810
대구	156	163	172	165	656
인천	132	145	158	149	584
광주	98	105	112	107	422
대전	89	94	101	97	381
기타 지역	175	183	197	188	743
합계	1,082	1,163	1,272	1,209	4,726

주요 발견점

- **3분기 성장세:** 모든 지역에서 3분기에 가장 높은 기록했으며, 전체적으로 9.4%의 성장률을 보임
- **서울 지역 우세:** 전체 매출의 약 24%를 서울 지역에서 차지

노션 AI에서 임의의 정보 활용하기

글쓰기 스타일

글쓰기 스타일은 작은 수정만으로도 콘텐츠의 효과를 극대화할 수 있는 중요한 요소입니다. 같은 내용이라도 어떤 스타일로 전달하느냐에 따라 독자의 반응이 크게 달라질 수 있습니다. 노션 AI를 활용하면 다양한 글쓰기 스타일을 손쉽게 구현하고, 상황에 맞는 최적의 스타일을 선택할 수 있습니다.

🗨 목적별 글쓰기 스타일

설득하는 글쓰기는 글을 읽는 사람의 행동이나 생각을 변화시키고자 할 때 사용합니다. 제안서, 마케팅 카피, 의견 제시 등에 활용되죠. AI에게 "이 제품의 장점을 강조하는 설득력 있는 소개글을 작성해 줘. AIDA(Attention, Interest, Desire, Action) 구조를 활용해 줘."라고 요청하면 체계적인 설득 구조를 갖춘 글을 생성합니다.

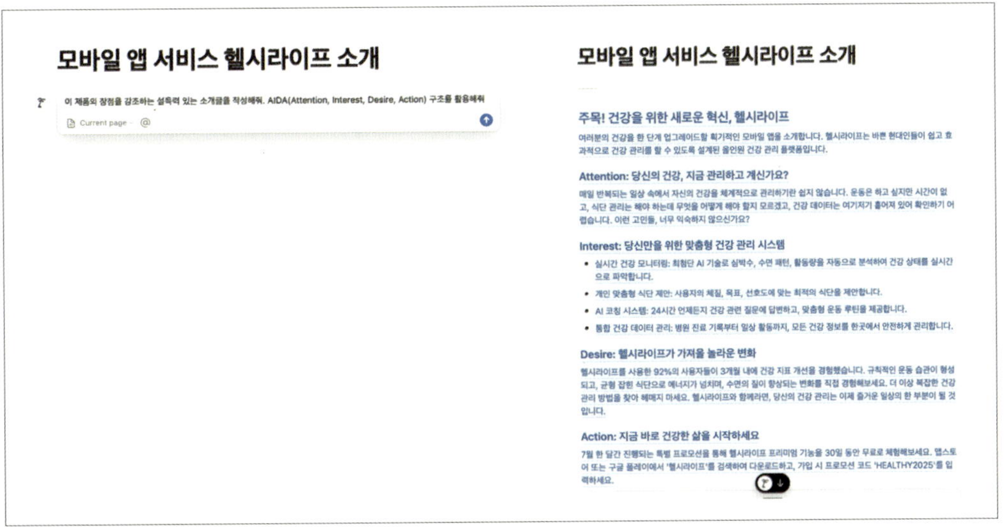

AIDA 기법을 활용한 설득력 있는 글쓰기

정보 전달 글쓰기는 사실과 정보를 명확하게 전달하는 것이 목적입니다. 보고서, 매뉴얼, 교육 자료 등에 사용되며, 객관성과 명확성이 중요해요. "이 프로세스를 단계별로 설명하는 가이드를 작성해 줘. 각 단계마다 구체적인 예시를 포함해 줘."라고 요청하면, 이해하기 쉬운 설명문을 얻을 수 있습니다.

분석적 글쓰기는 복잡한 주제를 체계적으로 분해하고 평가합니다. 연구 보고서, 비평, 리뷰 등에 사용되며, 논리적 구조와 비판적 사고가 필요해요. "이 두 마케팅 전략의 장단점을 비교 분석하는 글을 작성해 줘. 각각의 ROI, 실행 가능성, 리스크를 중심으로 평가해 줘."라고 요청하면, 균형 잡힌 분석을 제공합니다.

효과적인 글쓰기는 독자를 고려한 글쓰기입니다. 노션 AI를 활용하면 다양한 독자층에 맞는 스타일로 콘텐츠를 조정할 수 있어요. 앞서 우리가 컨텍스트 제공의 중요성에 대해 알아보았듯, 글을 읽는 독자가 누군지 설명하는 것만으로도 실제 독자가 콘텐츠를 접했을 때 만족도가 훨씬 높은 글을 완성할 수 있을 거예요.

전문가 대상 글쓰기는 해당 분야의 지식이 있는 독자를 위한 것입니다. 전문 용어 사용이 자유롭고, 깊이 있는 내용을 다룰 수 있어요. "이 AI 알고리즘의 작동 원리를 머신러닝 전문가를 대상으로 설명해 줘. 수식과 기술적 세부사항을 포함해도 좋아"라고 요청하면 전문적 수준의 설명을 얻을 수 있습니다. 단순히 전문성 있는 글을 작성해 주는 것뿐만 아니라 노션 AI는 다음과 같이 수학 수식을 표현하는 Latex(레이텍, 수학 수식, 과학 기호 등 복잡한 문서를 전문적으로 작성하기 위해 개발된 문서 작성 시스템 및 마크업 언어)도 작성을 도와줍니다.

4. 최적화 알고리즘

대규모 언어 모델 학습에는 주로 Adam 최적화 알고리즘이 사용됩니다. 타임스텝 t에서의 파라미터 업데이트는 다음과 같습니다:

$$m_t = \beta_1 m_{t-1} + (1 - \beta_1)\nabla_\theta J(\theta) \tag{1}$$

$$v_t = \beta_2 v_{t-1} + (1 - \beta_2)(\nabla_\theta J(\theta))^2 \tag{2}$$

$$\hat{m}_t = \frac{m_t}{1 - \beta_1^t} \tag{3}$$

$$\hat{v}_t = \frac{v_t}{1 - \beta_2^t} \tag{4}$$

$$\theta_{t+1} = \theta_t - \eta \frac{\hat{m}_t}{\sqrt{\hat{v}_t} + \epsilon} \tag{5}$$

일반적으로 $\beta_1 = 0.9$, $\beta_2 = 0.999$, $\epsilon = 10^{-8}$의 값이 사용됩니다.

레이택 마크업 언어를 포함한 전문성 있는 글쓰기

> **Tip** 누가 글을 읽는지 대상자를 포함해서 프롬프트를 작성해 보세요
>
> 일반 대중 대상 글쓰기는 특별한 배경 지식이 없는 독자도 이해할 수 있어야 합니다. 복잡한 개념을 쉽게 풀어쓰고, 일상적인 예시를 활용하는 것이 중요해요. "블록체인 기술을 IT 지식이 없는 일반인도 이해할 수 있게 설명해 줘. 일상생활의 비유를 사용해 줘."라고 요청하면, 누구나 이해할 수 있는 설명을 만들 수 있습니다.
>
> 회사 업무 보고용 자료도 동일합니다. 보고를 받는 대상이 팀장인지 임원인지에 따라 정보의 중요도, 관여도 등이 달라질 거예요. 대상 독자가 누군지 정보를 어느 정도까지 표시해야 되는지 프롬프트에 포함해서 수정을 요청해 보세요. "해당 마케팅 보고서 자료를 요약하고 간소화해 줘. 사내 임원 보고용 자료로 만들기 위해서 중요한 정보를 시각적으로 더 보기 편하게 만들어서 표현해 줘."

 글쓰기 스타일 최적화 전략

노션 AI를 활용한 글쓰기 스타일 최적화는 지속적인 개선 과정입니다. 몇 가지 전략을 통해 더 나은 결과를 얻을 수 있어요.

스타일 가이드를 활용하면 일관성 있는 문서 작성으로 전문성을 높일 수 있습니다. 조직이나 프로젝트의 스타일 가이드를 별도의 문서로 만들어서 조직원들에게 제공하고 이 내용을 참조하여 AI에게 문서 작성을 요청하면 보다 전문적이고 일관성 있는 결과를 얻을 수 있습니다.

❶ 새로운 페이지에 '사내 보고용 문서 스타일 가이드'를 미리 작성해 둡니다.

❷ 신규 문서를 제작할 때 노션 AI에게 @ 골뱅이 심볼을 활용하여 참조를 요청할 수 있습니다. "@사내 보고용 문서 스타일 가이드를 참고하여 해당 문서를 개선해 주세요."라고 요청할 수 있습니다.

월	제품 A	제품 B	제품 C	총액
1월	₩4,250,000	₩3,680,000	₩2,950,000	₩10,880,000
2월	₩3,920,000	₩4,150,000	₩3,210,000	₩11,280,000
3월	₩4,780,000	₩3,950,000	₩3,480,000	₩12,210,000
4월	₩5,320,000	₩4,270,000	₩3,750,000	₩13,340,000
5월	₩4,890,000	₩4,580,000	₩4,120,000	₩13,590,000
6월	₩5,640,000	₩4,870,000	₩4,350,000	₩14,860,000
총액	₩28,800,000	₩25,500,000	₩21,860,000	₩76,160,000

외부 문서를 참조하여 스타일 가이드로 활용하기

이번 절에서는 노션 AI를 다양한 글쓰기 환경에서 활용하는 방법에 대해 살펴보았습니다. AI의 기본 원리를 이해하고, 텍스트 생성과 편집 기능을 마스터하며, 다양한 글쓰기 스타일을 구현하는 방법을 배웠어요. 이러한 지식과 기술은 단순히 도구 사용법을 아는 것을 넘어, AI와 효과적으로 협업하는 능력을 갖추게 해 줍니다.

앞으로도 AI 기술은 계속 발전할 것이고, 노션 AI의 기능도 더욱 강력해질 것입니다. 지금 익힌 기본기를 바탕으로 새로운 기능들을 빠르게 습득하고 활용할 수 있을 거예요. 다음 절에서는 이러한 AI 기능을 실제 업무 상황에 적용하는 구체적인 사례들을 살펴보도록 하겠습니다.

- 노션 AI를 더 잘 사용하기 위해서는 AI의 기본 원리에 대해 이해하는 것이 중요하다.
- 노션 AI가 내가 원하는 목적에 맞게 글을 작성해 주기 위해서는 충분한 맥락 정보를 주는 것이 필수적이다.
- 한 번 만에 완벽한 글이 나오도록 하기보다는 반복적으로 개선하는 작업이 필요하다.

모두의 노션 AI

이번 절에서는 실제 업무 상황에서 노션 AI를 어떻게 활용할 수 있는지 구체적으로 살펴보겠습니다. 회의록 작성부터 비즈니스 문서, 이메일 커뮤니케이션, 보고서 작성까지 우리가 매일 경험하는 일상적인 업무에서 노션 AI를 활용하는 실전 사례들을 다루어볼 겁니다. 각 사례마다 단계별 가이드와 실용적인 프롬프트 작성 팁을 제공하여, 바로 업무에 적용할 수 있도록 구성했습니다.

회의록/비즈니스 문서 작성

회의는 우리가 회사에서 가장 빈번하면서 동시에 가장 중요한 커뮤니케이션 방식 중 하나입니다. 하지만 회의 중 내용을 기록하고, 이를 체계적으로 정리하며, 후속 조치를 관리하는 것은 많은 시간과 노력이 필요한 작업이죠. 노션 AI를 활용하면 이러한 과정을 획기적으로 개선할 수 있습니다.

💬 회의 내용 실시간 정리 및 요약

회의 중에 모든 내용을 빠짐없이 기록하는 것은 쉽지 않은 일입니다. 특히 토론이 활발하게 진행되거나 여러 주제가 동시에 논의될 때는 더욱 그렇죠. 노션 AI를 활용하면 효율적으로 회의 내용을 정리하고 요약할 수 있어요.

💬 짧은 메모 변환하기

회의 중에는 간단한 키워드나 불완전한 문장으로 메모를 하게 됩니다. 이런 메모를 노션 AI를 활용해 완성된 문장으로 변환할 수 있어요. 예를 들어 "마케팅 예산 30% 증가 필요- Q2 캠페인"이라고 간단히 메모했다면, 회의 후 AI에게 "위 내용을 바탕으로 구조적인 미팅 회의록을 작성해 줘."라고 요청할 수 있습니다. AI는 "2분기 마케팅 캠페인을 위해 현재 대비 30%의 예산 증액이 필요하다는 의견이 제시되었습니다."와 같이 완벽한 문장으로 정리해줄 거예요.

> **AI프롬프트:**
> 위 내용을 구조화된 미팅 회의록으로 작성해 줘. 양식에 맞게 구조적으로 작성해 주고 필요한 정보가 부족하다고 하면 dummy 데이터로 작성해 줘.

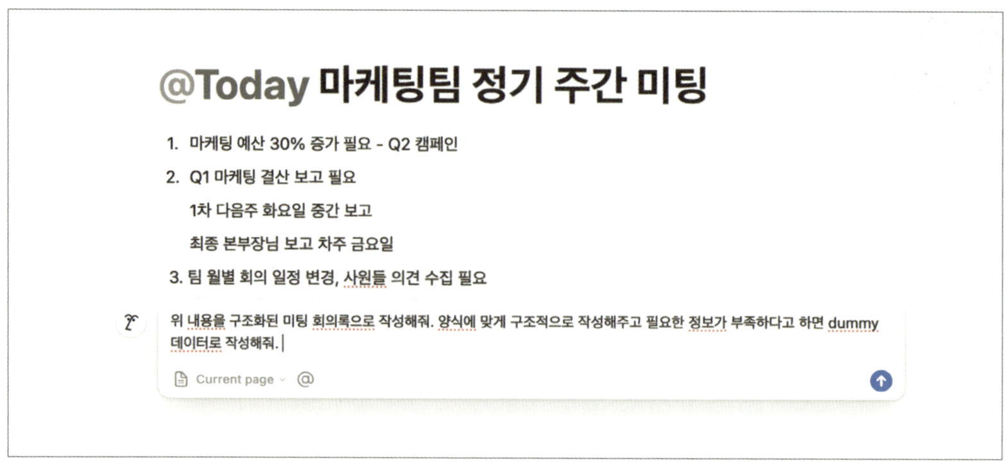

짧은 메모 완성된 문장으로 변환하기

회의가 진행되는 동안 주제별로 블록을 나누어 메모하는 것도 좋은 방법입니다. 각 주제 블록 아래에 관련 내용을 빠르게 기록한 후, 회의가 끝나면 각 블록을 선택하여 AI에게 "이 내용을 체계적으로 정리해줘."라고 요청하세요. AI는 산발적인 메모를 논리적인 구조로 재구성해 줍니다.

💬 AI 노트 음성 메모 활용

최근에는 음성을 텍스트로 변환하는 기술이 발달하여, 회의 내용을 음성으로 녹음한 후 텍스트로 변환할 수 있습니다. 변환된 텍스트는 대화체로 되어 있고 중복이나 불필요한 내용이 많을 수 있는데, 이때 노션 AI가 큰 도움이 됩니다.

AI 노트 메모 활용

노션 AI는 최근 AI 노트라는 음성 녹음 기능을 베타 기능으로 공개했습니다. AI 노트 기능은 사용자의 대화 내용 전체를 녹음하고 받아 써주며 동시에 사용자가 노트를 작성할 수 있도록 도와줍니다. 그리고 AI 노트로 녹음을 마치고 나면 자동으로 내용을 요약해 줍니다.

노션의 빈 페이지 또는 기존의 페이지에서 "/"를 입력하면 다양한 블록 및 기능을 사용할 수 있는데, 여기서 '/AI노트'라고 검색하면 음성 메모를 녹음할 수 있는 기능을 사용할 수 있습니다.

AI 노트 음성 메모 기능 시작하기

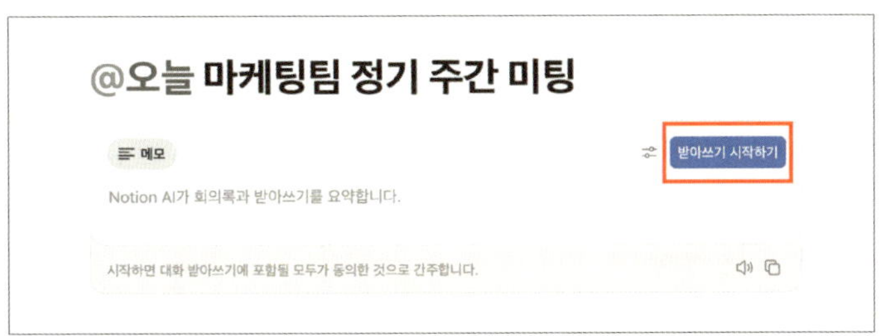

AI 노트 음성 메모 받아쓰기 시작하기

AI 노트 기능을 사용하는 동안 메모를 해야 한다는 압박감 없이 자유롭게 회의를 진행하면 됩니다. 그러다가 중요한 내용 또는 꼭 기억해야 하는 내용의 메모가 필요하다면 메모를 동시에 작성하시면 됩니다. 그러면 AI 노트 받아쓰기 기능을 종료한 이후 요약할 때 노션 AI가 받아쓰기 한 내용과 사용자가 작성한 내용을 모두 참고하여 요약을 해 줍니다.

"이 대화 내용을 깔끔한 회의록 형식으로 정리해 줘. 주요 논의 사항, 결정 사항, 후속 조치로 구분해 줘." 라고 요청하면, AI가 장황한 대화를 간결한 회의록으로 변환해 줍니다. 특히 "음… 그러니까…"와 같은 불필요한 표현들을 자동으로 제거하고, 핵심 내용만 추출해 주는 것이 큰 장점이에요.

 **회의 후 액션 아이템 추출**

회의의 진정한 가치는 논의된 내용이 실제 행동으로 이어질 때 실현됩니다. 하지만 회의록에서 액션 아이템을 찾아내고 정리하는 것은 시간이 많이 걸리는 작업이죠. 노션 AI를 활용하면 이 과정을 간소화할 수 있습니다.

회의록 전체를 선택한 후 "이 회의록에서 모든 액션 아이템을 추출해 줘. 담당자, 마감일, 구체적인 행동이 포함되도록 정리해 줘."라고 요청하면, AI가 회의 내용을 분석하여 실행 가능한 작업들을 찾아냅니다.

AI는 "~하기로 했다", "~를 검토하겠다", "~까지 완료하겠다"와 같은 표현들을 인식하여 액션 아이템으로 변환합니다. 예를 들어 "마케팅팀이 다음 주까지 신제품 홍보 전략을 수립하겠다고 했습니다"라는 문장에서 AI는 다음과 같은 액션 아이템을 추출합니다.

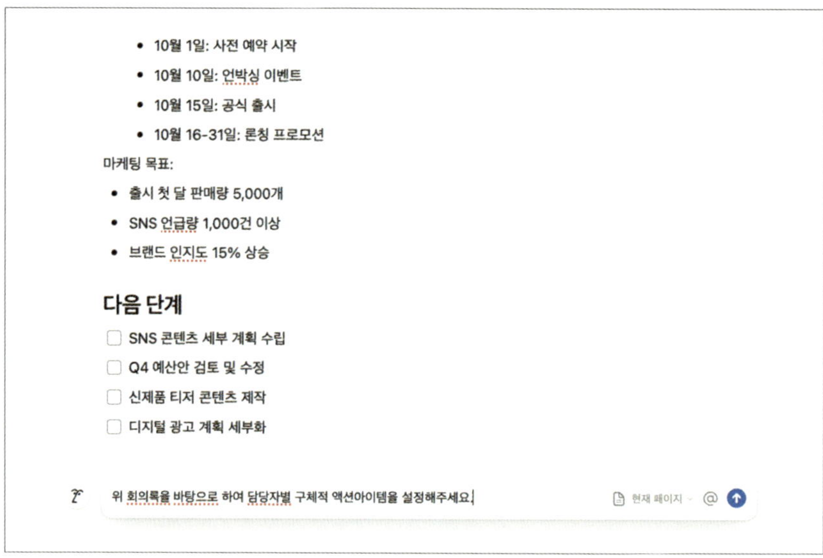

회의록을 바탕으로 구체적인 액션 아이템 추출하기

추출된 액션 아이템이 모호하거나 구체적이지 않을 수 있습니다. 이때 AI에게 SMART(Specific, Measurable, Achievable, Relevant, Time-bound) 기준에 맞게 다시 작성해 달라고 요청해 보세요. 그럼 AI는 더욱 명확하고 실행 가능한 형태로 답변해 줄 겁니다.

예를 들어 "고객 만족도 개선"이라는 모호한 액션 아이템이 있다면, AI는 이를 "고객 서비스팀이 3월 31일까지 고객 응대 시간을 현재 평균 5분에서 3분으로 단축하기 위한 프로세스 개선안을 수립하고 시범 운영한다"와 같이 구체화해 줄 거예요.

> **AI프롬프트:**
>
> 이 액션 아이템들을 SMART(Specific, Measurable, Achievable, Relevant, Time-bound) 기준에 맞게 다시 작성해 줘.

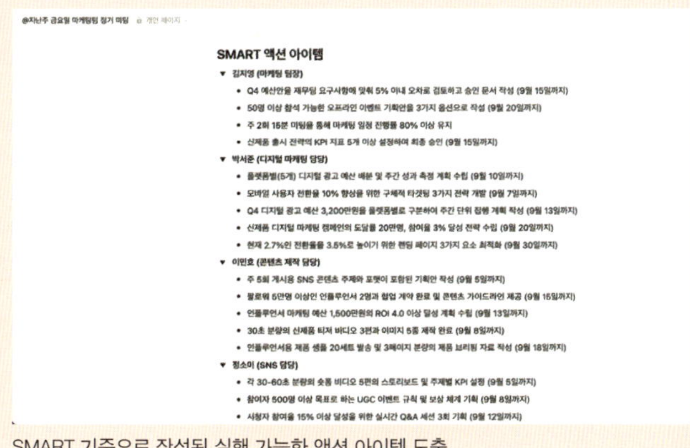

SMART 기준으로 작성된 실행 가능한 액션 아이템 도출

우선순위 설정 및 분류

많은 액션 아이템이 도출되었을 때, 이를 효과적으로 관리하기 위해서는 우선순위 설정이 필요합니다. 이때는 아이젠하워 매트릭스를 활용하면 간단하지만 체계적으로 우선순위 설정이 가능합니다. AI에게 아이젠하워 매트릭스 형태로 정리해달라고 요청해 보세요. 그럼 다음과 같은 기준으로 정리해 줄 거예요.

❶ 긴급하고 중요한 업무(즉시 실행)

❷ 중요하지만 긴급하지 않은 업무(계획 수립)

❸ 긴급하지만 중요하지 않은 업무(위임 가능)

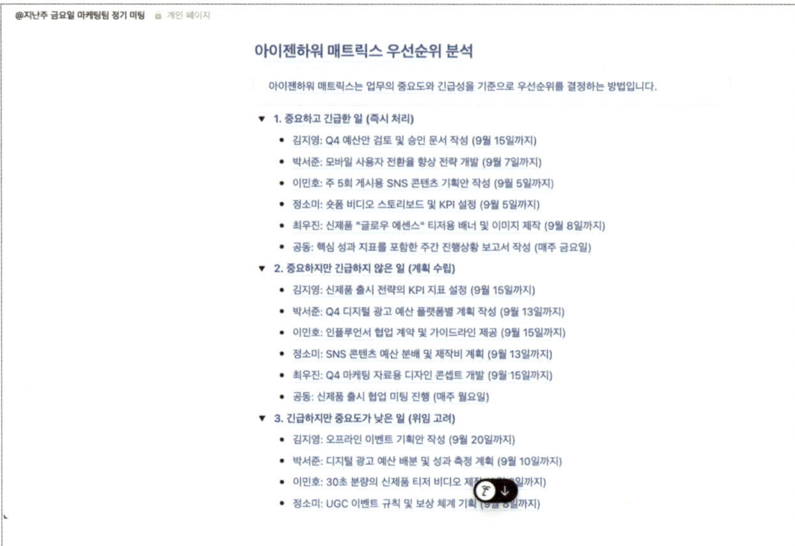

아이젠하워 매트릭스를 활용한 간단한 우선순위 도출

💬 팔로우업 체계 구축

액션 아이템이 제대로 실행되려면 지속적인 팔로우업이 필요합니다. 노션 AI를 활용하여 팔로우업 체계를 구축할 수 있어요. "이 액션 아이템들에 대한 주간 팔로우업 체크리스트를 만들어 줘."라고 요청하면, 각 항목별 진행 상황을 확인할 수 있는 템플릿을 생성해 줍니다.

또한 "각 액션 아이템에 대한 리마인더 메시지를 작성해 줘. 마감일 3일 전, 1일 전, 당일에 보낼 메시지로 구분해 줘."라고 요청하면, 단계별 리마인더 메시지를 미리 준비할 수 있습니다. 이렇게 준비된 메시지는 노션의 리마인더 기능과 연동하여 자동으로 알림을 받을 수 있어요.

💬 회의록 템플릿별 자동 작성

조직마다, 회의 유형마다 선호하는 회의록 형식이 다릅니다. 노션 AI를 활용하면 다양한 템플릿에 맞춰 회의록을 자동으로 작성할 수 있어요.

• 표준 비즈니스 회의록 템플릿

가장 일반적인 비즈니스 회의록 템플릿은 다음과 같은 구조를 가집니다.

- 회의 개요(일시, 장소, 참석자, 회의 목적)
- 주요 안건 및 논의 사항
- 결정 사항
- 액션 아이템
- 다음 회의 일정

회의 메모를 작성한 후 "이 내용을 표준 비즈니스 회의록 템플릿에 맞춰 작성해 줘."라고 요청하면, AI 가 자동으로 각 섹션에 맞는 내용을 배치하고 정리해 줍니다. 특히 참석자 명단이나 회의 시간 같은 메타 데이터도 본문에서 추출하여 자동으로 채워주는 것이 큰 장점이에요.

• 애자일/스크럼 회의록

IT 조직에서 많이 사용하는 애자일 방법론의 회의(데일리 스탠드업, 스프린트 리뷰 등)는 특별한 형식을 요구합니다. 예를 들어, 데일리 스탠드업 회의록은 각 팀원별로 다음 세 가지를 포함해야 합니다.

- 어제 완료한 작업
- 오늘 진행할 작업
- 장애 요소(Blocker)

"이 스탠드업 미팅 내용을 애자일 형식으로 정리해 줘. 각 팀원별로 Yesterday/Today/Blocker로 구분해 줘."라고 요청하면, AI가 대화 내용에서 각 팀원의 업데이트를 추출하여 구조화된 형식으로 정리합니다.

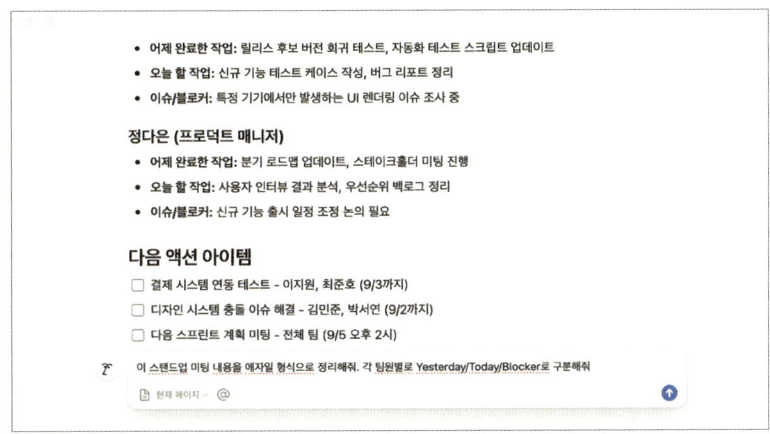

스탠드업 미팅 애자일 형식으로 간편하게 변경하기

조직 고유의 회의록 템플릿이 있다면, 노션 AI를 활용하여 바로 완성할 수 있습니다. 반복된 패턴을 확인한 후 예시 템플릿을 별도로 저장해 두면 회의 이후 단 한 번의 프롬프트 요청으로 완벽한 회의록 작성까지 마칠 수 있을 거예요. 맞춤 템플릿 회의록을 제공하고 "이 형식에 맞춰서 오늘 회의 내용을 같은 템플릿으로 작성해 줘."라고 요청하면, AI가 조직의 고유한 스타일을 반영한 회의록을 생성합니다.

또한 회의 유형별로 다른 템플릿을 만들 수도 있어요. 템플릿 기능과 AI 노트 기능을 동시에 활용하여 회의록 작성 스트레스 없이 회의에만 집중해 보세요.

이메일 및 메신저 커뮤니케이션 작성

코로나를 겪으면서 비대면 재택으로 근무를 하는 회사들이 많습니다. 재택근무를 하는 기업들뿐만 아니라 사무실에 출근하여 대면으로 업무를 하는 회사들에서조차 사실 커뮤니케이션의 상당 부분을 이메일과 메신저를 활용하여 업무하지 않는 곳은 찾아보기 어려울 것입니다. 하지만 상황에 맞는 적절한 톤과 내용으로 메시지를 작성하는 것은 의외로 많은 시간과 고민이 필요한 작업이죠. 노션 AI를 활용하면 다양한 상황에 맞는 효과적인 커뮤니케이션을 빠르게 작성할 수 있습니다.

💬 상황별 비즈니스 이메일 작성

비즈니스 이메일은 상황에 따라 다른 접근이 필요합니다. 요청, 거절, 안내, 사과 등 각 상황에 맞는 적절한 구조와 톤을 갖춘 이메일을 작성하는 것이 중요해요. 무언가를 요청하는 이메일은 명확하면서도 정중해야 합니다. 노션 AI에게 구체적인 상황을 설명하면 적절한 이메일을 작성해 줍니다.

예를 들어, "다른 부서에 데이터 분석 협조를 요청하는 이메일을 작성해 줘. 프로젝트 마감일이 2주 후이고, 고객 구매 데이터 분석이 필요한 상황이야."라고 요청하면, AI는 다음과 같은 구조의 이메일을 생성합니다.

- 간단한 인사
- 요청 사항의 배경 설명
- 구체적인 요청 내용
- 필요한 기한
- 협조에 대한 감사 표현
- 추가 논의 가능성 언급

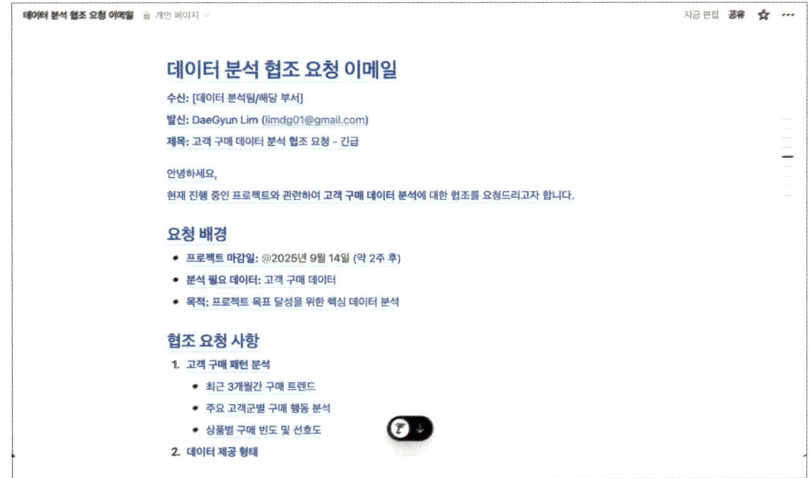

협조 요청 이메일 간편 작성하기

회사의 업무 분위기에 맞게 이모지 등은 사용하지 않고 일반 텍스트로 작성해 달라고 간단히 개선 요청을 할 수도 있습니다. "이모지는 제외하고 일반 텍스트로 작성해 줘."라고 요청해 보세요. 회사의 업무 분위기에 맞게 일반 텍스트로 모든 내용을 바로 작성해 줄 겁니다.

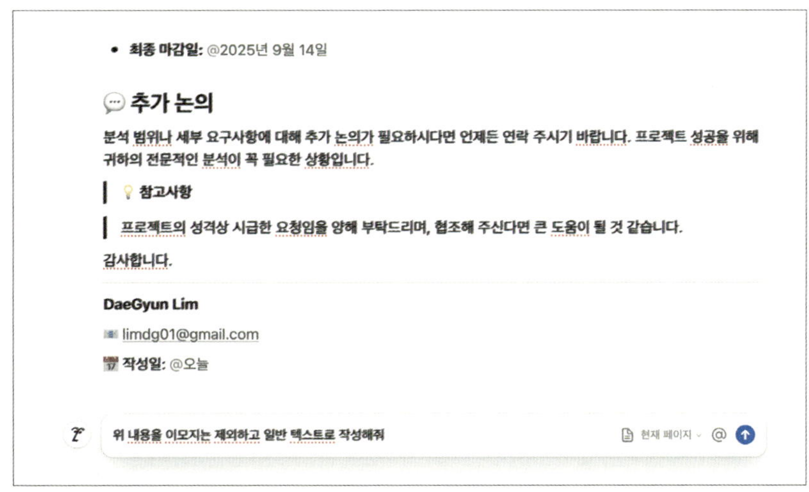

협조 요청 이메일 수정하기

특히 AI는 "~해 주실 수 있을까요?", "가능하시다면~"과 같은 정중한 표현을 자연스럽게 사용하여, 상대방의 부담을 줄이면서도 명확한 요청을 전달할 수 있습니다.

 거절 이메일 작성하기

거절 이메일은 가장 작성하기 어려운 유형 중 하나입니다. 상대방의 감정을 상하지 않게 하면서도 명확한 거절 의사를 전달해야 하죠. AI를 활용하면 이런 민감한 이메일도 효과적으로 작성할 수 있습니다.

"협력 제안을 정중히 거절하는 이메일을 작성해 줘. 현재 다른 프로젝트로 인해 리소스가 부족한 상황임을 설명하고, 향후 기회를 열어 두는 내용으로 작성해 줘."라고 요청하면, AI는 다음과 같은 요소를 포함한 이메일을 작성합니다.

- 제안에 대한 감사 표현
- 거절 이유의 객관적 설명
- 대안 제시(가능한 경우)
- 향후 협력 가능성 언급
- 긍정적인 마무리

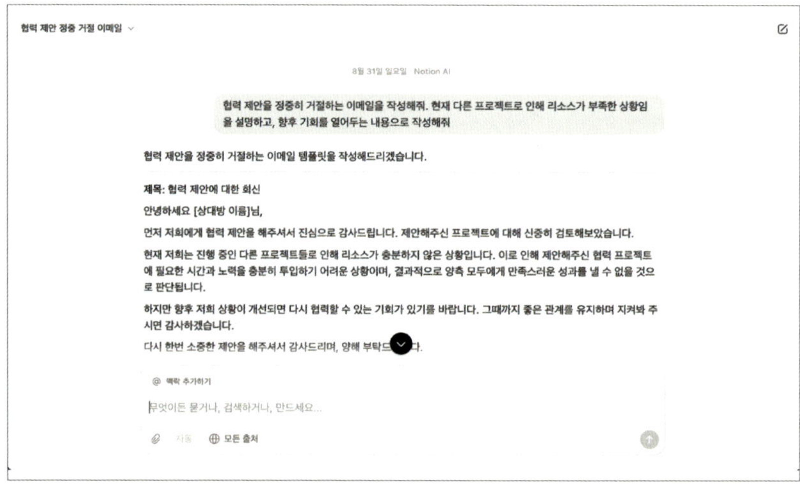

협력 제안 정중히 거절하는 메일 작성하기

 이메일 톤 조정

같은 내용이라도 받는 사람과 상황에 따라 다른 톤이 필요합니다. 노션 AI는 손쉽게 다양한 톤으로 이메일 내용을 수정할 수 있어요.

💬 공손하고 격식 있는 톤

고위 경영진, 중요 고객, 또는 처음 연락하는 사람에게는 격식 있는 톤이 필요합니다. "이 이메일을 더 공손하고 격식 있게 수정해 줘. 존경과 예의를 담은 표현을 사용해 줘."라고 요청하면, AI는 다음과 같은 변화를 적용합니다.

- 존댓말 사용 강화
- 겸손한 표현 추가("혹시 가능하시다면", "번거로우시겠지만")
- 격식 있는 인사말과 맺음말
- 간접적인 표현 사용
- 감사와 존경의 표현 추가

💬 긴 이메일 스레드 요약 및 핵심 파악

오래된 프로젝트나 복잡한 이슈의 경우, 이메일 스레드가 매우 길어질 수 있습니다. 새로운 팀원이 합류하거나 상황을 파악해야 할 때 전체 스레드를 읽는 것은 비효율적이죠. 노션 AI를 활용하면 긴 대화를 빠르게 요약할 수 있습니다.

전체 이메일 스레드를 노션에 복사한 후 "이 이메일 스레드를 시간순으로 요약해 줘. 각 단계에서의 주요 결정 사항과 변경 사항을 포함해 줘."라고 요청하면, AI는 다음과 같은 형식으로 정리합니다.

- 초기 요청/문제 제기(날짜 포함)
- 주요 논의 포인트와 제안들
- 중요한 결정 사항
- 변경된 요구사항이나 범위
- 현재 상태와 다음 단계

💬 핵심 이슈 추출

"이 이메일 스레드에서 아직 해결되지 않은 이슈들을 추출해 줘."라고 요청하면, AI는 전체 대화를 분석하여 리스트로 정리해 줍니다.

- 미해결 질문들
- 합의되지 않은 사항들
- 추가 정보가 필요한 부분들
- 의사결정이 필요한 항목들

이해관계자별 입장 정리

복잡한 프로젝트에서는 각 이해관계자의 입장을 파악하는 것이 중요합니다. "이 스레드에서 각 참여자의 주요 의견과 우려사항을 정리해 줘."라고 요청하면 체계적으로 정리해 줍니다.

- 참여자별 주요 의견
- 각자의 우려사항과 요구사항
- 합의점과 이견
- 각 참여자가 제안한 해결책

슬랙/팀즈 메시지 초안 작성

이메일 커뮤니케이션이 아니라 메신저 서비스를 이용하는 기업들도 많이 늘었습니다. 특히나 초기 스타트업의 경우 이메일보다 더 즉각적이고 빠른 커뮤니케이션이 중요하죠. 메신저의 경우 이메일과 그 형태는 다르지만, 여전히 명확하고 효과적인 커뮤니케이션이 필요합니다.

팀 채널에 프로젝트 업데이트를 공유할 때는 간결하면서도 필요한 정보를 모두 포함해야 합니다. 특히 모든 메시지를 다 읽기 힘든 팀원들을 위해 이모지를 활용해 보라고 AI에게 요청하면 짧은 메시지도 구조적으로 작성해 줍니다.

> **AI프롬프트:**
> 프로젝트 진행 상황을 팀 슬랙에 공유할 간단한 업데이트 메시지를 작성해 줘. 이모지를 활용하고 읽기 쉽게 구성해 줘.

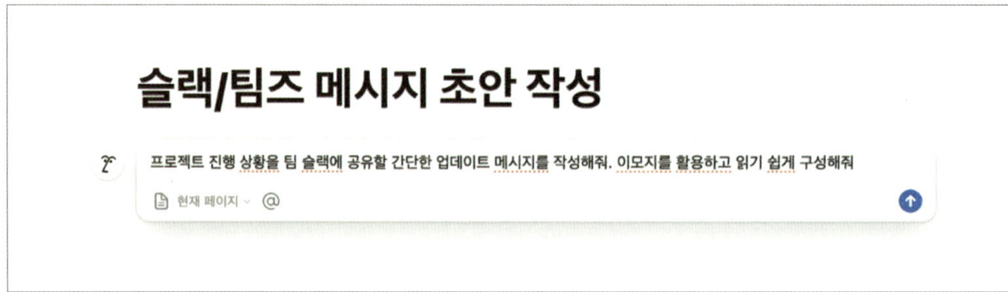

슬랙/팀즈 메시지 초안 작성 요청하기

슬랙/팀즈 메시지 초안 작성

안녕하세요 팀원 여러분! 프로젝트 진행 상황에 대한 간단한 업데이트 드립니다 ✨

🚀 **진행 상황**
- ✅ 요구사항 분석 단계 완료
- 🏆 디자인 작업 진행 중 (70% 완료)
- 📊 데이터 모델링 초기 단계 시작

 **이번 주 목표**
- 🖊 디자인 작업 완료 및 피드백 수집
- 💿 데이터베이스 구조 확정
- 🧑 개발 환경 세팅 시작

🔍 **도움이 필요한 부분**

슬랙/팀즈 메시지 초안

보고서 및 기획서 작성 자동화

정기적인 보고서 작성과 새로운 프로젝트를 위한 기획서 작성은 많은 직장인 분들이 여러 번 반복하더라도 매번 많은 시간과 노력이 필요한 부담스러운 작업일 겁니다. 노션 AI를 활용하면 이러한 문서 작성 과정을 크게 개선할 수 있어요. 데이터를 기반으로 인사이트를 도출하고, 체계적인 구조를 갖춘 문서를 효율적으로 작성할 수 있습니다.

💬 주간/월간 업무 보고서 자동 생성

정기 보고서는 일정한 형식을 따르면서도 매번 새로운 내용을 담아야 합니다. 노션 AI를 활용하면 기본 데이터만으로도 완성도 높은 보고서를 생성할 수 있어요. 주간 업무 보고서는 한 주 동안의 성과와 다음 주 계획을 간결하게 정리하는 것이 핵심입니다. 일일 업무 기록이나 작업 리스트를 바탕으로 AI에게 요청할 수 있어요.

> **AI프롬프트:**
> 이번 주 업무 내역을 바탕으로 주간 보고서를 작성해 줘. 주요 성과, 진행 중인 업무, 이슈 및 리스크, 다음 주 계획으로 구성해 줘.

2025년 12월 1주차 업무 보고서

1. 주요 성과
- 신규 기능 개발 완료(사용자 대시보드 리뉴얼)
- 예정보다 2일 단축하여 완료
- 내부 테스트 통과율 95%
- 고객사A 프로젝트 2단계 마일스톤 달성
- 클라이언트 만족도 조사 결과 4.8/5.0
- 팀 프로세스 개선안 수립 및 승인

2. 진행 중인 업무
- B2B 마케팅 캠페인 준비(진행률: 70%)
- 콘텐츠 제작 완료
- 광고 채널 선정 진행 중
- 시스템 성능 최적화(진행률: 40%)
- 데이터베이스 쿼리 최적화 진행
- 예상 완료일: 3월 20일

3. 이슈 및 리스크
- 외부 API 연동 지연으로 일정 조정 필요
- 영향: 전체 프로젝트 일정 3일 지연 예상
- 대응: 대체 API 검토 및 벤더사 미팅 예정
- 신규 채용 지연으로 리소스 부족
- 임시 해결책: 기존 팀원 업무 재배분

4. 다음 주 계획
- 신규 기능 사용자 테스트 실시
- B2B 마케팅 캠페인 론칭
- 분기 실적 리뷰 미팅 준비
- 기술 부채 해결을 위한 리팩토링 시작

맞춤형 보고서 템플릿 활용

조직마다 선호하는 보고서 형식이 다를 수 있죠. 노션 AI의 다른 AI와 다르게 기존에 생성해둔 템플릿을 적극적으로 활용하여 일관성 있는 결과물을 얻을 수 있습니다. AI 에게 기존 보고서 템플릿을 제공하고 "이 템플릿 양식을 따라서 이번 달 보고서를 작성해 줘."라고 요청하면, 조직의 스타일에 맞는 보고서를 생성할 수 있어요.

또한 부서별로 다른 템플릿을 만들 수도 있습니다.

- **개발팀**: 기술적 성과, 코드 품질 지표, 버그 현황
- **마케팅팀**: 캠페인 성과, ROI 분석, 시장 동향
- **영업팀**: 매출 실적, 파이프라인 현황, 고객 피드백
- **HR팀**: 채용 현황, 직원 만족도, 교육 실적

Key Points

- 노션 AI의 다양한 기능을 활용하면 업무에서 최상의 결과를 얻을 수 있는 다양한 기법들이 있다.
- 이전에 학습한 템플릿, 데이터베이스 등의 기본 기능과 함께 노션 AI를 활용하면 무궁무진한 조합으로 활용이 가능하다.
- AI는 맥락 정보를 잘 활용하는 것이 중요한데, 노션 AI를 활용하면 업무에 필요한 대부분의 문서 작성을 간소화, 자동화가 가능하다.

노션+ AI 고급 활용

노션의 기본 기능과 AI를 충분히 활용해 보셨다면, 이제는 더 복잡하지만 강력한 노션 활용법을 익힐 차례입니다. 이번 장에서 가장 중요한 키워드는 연결입니다. 노션의 고급 기능들과 함께 외부 도구와의 연결을 통해 더욱 강력한 업무 환경을 구축하는 방법을 알아보겠습니다. 특히 노션의 공식 기능들을 최대한 활용하면서 현재 AI 산업을 이끌고 있는 외부 AI 도구들과의 시너지를 통해 업무 생산성을 한 단계 더 끌어올릴 수 있는 실전 방법들을 다뤄볼게요.

4-1 │ 노션 고급 기능 활용하기

노션이 제공하는 고급 기능들을 완전히 이해하고 활용하면 노션으로 보다 더 강력한 지식 관리 시스템을 구축할 수 있습니다. 노션의 공식 웹 클리퍼, AI를 활용한 쉽고 빠른 데이터베이스 구성 그리고 이들을 연결한 자동화 워크플로우까지 상세히 알아보겠습니다.

노션 공식 웹 클리퍼 활용하기

우리가 일상에서 업무를 할 때 가장 많이 사용하는 도구는 대부분의 사람들이 웹 브라우저일 것입니다. 노션 웹 클리퍼는 웹에서 발견한 유용한 정보를 빠르게 노션으로 가져올 수 있는 강력한 도구입니다. 단순히 북마크를 저장하는 것을 넘어 콘텐츠를 나에게 딱 맞게 구조화하고 나중에 활용 가능한 형태로 저장할 수 있어요.

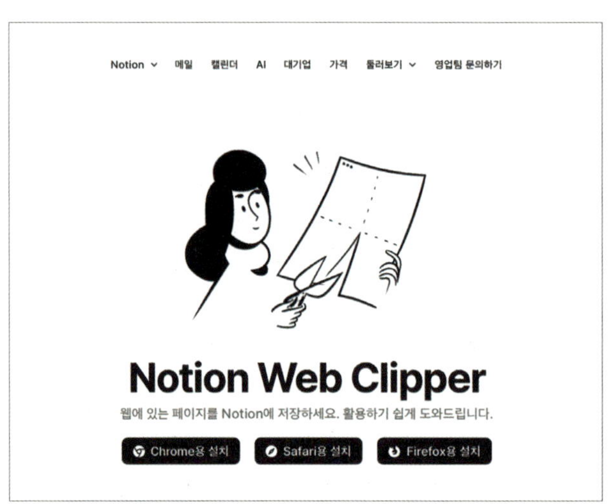

노션 공식 웹 클리퍼

💬 웹 클리퍼 설치와 기본 설정

노션 웹 클리퍼는 Chrome, Firefox, Safari 등 주요 웹 브라우저에서 모두 사용할 수 있습니다. 크로미움 기반의 브라우저라면 모두 사용이 가능하니 지금 사용하고 있는 브라우저가 Chrome, Firefox, Safari가 아니더라도 크로미움 기반의 브라우저인지 확인하고 사용해 보세요.

다양한 브라우저에서 설치 및 사용이 가능하지만 가장 많은 사람들이 사용하고 있는 크롬 브라우저 기반에서 사용하는 것을 추천드립니다. 우리는 크롬 브라우저를 기준으로 활용법을 알아보겠습니다.

설치 과정은 간단해요. 아래 단계별로 진행해 주세요.

❶ 구글 검색 엔진에서 "노션 웹 클리퍼"를 검색 후 크롬 웹 스토어에 등록된 노션 공식 웹 클리퍼를 선택합니다.

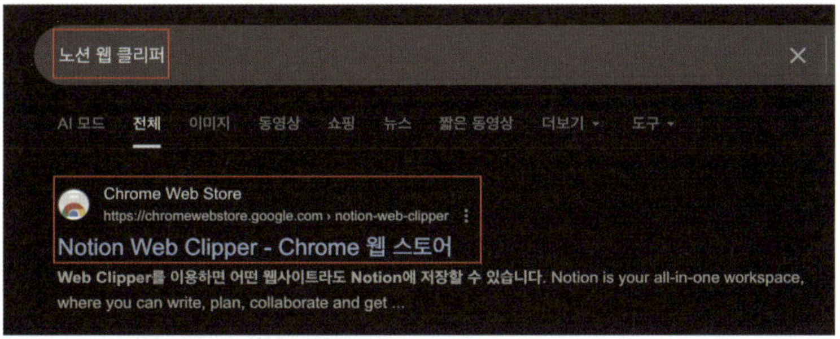

❷ [Chrome에 추가] 버튼을 눌러 크롬에 추가해 줍니다.

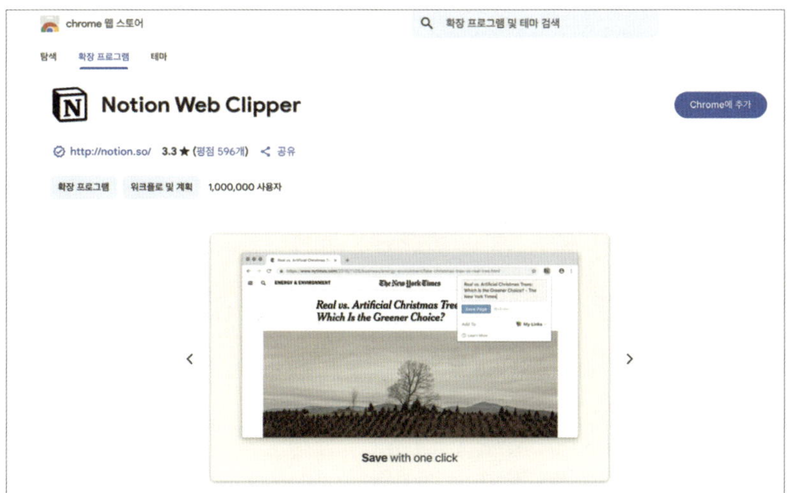

❸ [Add extension] 버튼을 눌러 '노션 웹 클리퍼' 확장 프로그램을 설치합니다.

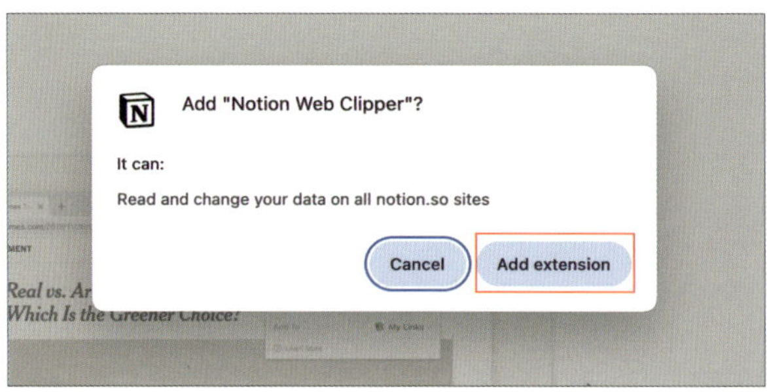

❹ 설치 후 [Log in] 버튼을 눌러 사용 중인 노션 계정으로 로그인합니다.

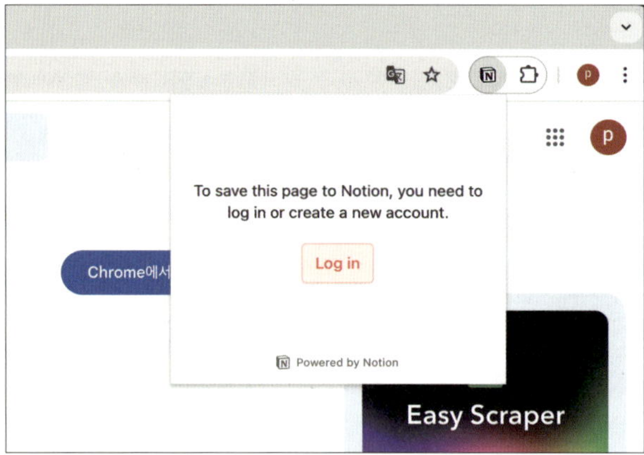

노션 웹 클리퍼 설치하기

설치가 완료되면 브라우저 우측 상단에 노션 아이콘이 나타나며 이를 클릭하여 현재 보고 있는 웹 페이지를 저장할 수 있습니다. 설치가 완료됐음에도 오른쪽 상단에 노션 웹 클리퍼 아이콘이 안보이는 분들도 계실 거예요. 그럼 오른쪽 상단에 확장 프로그램 아이콘을 눌러서 아래쪽에 나타나는 노션 웹 클리퍼를 고정해 주시면 계속해서 우측 상단에 표시가 될 거예요.

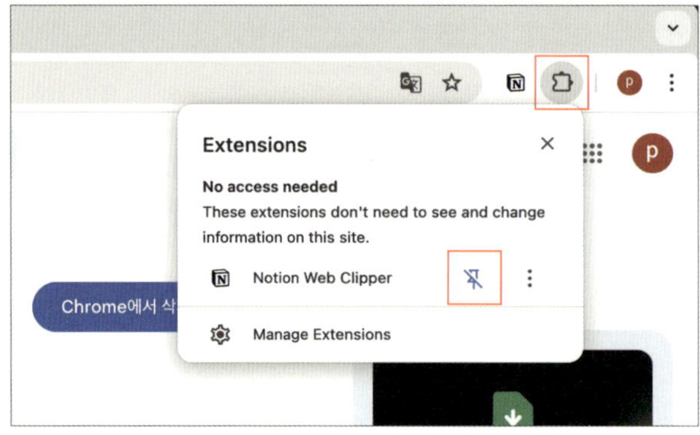

노션 웹 클리퍼 고정하기

💬 웹 클리퍼의 저장 방식

노션 웹 클리퍼는 단순히 링크를 저장만 하는 것이 아니라 두 가지 다른 방식으로 콘텐츠를 관리할 수 있습니다.

Ⓐ 페이지로 저장

전체 웹 페이지를 노션 페이지로 변환하여 저장합니다. 이미지, 텍스트, 포맷팅이 모두 보존되어 오프라인에서도 내용을 확인할 수 있어요. 특히 나중에 참고하고 싶은 튜토리얼이나 가이드 문서를 저장할 때 유용합니다.

Ⓑ 데이터베이스에 추가

데이터베이스에 웹 상의 콘텐츠를 새로운 항목으로 추가할 수 있습니다. 이 기능이 웹 클리퍼의 진정한 강점인데, 콘텐츠를 단순히 저장만 하는 것이 아니라 이후 태그, 카테고리, 우선순위 등의 데이터베이스 속성을 지정하여 체계적으로 관리할 수 있습니다. 기존 데이터베이스에 추가도 가능하며, 또한 웹 클리핑을 위한 새로운 데이터베이스를 바로 생성할 수도 있습니다. 이를 활용하면 노션을 단순한 정보 저장소를 넘어 나만의 지식 관리 도구로 사용이 가능해집니다.

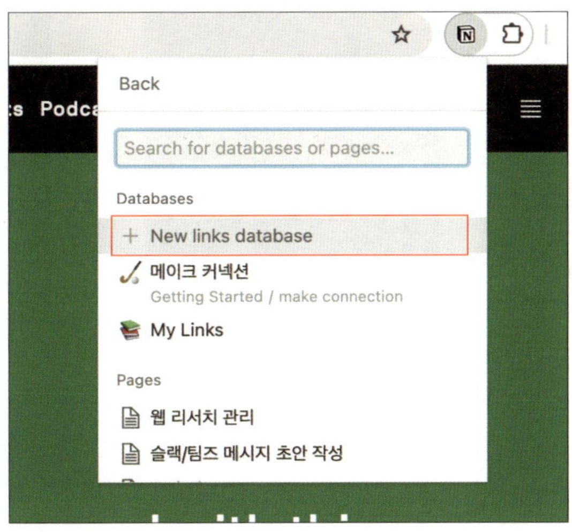

노션 웹 클리퍼를 위한 새로운 데이터베이스 생성하기

> **Tip 키보드 단축키를 활용해서 간편하게 웹 클리핑 기능을 사용해 보세요**
>
> 효율적인 작업을 위해 웹 클리퍼의 단축키를 활용해 보세요.
> - `Ctrl` + `Shift` + `K` / `Cmd` + `Shift` + `K` : 웹 클리퍼 실행
> - `Enter` : 현재 설정으로 빠른 저장
> - `Tab` : 옵션 간 이동

웹 브라우저를 활용하는 것처럼 모바일에서도 웹 클리퍼를 사용할 수 있습니다. iOS나 Android의 공유 기능을 통해 노션 앱으로 직접 콘텐츠를 보낼 수 있어요. 모바일에서 웹 클리퍼를 사용하기 위해서 별도의 앱을 설치할 필요 없이 노션 모바일 앱만 설치가 되어 있으면 아래 절차대로 바로 사용이 가능합니다.

❶ 모바일 브라우저에서 [공유] 버튼을 탭합니다.

❷ 노션 앱을 선택합니다.

❸ 저장할 위치와 형식을 선택합니다.

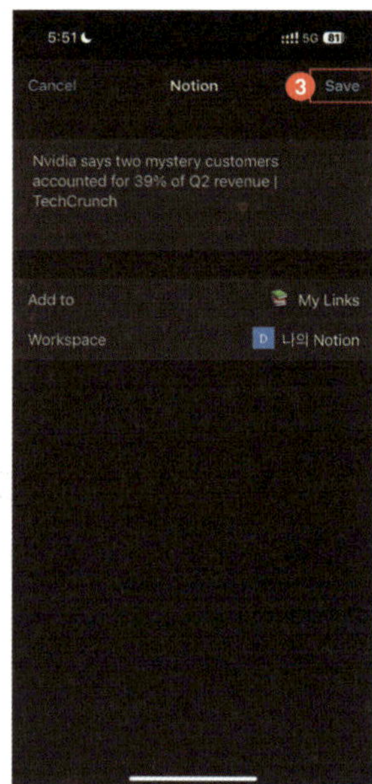

모바일에서 웹 클리퍼 활용

위의 예시 이미지와 설명은 아이폰을 기준으로 설명드렸지만, 갤럭시 등의 안드로이드폰에서도 당연히 웹 클리퍼 기능을 사용할 수 있어요.

하지만 안드로이드폰에서는 공유 버튼이 조금 다르게 생겼어요. 다음과 같이 생긴 공유 버튼만 찾으신다면 그 이후 절차는 위의 아이폰과 동일한 방식으로 웹 클리퍼 기능을 사용할 수 있으니 꼭 한번 사용해 보세요!

아이폰 공유 버튼

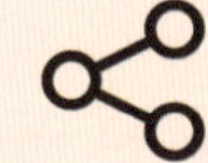

안드로이드폰 공유 버튼

[공유] 버튼을 눌렀는데 노션 앱이 이미 설치가 되어 있음에도 불구하고 앱이 보이지 않는 분이 계실 수도 있습니다. 이런 경우에는 아래 절차에 따라 노션 앱을 표시하도록 수정이 가능합니다.

❶ 앱 선택 시 가장 우측의 More, [더보기] 버튼을 선택합니다.

❷ 우측 상단의 Edit, [편집] 버튼을 선택합니다.

❸ 아래로 내려 여러 앱들 중 노션 앱을 선택하고 원하는 위치로 이동시킵니다.

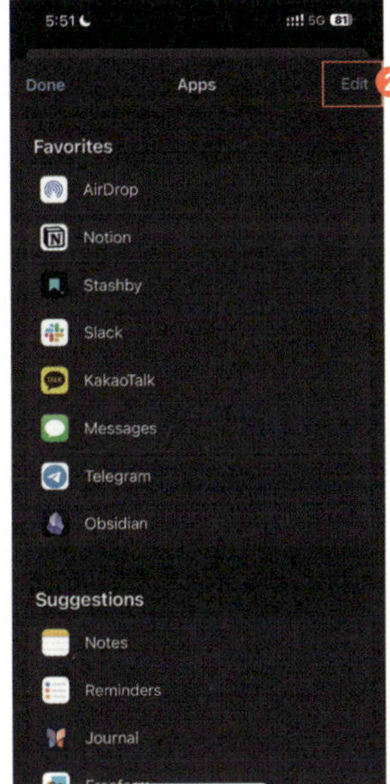
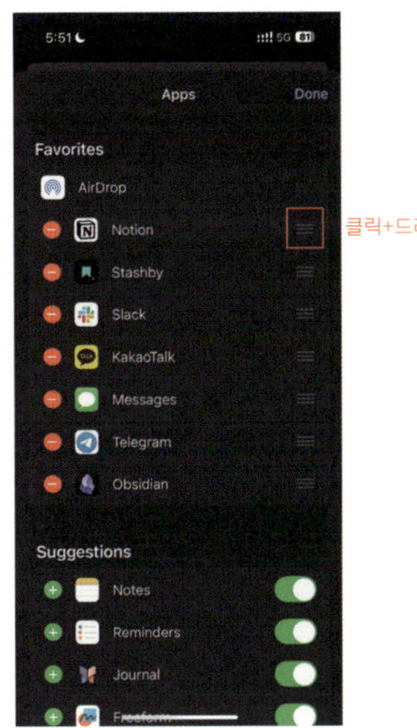

웹 클리퍼 노출 우선순위 변경하기

이렇게 노션 공식 웹 클리퍼를 활용하면 모바일과 PC에서 일관된 방식으로 웹 콘텐츠를 수집하여 언제 어디서든 중요한 정보를 놓치지 않고 저장할 수 있습니다.

노션 AI로 데이터베이스 빠르게 구성하기

노션은 최근 AI를 활용하여 데이터베이스를 자동으로 생성하는 혁신적인 기능을 추가했습니다. 이 기능을 활용하면 복잡한 데이터베이스 구조도 몇 분 만에 만들 수 있어요.

💬 노션 AI 데이터베이스 생성 기능 이해하기

노션 AI의 데이터베이스 생성 기능은 자연어로 설명한 요구사항을 바탕으로 적절한 속성과 뷰를 갖춘 데이터베이스를 자동으로 만들어 줍니다. 이는 다음과 같은 상황에서 특히 유용합니다.

- 새로운 프로젝트를 위한 데이터베이스를 시작할 때
- 기존 엑셀이나 외부의 데이터베이스를 노션으로 이전할 때
- 복잡한 관계형 데이터베이스를 설계할 때
- 팀을 위한 표준화된 템플릿을 만들 때

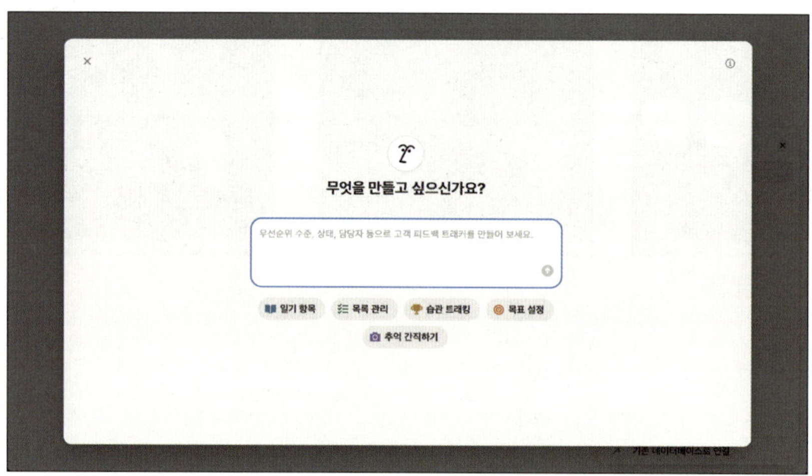

노션 AI로 데이터베이스 구성하기

💬 단계별 AI 데이터베이스 생성 과정

<1단계: 명확한 요구사항 정의>

AI에게 데이터베이스 생성을 요청하기 전에, 무엇을 관리하고 싶은지 명확히 정의해야 합니다. 다음과 같은 질문을 스스로에게 해보세요.

- 어떤 정보를 추적하고 싶은가?
- 누가 이 데이터베이스를 사용할 것인가?
- 어떤 종류의 분석이나 보고서가 필요한가?
- 다른 데이터베이스와 연결이 필요한가?

위 내용이 정해지면 아래 순서에 따라 노션 AI를 활용하여 데이터베이스를 구성해 보세요.

❶ 원하는 페이지에서 데이터베이스를 생성합니다.

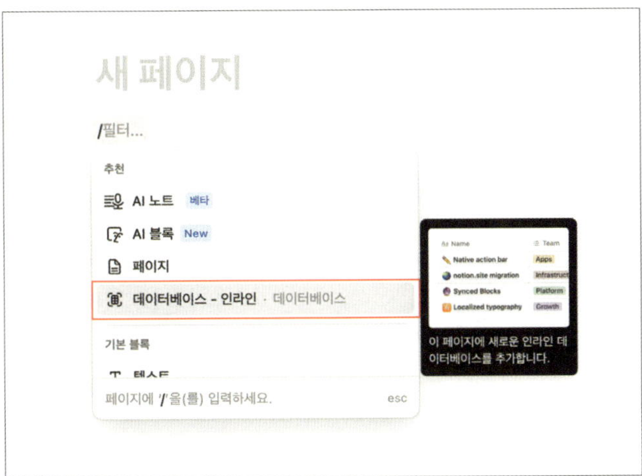

❷ [AI로 만들기] 버튼을 누릅니다.

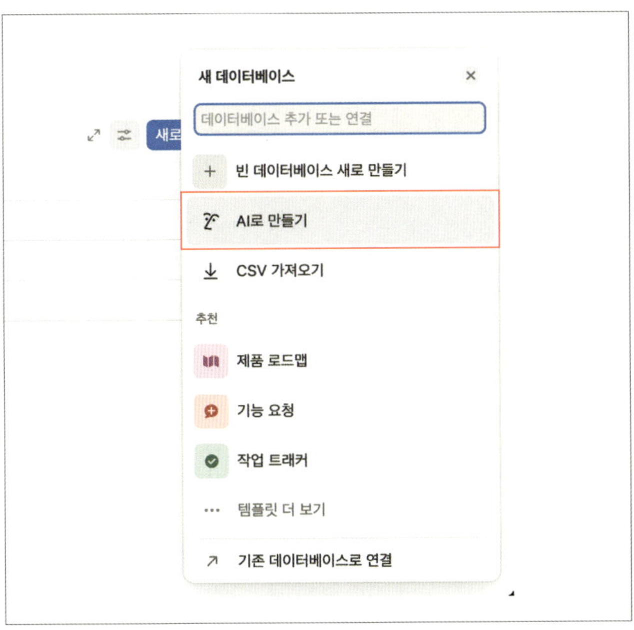

❸ AI에 아래 프롬프트를 활용하여 목적에 맞는 데이터베이스를 생성합니다.

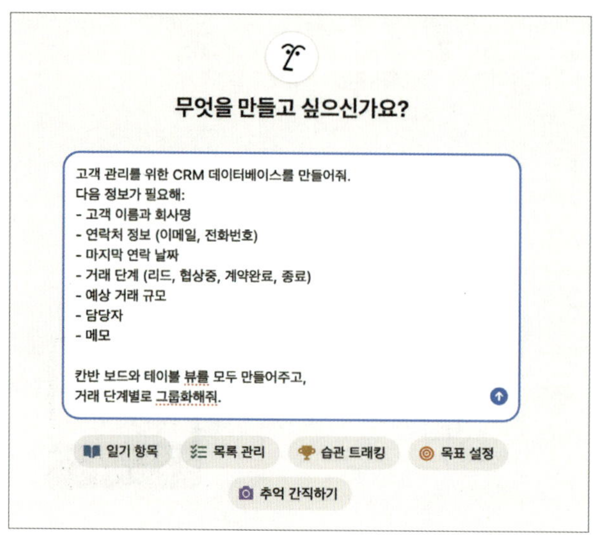

> **AI프롬프트:**
>
> 고객 관리를 위한 CRM 데이터베이스를 만들어 줘.
>
> 다음 정보가 필요해:
>
> - 고객 이름과 회사명
>
> - 연락처 정보(이메일, 전화번호)
>
> - 마지막 연락 날짜
>
> - 거래 단계(리드, 협상 중, 계약완료, 종료)
>
> - 예상 거래 규모
>
> - 담당자
>
> - 메모
>
> 칸반 보드와 테이블 뷰를 모두 만들어 주고,
>
> 거래 단계별로 그룹화해 줘.

<3단계: AI가 생성한 구조 검토 및 수정>

AI가 데이터베이스를 생성하면 다음 사항들을 검토합니다.

- 모든 필요한 속성이 포함되었는지

- 속성 타입이 적절한지(텍스트, 숫자, 날짜 등)

- 뷰가 사용 목적에 맞게 구성되었는지

- 필터와 정렬이 논리적으로 설정되었는지

웹 클리퍼와 데이터베이스 연동으로 100% 활용하기

웹 클리퍼와 AI 기반 데이터베이스 생성 기능을 결합하면, 정보 수집부터 AI 요약과 번역까지 매끄러운 워크플로우를 구축할 수 있습니다. 이는 노션 AI를 활용한 개인 지식 관리 시스템(Personal Knowledge Management)의 완성형이라고 할 수 있습니다.

아래에서는 영어 콘텐츠를 수집하고, 노션 AI 기능을 활용하여 데이터베이스를 설계•관리하는 통합 워크플로우를 함께 살펴보겠습니다.

영어 콘텐츠 수집 시스템 구축

먼저 아래 프롬프트를 활용해서 정보 수집을 위한 마스터 데이터베이스를 만듭니다.

AI프롬프트:

외국어 콘텐츠 관리를 위한 데이터베이스를 만들어 줘:

- 제목(텍스트)
- URL(URL)
- 출처 유형(블로그, 뉴스, 논문, 영상)
- 저장 날짜(날짜)
- 읽음 상태(안 읽음, 읽는 중, 완료)
- 중요도(★~★★★)
- 카테고리(멀티셀렉트)
- 핵심 내용(AI 요약)
- 핵심 내용 번역(AI 번역)
- 콘텐츠 제안
- 메모(텍스트)

다음 뷰를 만들어 줘:

- 전체 목록(테이블)
- 읽지 않은 항목(칸반- 카테고리별)
- 중요 자료(갤러리)
- 이번 주 저장(타임라인)

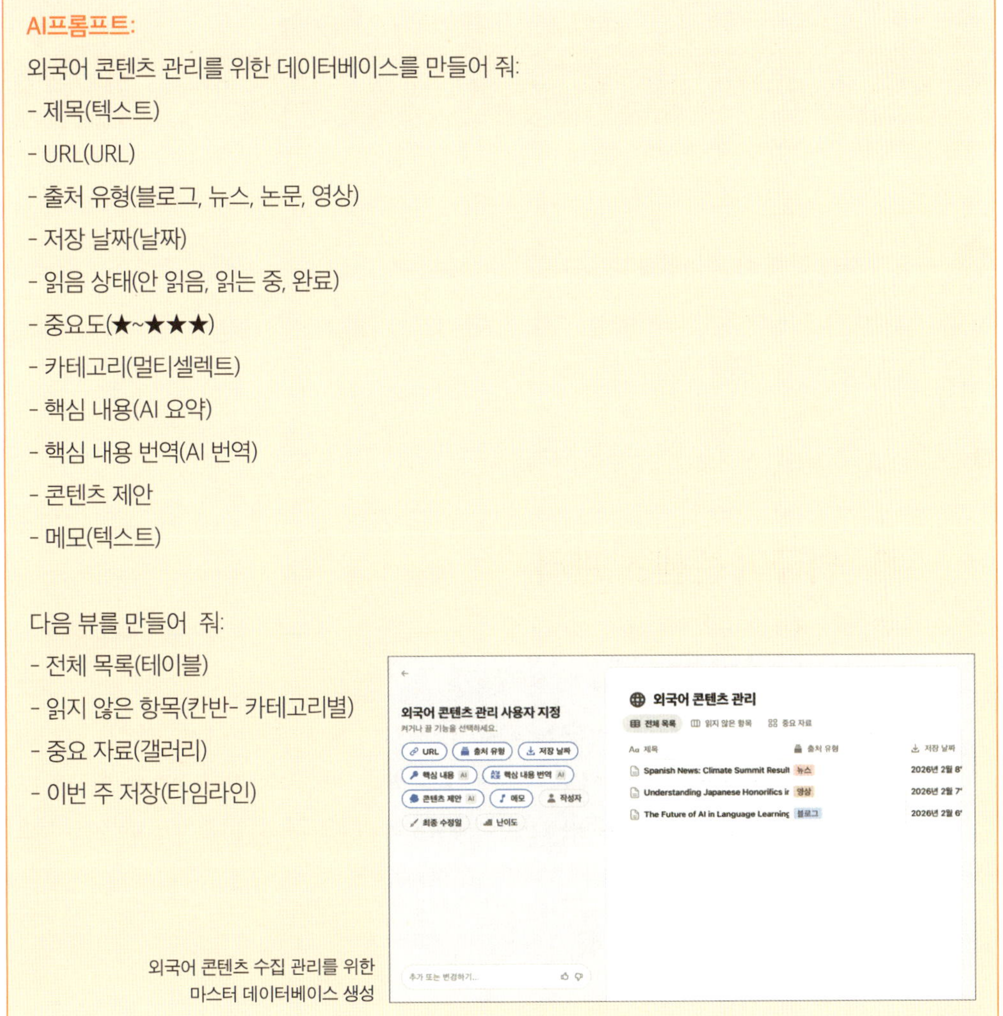

외국어 콘텐츠 수집 관리를 위한
마스터 데이터베이스 생성

이전에 우리가 함께 알아봤던 것처럼 다양한 웹 콘텐츠를 웹 클리퍼를 활용해서 수집합니다. 그리고 위에서 생성한 데이터베이스 핵심내용 번역 칼럼을 누른 후 [이 보기 자동 채우기]를 선택하면 노션 AI가 영어로된 핵심 내용을 한글로 자동으로 번역을 진행해 줍니다.

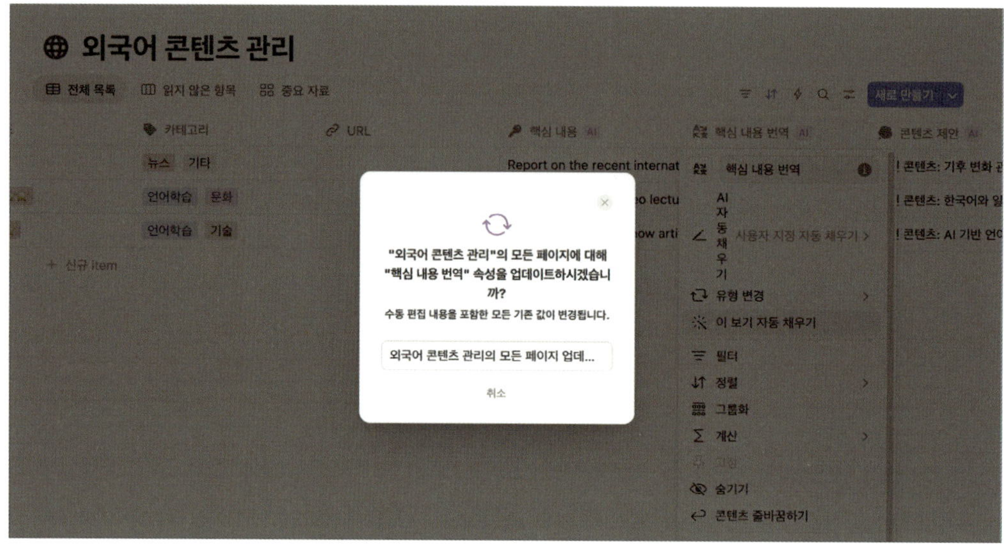

데이터베이스에서 노션 AI 자동 번역 기능 활용하기

💬 사용자 지정 맞춤 AI 데이터베이스 구축

AI 핵심 요약, 번역 기능뿐만 아니라 사용자 지정 기능을 활용하면 AI의 기능을 확장할 수 있습니다. 아래 순서와 같이 AI 자동 채우기 설정을 변경해 보세요.

❶ AI 맞춤 기능을 활용할 콘텐츠 제안 칼럼을 선택합니다.

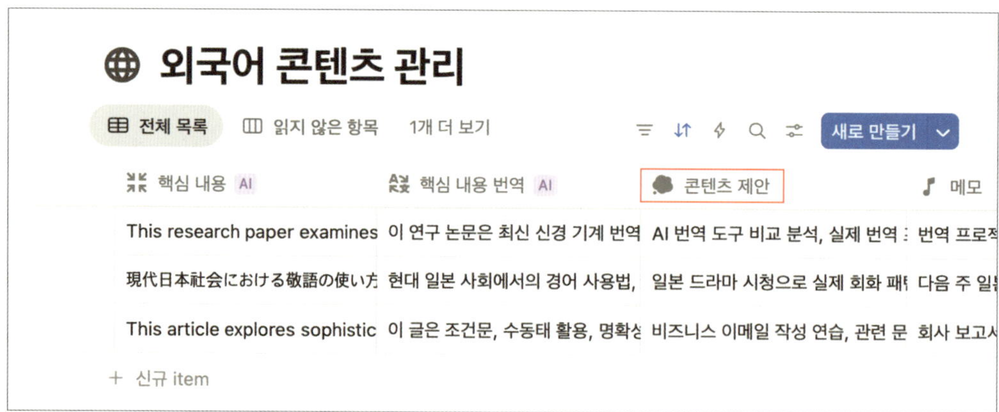

❷ [AI 자동 채우기 설정]을 선택하고, [옵션 선택] 버튼을 선택합니다.

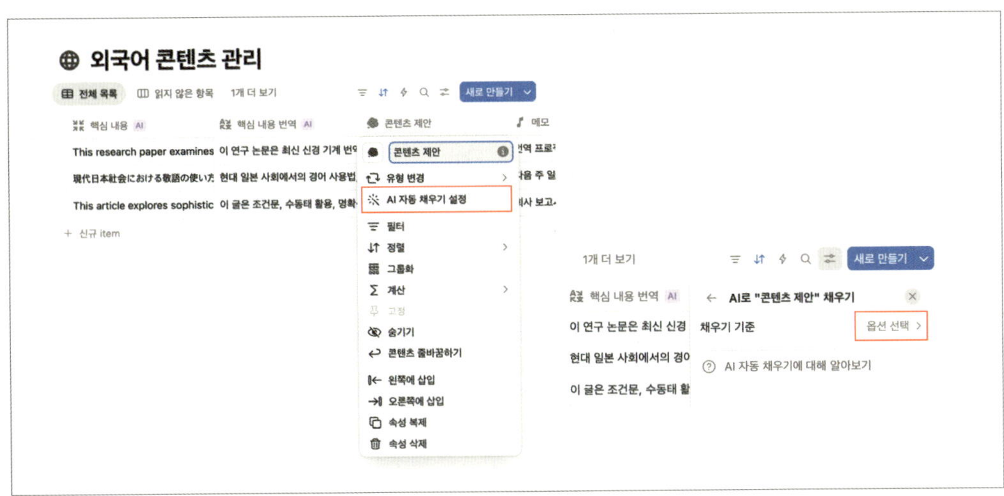

❸ [사용자 지정 자동 채우기] 버튼을 누른 후 아래와 같이 "해당 항목의 콘텐츠를 기반으로 새로운 콘텐츠를 제안해주세요"와 같이 원하는 시스템 프롬프트를 입력한 후 [변경 사항 저장] 버튼을 누르면 됩니다.

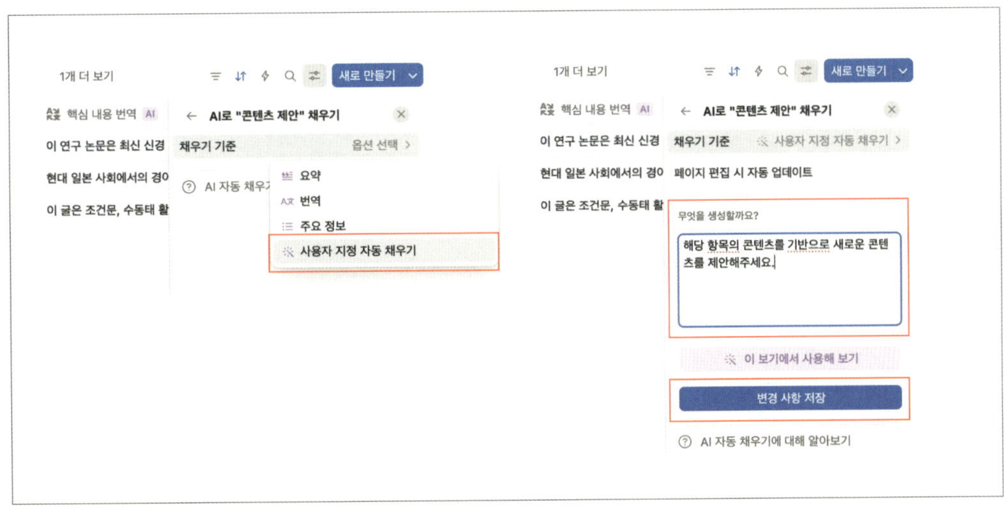

실전 활용 시나리오

실전에서는 아래와 같은 다양한 케이스들을 참고하여 개인 및 조직의 상황에 맞게 다양하게 활용해 보시기 바랍니다.

 **시나리오1:** 경쟁사 모니터링 시스템

마케팅팀에서 경쟁사 동향을 지속적으로 모니터링 해야 하는 경우:

1. 수집 단계

- ○ 경쟁사 블로그, 뉴스 기사를 발견하면 웹 클리퍼로 즉시 저장
- ○ 저장 시 '경쟁사 분석' 카테고리 태그

2. 분석 단계

- ○ AI가 콘텐츠를 분석하여 주요 발표 내용 요약
- ○ 제품 업데이트, 가격 변경, 신규 기능 등 분류
- ○ 우리 회사에 미칠 영향도 평가

3. 활용 단계

- ○ 주간 경쟁사 동향 리포트 템플릿을 활용하여 리포트 생성
- ○ 주요 이슈는 관련 팀 멤버 또는 팀 태깅하여 알림
- ○ 대응 전략 수립을 위한 인사이트 브레인스토밍

시나리오2: 학습 자료 큐레이션

개발자가 새로운 기술을 학습하면서 자료를 체계적으로 관리하는 경우:

1. 자료 수집

- ○ 튜토리얼, 공식 문서, 블로그 포스트를 웹 클리퍼로 저장
- ○ 난이도(초급/중급/고급) 태그

2. 학습 경로 생성

- ○ AI가 저장된 자료를 분석하여 핵심 요약 제안
- ○ 선수 지식이 필요한 자료 연결
- ○ 예상 학습 시간 계산

3. 진도 관리

- ○ 읽은 자료는 '완료' 상태로 변경
- ○ 다음 학습할 자료 확인
- ○ 학습 노트와 연결

 시나리오3: 콘텐츠 아이디어 뱅크

콘텐츠 크리에이터가 영감을 얻고 아이디어를 관리하는 경우:

1. 영감 수집

- 흥미로운 콘텐츠를 발견하면 즉시 웹 클리퍼로 저장
- 콘텐츠 형식(글, 영상, 인포그래픽) 분류

2. 아이디어 발전

- 저장된 콘텐츠를 분석하여 AI로 새로운 아이디어 제안
- 트렌드 분석 및 빈 틈새 발견

3. 콘텐츠 제작

- 리서치 자료와 최종 콘텐츠 연결
- 성과 추적 및 개선점 분석

이렇게 웹 클리퍼와 AI 기반 데이터베이스를 결합하면, 정보의 수집-정리-활용 사이클이 완전히 간소화됩니다. 이는 단순히 시간을 절약하는 것을 넘어, 더 많은 인사이트를 발견하고 창의적인 작업에 집중할 수 있게 해 주는 진정한 지식 관리 시스템이 됩니다.

Key Points

- 노션 공식 웹 클리퍼를 조합해서 사용하게 되면 데이터를 체계적으로 관리할 수 있다.
- 데이터 일관성을 위해서 데스크톱, 모바일 앱에서 일관되게 노션 웹 클리퍼를 사용할 수 있다.
- 노션 AI와 데이터베이스 그리고 웹 클리퍼를 조합하면 실전에서 바로 활용 가능한 자동화가 가능하다.

노션 AI 커넥터는 노션을 다른 업무 도구들과 연결하여 진정한 올인원 워크스페이스로 만들어 주는 확장 기능입니다. 이번 섹션에서는 노션이 공식적으로 지원하는 커넥터들을 활용하여 업무 효율을 극대화하는 방법을 알아보겠습니다.

노션 AI 커넥터 소개

노션 AI 커넥터는 외부 서비스와 노션을 실시간으로 연동하여 정보가 단절되는 문제를 해소하고 통합된 업무 환경을 만들어 줍니다. 단순한 데이터 동기화를 넘어 AI가 맥락을 이해하고 적절한 자동화를 수행하는 것이 특징이에요.

💬 **커넥터 핵심 기능**

- 실시간 정보 탐색: 모든 변경사항에 대해 빠르게 탐색하여 항상 최신 정보를 확인할 수 있습니다.
- **맥락 유지**: 단순한 데이터 복사가 아닌, 원본의 맥락과 메타데이터를 함께 가져와 의미 있는 정보로 활용할 수 있습니다.
- **통합 AI 활용 환경**: 연동된 데이터를 AI 노션을 벗어나지 않고 한 곳에서 발견하고, 인사이트를 정리할 수 있습니다.

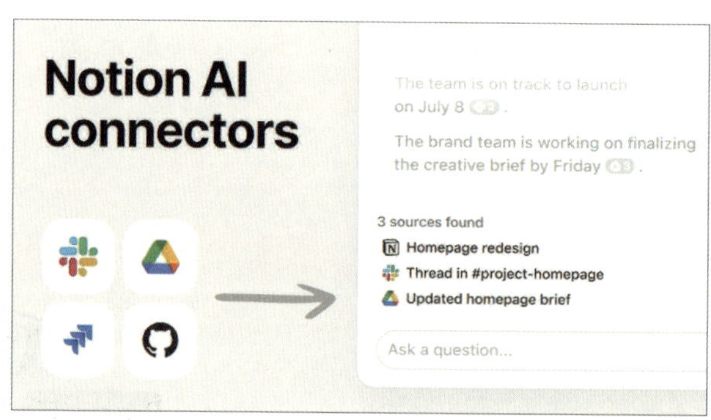

노션 AI 커넥터

💬 공식 지원 커넥터 개요

현재 노션이 공식적으로 지원하는 주요 커넥터들은 다음과 같은 기능이 가능합니다.

Ⓐ Slack 커넥터

- 실시간 메시지 검색
- 중요 대화 아카이빙
- AI 기반 대화 요약

Ⓑ GitHub 커넥터

- 코드 리포지토리 연동
- 이슈 및 PR 자동 추적
- 코드 변경사항 AI 요약

Ⓒ Google Drive 커넥터

- 파일 버전 관리
- 협업 히스토리 추적
- AI 문서 분석 및 태깅

Ⓓ Linear 커넥터

- 프로젝트 작업 상태 검색
- 이슈 상태 업데이트
- AI 기반 작업 분석

Ⓔ 노션 메일 커넥터

- 최근 메일 내용 및 상세 검색
- 메일 기반 사용자 질문 답변

> **Tip 노션 AI 커넥터는 계속 추가되고 있어요**
>
> AI 기능은 빠르게 발전하고 있어요. 그중에서도 다양한 서비스 연동을 통한 AI 기능 혁신은 이제 막 시작되었습니다. 그러다 보니 지금 이 책을 쓰고 있는 와중에도 몇 번씩이나 노션 AI 기능이 업데이트되었어요. 지금 당장은 내가 쓰고 싶은 커넥터가 없을 수 있지만, 노션 AI 커넥터 메뉴를 예의주시해 보세요. 노션에서 공식적으로 지원되는 커넥터가 계속해서 추가되고 있습니다.
>
> 다음 절에서 소개하게 되는 MCP(Model Context Protocol) 기술도 핵심은 연동입니다. 그렇지만 노션에서 공식적으로 지원해 주는 커넥터를 활용하는 게 훨씬 더 안정적인 연동을 지원해요. 지금 당장 필요한 커넥터가 없다면 다음 절의 MCP를 활용하거나 커넥터가 추가되길 조금 기다려 보세요.

커넥터 연동 설정하기

앞의 각 커넥터는 노션 AI와 연동하여 각각의 독특한 기능들을 수행합니다. 모든 커넥터들이 모두 독자적 기능을 갖고 있지만, 이번에는 많은 사람들이 사용하는 몇 개의 커넥터에 대해 설정 방법 및 활용법에 대해 알아보겠습니다.

💬 Slack 커넥터 설정

Slack과 노션의 연동은 팀 커뮤니케이션을 한 단계 업그레이드시킵니다. Slack 커넥터를 활용하면 그야말로 노션을 통합된 하나의 워크스테이션으로 활용할 수 있습니다. Slack 커넥터와 연동을 완료하면 노션에서 Slack 내부의 콘텐츠를 편하게 확인할 수 있습니다. 연동 절차는 아래와 같이 진행해 보세요.

❶ 왼쪽 상단 노션 설정 메뉴를 엽니다.

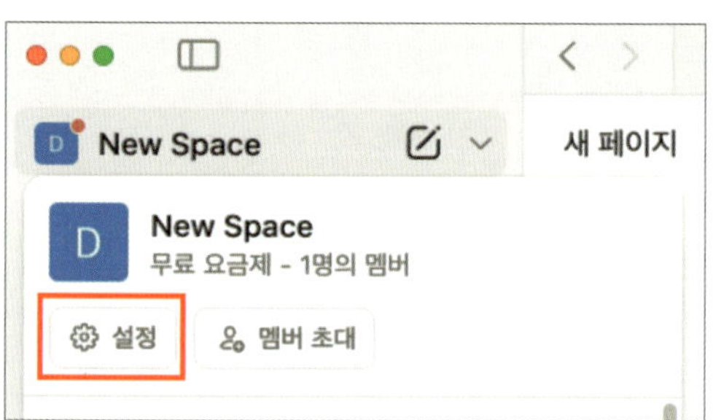

❷ 왼쪽 사이드 바에서 'Notion AI'를 선택하세요.

❸ AI 커넥터 섹션의 Slack 오른쪽 '+' 버튼을 눌러 주세요.

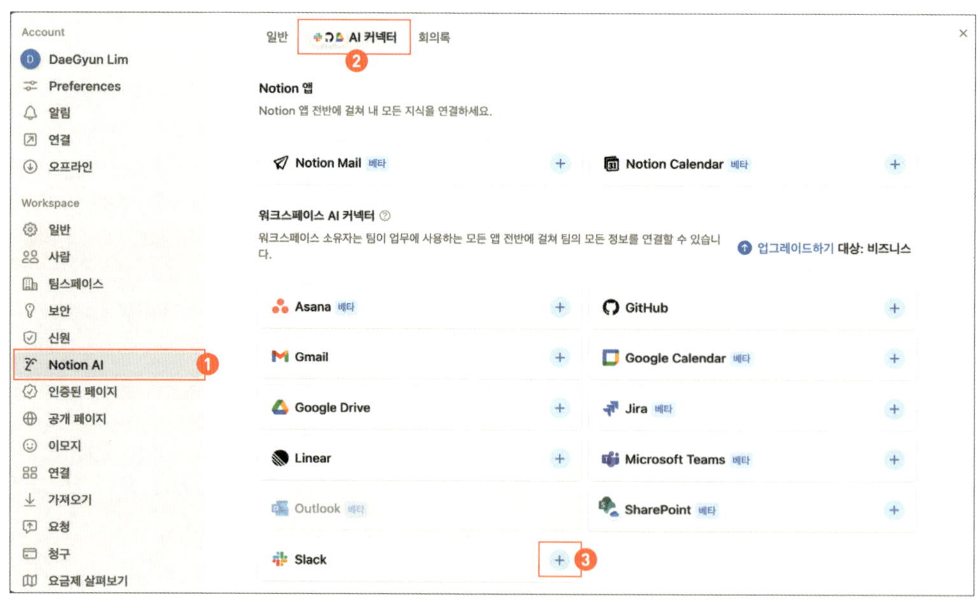

❹ Slack 워크스페이스 연결을 허용하고 시작하세요.

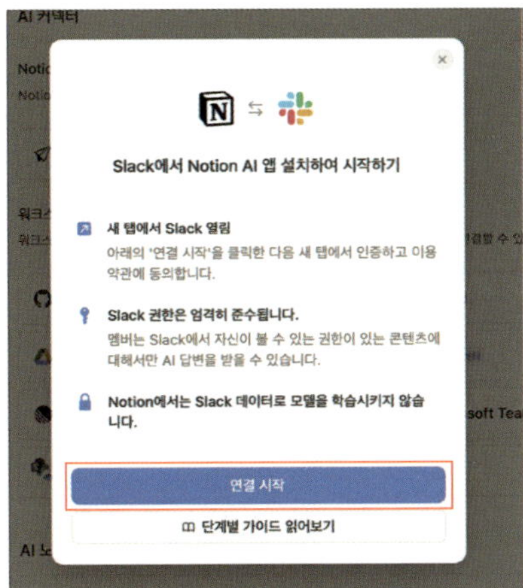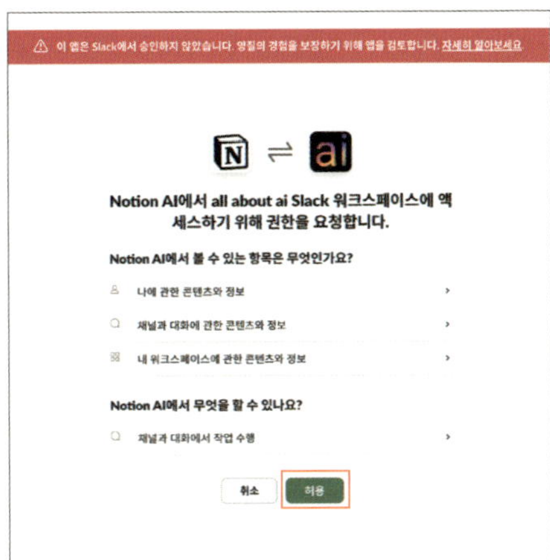

❺ 연동할 채널과 노션 페이지 선택 후 연결을 완료해 주세요.

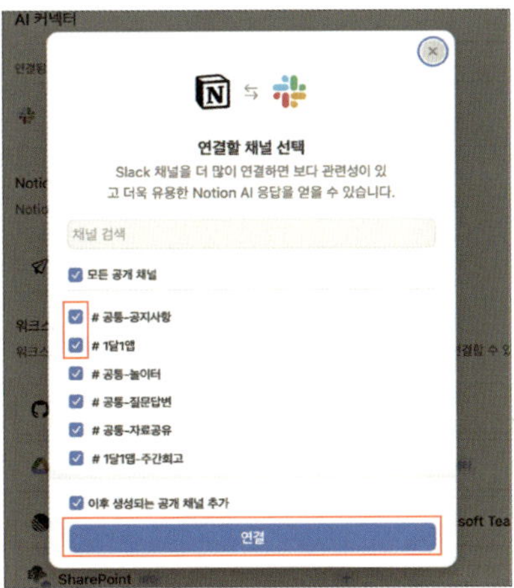

Slack 커넥터 연동하기

Slack의 콘텐츠 정보의 양에 따라 연동이 완료되는 것에 최대 36시간이 걸릴 수 있습니다. 이 기능을 사용하기 위해서는 연동하려고 하는 노션 및 슬랙 워크스페이스의 소유자 권한을 가지고 있어야 연동이 가능합니다. 또한 해당 기능은 비즈니스 또는 엔터프라이즈 계정을 사용중이어야 사용이 가능합니다.

커넥터 주요 활용 시나리오

💬 Slack 커넥터 활용

이제 노션을 벗어나지 않고 슬랙의 주요 내용을 빠르게 검색하고 답변을 받아 볼 수 있습니다. 특히 아래 상황들에서 Slack 커넥터는 완벽하게 작동할 거예요.

시나리오1: 신입사원 온보딩 과정

이제 막 입사한 신입사원에게 가장 힘든 것은 팀에서 현재 진행중인 프로젝트와 주요 의사결정 내용들을 파악하는 것일 겁니다. Slack의 수천, 수만 개 메시지를 일일이 읽어보려면 정말 많은 시간이 들겠죠.

이때 Slack 커넥터가 확실한 솔루션을 제공해 줍니다. Slack 커넥터 기술을 활용하여 노션 AI에 아래와 같이 질문해 보세요.

❶ 노션 홈 화면의 AI 위젯에서 "지난 3개월간 Slack의 #마케팅팀 채널의 주요 프로젝트와 캠페인을 시간순으로 정리해 줘."라고 입력해 보세요.

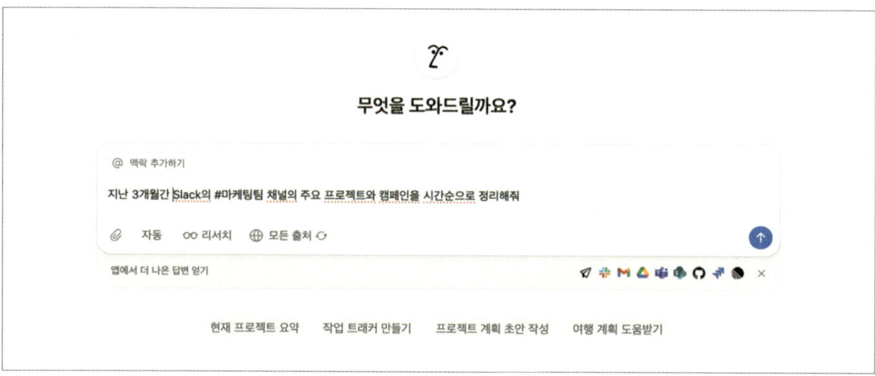

❷ AI가 주요 프로젝트별로 배경, 목표, 진행 과정, 결과를 요약해 줍니다.

❸ "각 프로젝트에서 배운 교훈(lessons learned)은 무엇이었어?"라고 추가 질문합니다.

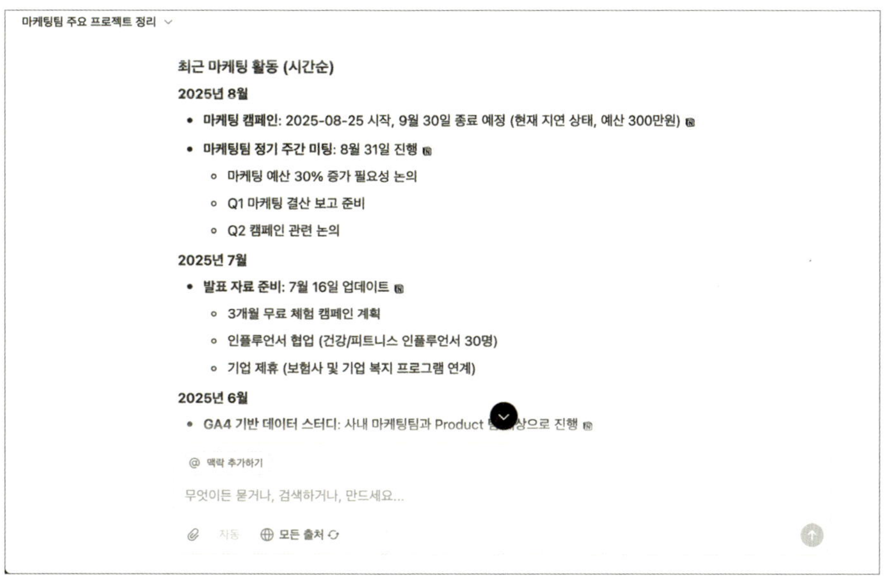

❹ 정리된 내용을 바탕으로 팀의 업무 스타일과 의사결정 패턴을 빠르게 이해합니다.

시나리오2: 고객 피드백 종합 분석

고객 지원팀은 분기별로 고객 피드백을 종합 분석해야 합니다. #customer-feedback 채널에는 매일 수십 개의 피드백이 올라오는데, 이를 체계적으로 분류하고 분석하는 것이 큰 업무 부담이었죠. 하지만 Slack 커넥터를 활용하면 이 문제를 빠르게 해결할 수 있습니다.

❶ 노션 AI에게 "지난 분기 #customer-feedback 채널의 모든 고객 피드백을 카테고리별로 분류해 줘."라고 요청합니다.

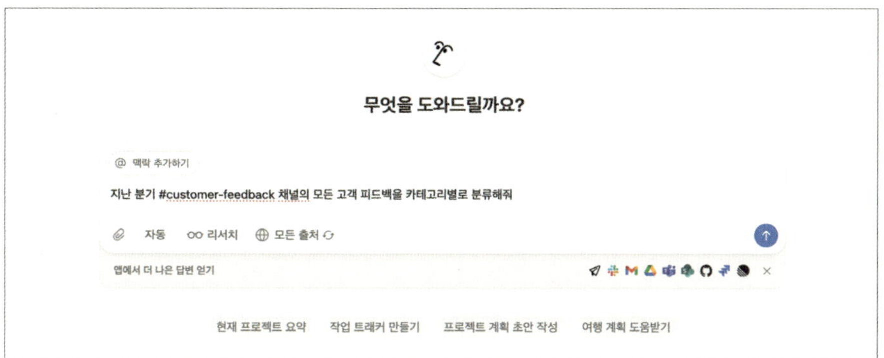

❷ "긍정적 피드백과 부정적 피드백의 비율을 분석하고, 각각의 주요 키워드를 추출해 줘."라고 추가 요청합니다.

❸ "가장 자주 언급된 개선 요청 사항 Top5를 우선순위와 함께 정리해 줘."라고 구체화합니다.

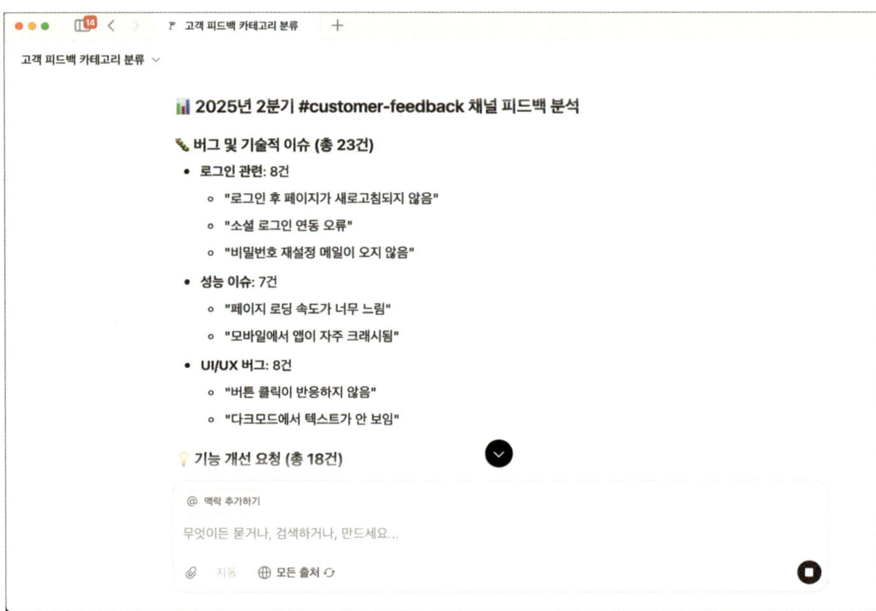

❹ 분석 결과를 바탕으로 의사결정 미팅에서 이 내용을 공유한 뒤 제품 개선 로드맵을 수립할 수 있습니다.

💬 Linear 커넥터 활용

이번에는 Linear 커넥터 활용 시나리오에 대해 알아보겠습니다. Linear는 Jira 등과 같이 주로 IT 기반 스타트업에서 제품 및 프로젝트를 통합적으로 관리하기 위한 도구입니다.

시나리오3: 제품 개발 진행 상황 추적

제품 개발을 총괄하는 Product Manager(PM)는 여러 프로젝트가 동시에 진행되는 상황에서 전체적인 로드맵에 맞게 제품 개발 상황을 추적하고 관리해야 합니다. 각 프로젝트 단위로 세부 이슈를 관리하면서 빠짐없이 제품 개발을 진행할 수 있습니다.

모두의 노션 AI

❶ "Linear에서 Q2 로드맵에 포함된 모든 프로젝트의 현재 진행 상황을 요약해 줘."라고 요청합니다.

❷ AI가 프로젝트별 완료율, 예상 완료일, 리스크 요인을 정리합니다.

❸ "Linear에서 지연되고 있는 프로젝트를 확인한 후 해당 프로젝트의 이슈, blocker들을 다각적으로 분석하여 근본 원인을 분석해 줘."라고 심화 분석을 요청할 수 있습니다.

❹ "현재 속도로 진행할 때 Q2 목표 달성 가능성을 평가해 주고 이를 해소하기 위해 진행해야 할 해결 방법을 우선순위 및 중요도에 맞게 작성해 줘."라고 예측에도 활용할 수 있습니다.

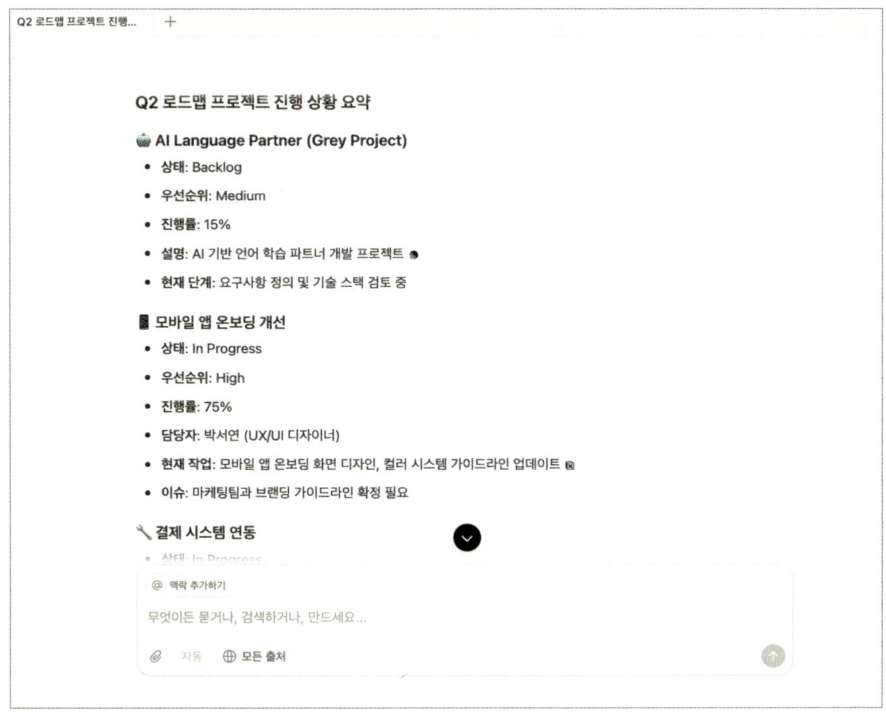

Linear AI 커넥터를 활용한 제품 개발 진행 상황 추적

이렇게 노션 AI 커넥터들을 활용하면 분산된 업무 도구들을 하나로 통합하여 노션에서 진정한 디지털 워크스페이스를 구현할 수 있습니다. 앞의 시나리오는 사용자 또는 각 팀의 특성에 맞게 커스터마이징하고, 지속적으로 개선해 나가면서 조직 전체의 생산성을 획기적으로 향상시킬 수 있을 거예요.

- 노션 AI 커넥터는 빠르게 외부 데이터를 참조할 수 있는 툴이다.
- Slack AI 커넥터, GitHub AI 커넥터 등등 사용자의 환경 및 직무에 맞게 커넥터를 조합하여 사용할 수 있다.
- 현재는 베타로 제공되는 노션 메일 커넥터와 같이 앞으로 계속 추가되는 커넥터를 적극적으로 활용하면 All in One 워크스페이스를 구현할 수 있다.

노션 AI는 다른 AI 서비스들이 흉내 낼 수 없는 강력한 기능을 가지고 있습니다. 여러 페이지와 데이터베이스를 맥락 정보로 활용하여 사용자가 원하는 형태로 가장 빠르게 정보를 재구성할 수 있습니다.

이런 강력한 기능에도 불구하고, 때로는 다른 AI 도구 사용이 필요할 수 있습니다. 노션은 이런 상황에서 단순히 다른 AI 서비스와 함께 사용하는 것이 아니라 연동을 통해서 독창적인 방식으로 사용이 가능합니다. 이번 섹션에서는 Claude(클로드)와 같은 외부 AI 도구를 노션과 함께 사용하는 방법, 최근 주목받고 있는 MCP(Model Context Protocol)를 활용한 고급 연동 방법까지 살펴보겠습니다.

클로드와 함께 노션 사용하기

클로드는 Anthropic이 개발한 AI 서비스입니다. Anthropic은 전세계 AI 시장을 이끌어 가고 있는 OpenAI 출신의 개발자가 OpenAI를 퇴사하고 나와 창업한 회사입니다. Anthropic은 현재 OpenAI를 뛰어넘는 다양한 기능들로 주목을 받고 있습니다. 노션 AI와는 또 다른 강점을 가지고 있는 셈이죠.

사실 우리가 지금까지 학습해 온 노션 AI의 기반 기술에도 Anthropic이 활용되고 있습니다. 노션은 아직은 자체적인 AI 모델을 만들어낸 것이 아니라 Anthropic사의 Claude 모델 등을 활용하여 노션 AI를 작동하고 있는 것이죠.

이번 절에서는 노션과 클로드, 두 AI를 상호 보완적으로 활용하여 더욱 강력한 지식 작업 환경을 만드는 것에 대해 알아보겠습니다.

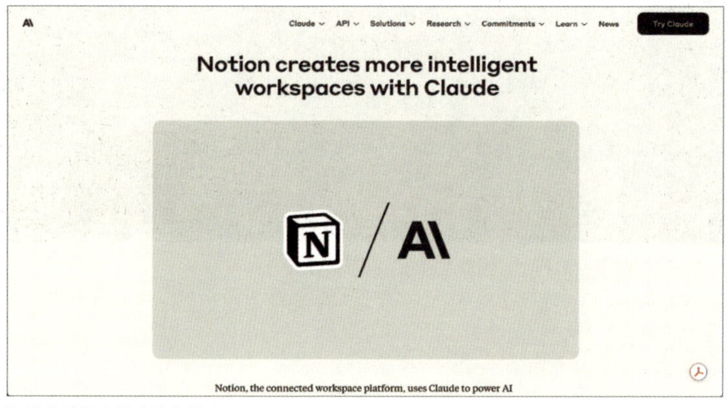

노션과 클로드 함께 활용하기

클로드는 ChatGPT와 유사한 대화형 AI 서비스로, 자연스러운 대화를 통해 글쓰기, 분석, 코딩, 수학 문제 해결 등 다양한 작업에 탁월한 것으로 알려져 있습니다. ChatGPT와 유사한 서비스이지만, 특히 안전성과 유용성에 중점을 두고 설계되어 복잡한 문서 작업이나 깊이 있는 대화에 강점을 보입니다. 또한 외부 서비스와의 연동성에 강점을 보이며 웹 브라우저, 데스크톱 앱 그리고 모바일 앱을 통해 무료로 사용할 수 있으며, 일부 기능의 경우 유료 구독이 필요할 수 있습니다.

클로드에 대해 조금 더 알아보면 아래와 같은 특징을 가지고 있습니다.

❶ **깊이 있는 분석과 복잡한 문제 해결 능력**: 클로드는 복잡한 문서를 읽고 심층적인 분석을 제공하는 것은 물론 코딩과 같은 기술적 문제 해결에도 탁월합니다. 긴 보고서나 연구 자료의 핵심을 추출하고, 복잡한 알고리즘을 구현하거나 디버깅하는 능력이 뛰어나죠.

❷ **MCP 프로토콜을 통한 강력한 외부 연동**: 클로드는 MCP 프로토콜을 지원하여 다양한 외부 도구와 서비스를 원활하게 연동할 수 있습니다. 파일 시스템, 데이터베이스, API 등과 직접 상호작용하며 실시간으로 정보를 가져오고 처리할 수 있어요. MCP에 대해서는 이후 "노션 MCP 연동하기" 파트에서 더 자세히 설명해 드리도록 하겠습니다.

❸ **자연스럽고 창의적인 글쓰기 능력**: 정형화되지 않은 문제에 대해 창의적인 해결책을 제시하는 것뿐만 아니라, 특히 자연스러운 글쓰기에 강점을 보입니다. 한국어의 미묘한 뉘앙스와 문체를 잘 이해하고 구현하여, 한글로 된 문서 작성이나 번역 작업에서 매우 자연스러운 결과물을 만들어 냅니다.

❹ **윤리적 고려사항 반영**: 의사결정 과정에서 윤리적 측면을 고려하고, 균형 잡힌 관점을 제공합니다.

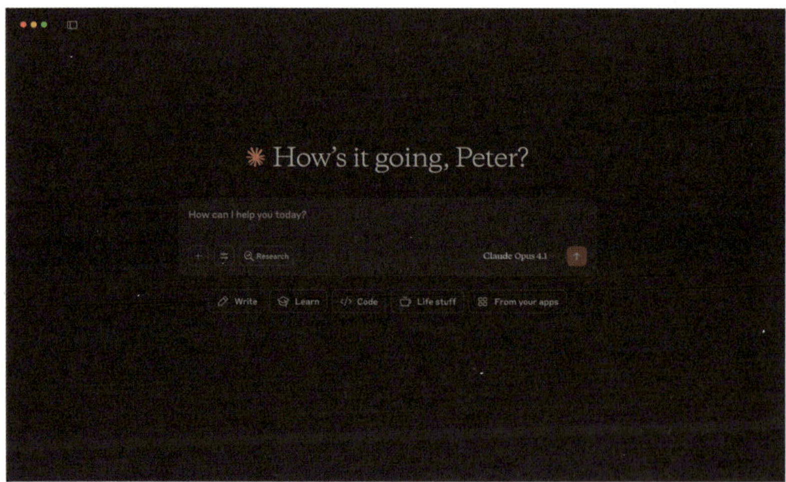

클로드 서비스의 특장점

💬 클로드 데스크톱 앱 설치하기

클로드는 일반적인 ChatGPT, 노션 AI 등과 같이 웹 브라우저, 데스크톱 앱, 모바일 앱 등 모두 사용이 가능합니다. 다양한 환경에서 모두 사용이 가능하지만, 노션과 클로드를 연동해서 사용하기에 가장 최적의 환경은 데스크톱 앱에서 노션과 연동하여 사용하는 것이 가장 쾌적하게 사용이 가능합니다. 클로드 데스크톱 앱을 설치하는 방법에 대해 간단히 알아보겠습니다.

아래 단계별로 설치를 진행해 주세요.

❶ 구글에서 "Claude Desktop APP"를 검색합니다.

❷ "https://claude.ai/download" 클로드 공식 홈페이지에 접속합니다.

❸ 사용중인 운영체제에 맞게 다운로드를 진행합니다.

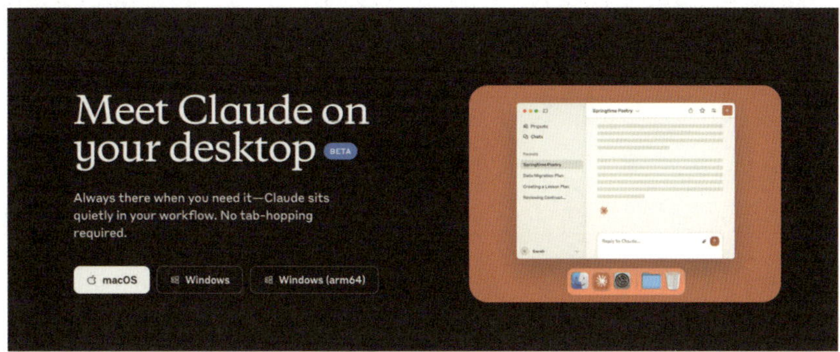

클로드 데스크톱 앱 설치하기

💬 클로드 서비스 사용해 보기

클로드 AI 서비스는 노션 AI, ChatGPT 등과 같이 대화형 AI 서비스입니다. 그렇기 때문에 이미 많은 사람들이 익숙한 인터페이스로 구성된 것을 확인할 수 있을 것입니다. 클로드의 사용 방법에 대해서 간단히 알아보도록 하겠습니다.

❶ **프롬프트 입력창**: 가장 기본적으로 클로드 서비스에 대화 형태로 프롬프트를 작성할 수 있습니다.

❷ **이전 대화 기록**: 이전에 대화한 기록들이 표시되며 해당 기록을 선택해서 대화를 진행할 수 있습니다.

❸ **모델 변경 버튼**: 클로드의 다양한 모델들 중 선택이 가능합니다. Opus, Sonnet 등의 모델을 선택할 수 있습니다.

❹ **리서치 기능**: AI 서비스가 시간을 두고 검색, 리서치하여 깊이 있는 분석 및 답변을 하도록 할 수 있습니다.

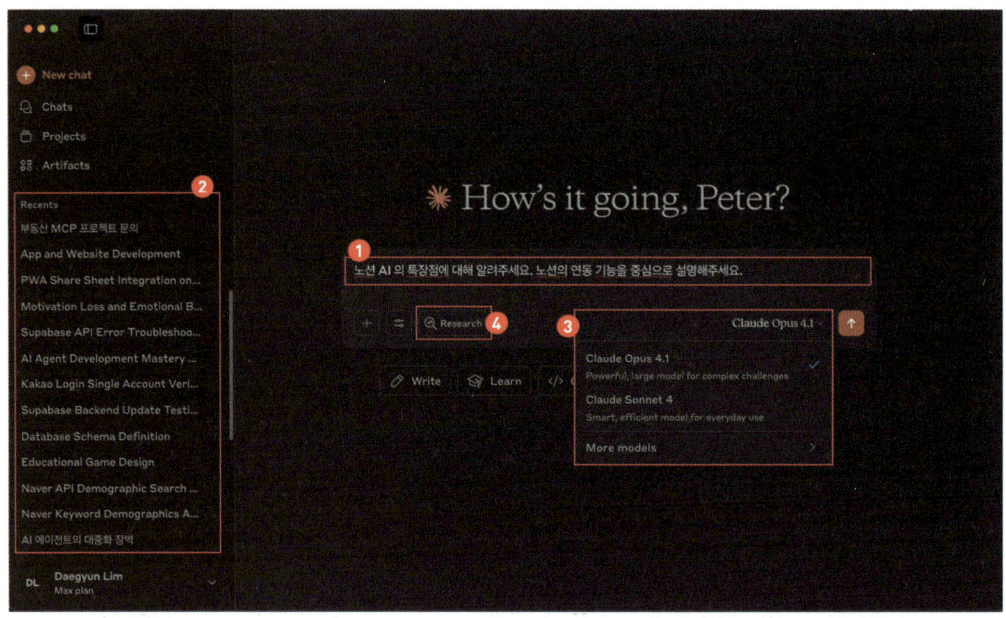
클로드 서비스 사용하기

클로드는 웹 브라우저, 모바일에서도 동일하게 사용이 가능합니다. 자주 사용하는 브라우저에서 Claude를 검색하거나 안드로이드, 애플 앱 스토어에서 Claude 앱을 다운받아서 사용해 보세요. 같은 계정을 사용하면 동일하게 설정된 클로드의 사용자 지침 등을 어디서나 동일하게 사용이 가능합니다.

클로드는 비용을 내지 않고도 일정 사용량을 무료로 사용해 볼 수 있습니다. 무료 사용자에게도 일상적으로 사용할 수 있는 AI 모델의 충분한 사용량을 제공하고, 또한 가장 강력한 AI 모델 중 하나인 Opus 4.1 모델도 사용해 볼 수 있습니다. 무료 가입해서 사용해 보고 유료 결제를 고민해 봐도 충분합니다.

클로드 모바일에서 사용하기

노션 MCP 연동 및 활용하기

클로드 데스크톱 앱을 설치하고 클로드 AI의 다양한 기능들을 경험해 보셨나요? 클로드 AI의 강력한 기능 중 하나인 연동을 가능하게 해주는 MCP에 대해서 알아보도록 하겠습니다.

MCP는 AI 모델이 외부 도구와 데이터에 접근할 수 있게 해주는 표준 프로토콜입니다. 쉽게 말하면 AI가 더 많은 정보와 기능에 접근할 수 있도록 '문을 열어주는' 기술이라고 생각하면 됩니다.

기술 용어에 익숙한 분이라면 쉽게 API를 떠올릴 수 있을 거예요. MCP는 API와 유사한 기능을 하면서 동시에 AI Model에게 더 많은 맥락 정보를 제공해 주는 역할을 한다고 이해하면 쉽습니다. API에 대해 명확히 알지 못하시는 분들도 많이 계실 거예요. 우리가 지금 잘 활용하고 있는 클로드에 API와 MCP가 뭔지 한 번 물어보면 조금 더 빠르게 감을 잡으실 수 있을 거예요.

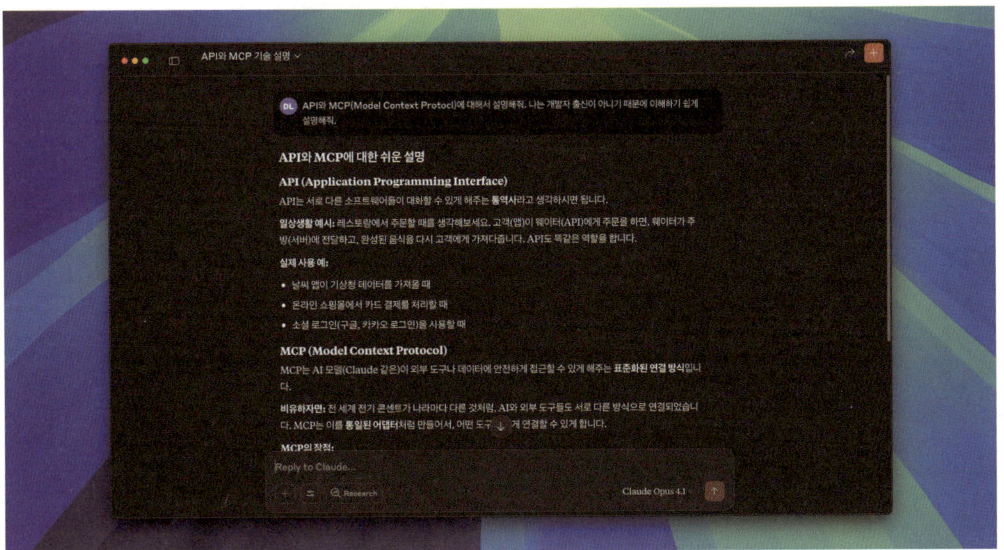

클로드에게 API, MCP에 대해 물어보기

💬 MCP 기초 이해하기

MCP는 'Model Context Protocol'의 약자로, AI 모델과 외부 시스템 간의 표준화된 통신 프로토콜입니다. MCP는 우리가 위에서 알아본 클로드 AI 서비스를 만든 Anthropic에서 표준화시킨 프로토콜입니다. 쉽게 말해, AI가 다양한 외부 도구나 서비스와 대화할 수 있도록 도와주는 '공통 언어'라고 이해하면 좋아요. 마치 전 세계 사람들이 영어로 소통하듯이, AI와 외부 시스템들이 MCP라는 표준화된 방식으로 정보를 주고받을 수 있게 되는 것이죠.

MCP 기술을 통해 AI는 아래와 같은 다양한 이점을 얻을 수 있습니다.

- 실시간으로 외부 데이터에 접근

- 다양한 도구와 서비스 활용

- 사용자 맥락을 더 잘 이해

- 더 정확하고 유용한 응답 생성

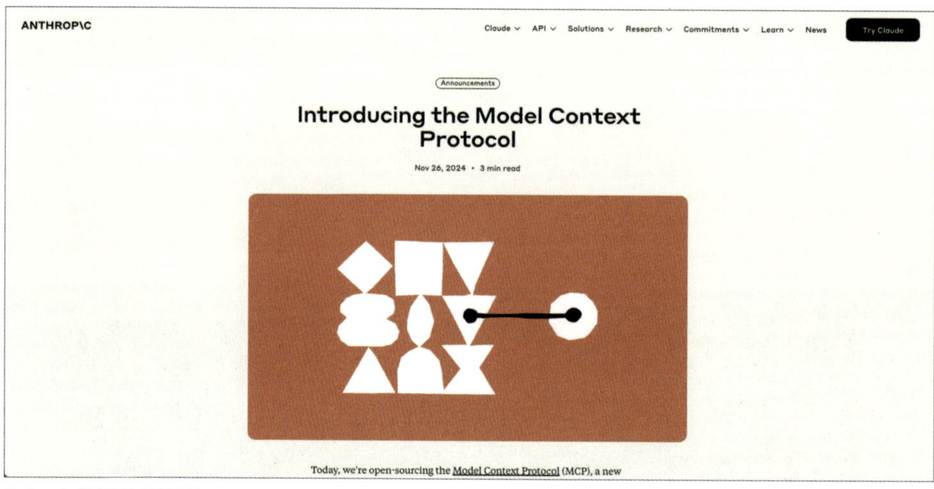

Anthropic의 MCP 이해하기

MCP의 특징들에 대해 학습을 하면서 의문이 드는 부분이 있을 수 있습니다. 4장 4.2절에서 학습한 Notion AI Connector와 MCP의 차이는 무엇인지 명확히 구분이 어려울 수 있습니다. 이 부분은 이렇게 이해하시면 쉽습니다. 노션 커넥터가 노션에서 외부 서비스들에 접근하여 정보를 얻어 올 수 있는 단방향적인 연결 방법이었다면, MCP는 클로드와 같은 노션 외부 도구에서 노션에 접속하여 정보를 가져오거나 노션 외부에서 노션에 정보를 생성/편집/삭제 등이 가능한 양방향 연결이 가능한 기술이라고 생각하면 됩니다. 명확한 차이점이 있다는 것, 이제 아시겠죠?

MCP, 여전히 어렵게 느껴지시나요? 새로운 기술 용어를 한 번에 이해하는 것은 개발자들에게조차 쉽지 않을 때가 있습니다. 모든 내용을 완벽히 이해하지 못하더라도 앞으로 MCP를 활용하는 데에는 전혀 문제가 없습니다. MCP가 아직 명확히 와닿지 않는다면, 'MCP는 AI가 더 많은 외부 기능과 연동할 수 있게 해주는 기술이다'라고 생각하고 넘어가셔도 충분합니다.

MCP는 비전공자에게 절대 쉬운 개념은 아닙니다. 그렇지만 AI를 깊이 있게 이해하기 위해 필수적인 개념이라고 할 수 있어요. 그래서 AI, LLM에 관심이 생겨 조금 더 깊게 알아보고 싶은 분이라면 MCP에 대해 조금 더 알아보는 것을 추천해요.

MCP는 2024년 말에 클로드를 만든 Anthropic에서 개발하고 제안한 새로운 기술입니다. 실제 현업에서 개발을 하는 사람들 중에서도 MCP에 대해 깊이 있게 아는 사람이 많이 없을 수도 있어요. 그렇지만 MCP를 이해하면 그만큼 AI를 다룰 수 있는 폭도 훨씬 넓어질 거예요.

MCP는 아래 그림과 같이 USB-C로 비유가 되곤 합니다. 기술적으로 설명하자면 우리가 쓰는 클로드가 MCP 호스트가 되고 노션, 슬랙, Gmail 같은 외부 서비스들이 MCP 클라이언트가 됩니다. 이런 외부 서비스들이 USB-C처럼 연결된다는 것이 아래 그림의 설명입니다. MCP, AI 학습에 조금 더 관심이 생겼다면 아래 자료를 참고해 보시길 추천드립니다.

https://modelcontextprotocol.io/docs/getting-started/intro

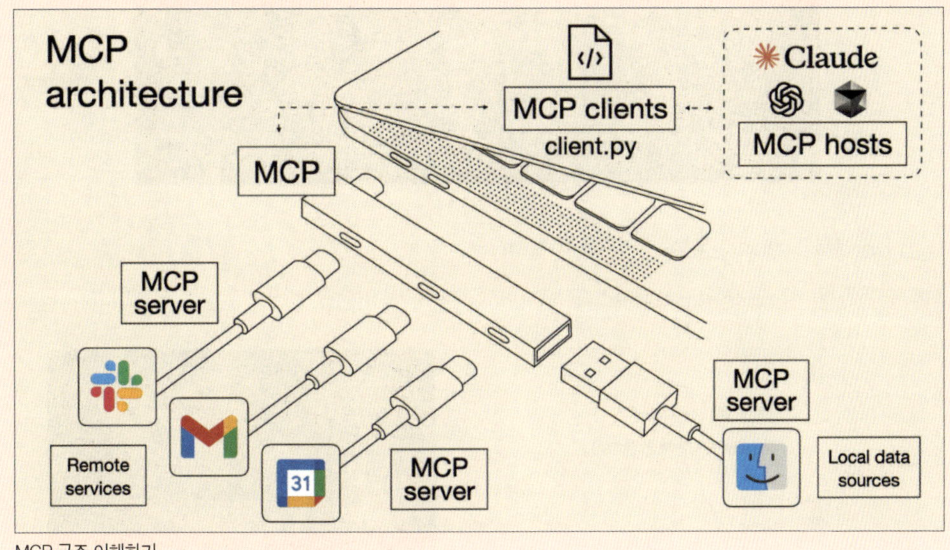

MCP 구조 이해하기

💬 **클로드에 노션 MCP 연동하기**

MCP에 대해 기술적으로 이해하는 것은 조금 어려웠습니다. 그렇지만 MCP 설치는 비교적 간단합니다. 아래 순서대로 진행해 보세요.

❶ 클로드 데스크톱 앱을 실행하세요.

❷ 검색 및 도구(Search and tools) 버튼을 누릅니다.

❸ 아래쪽 [Add connectors]를 선택합니다.

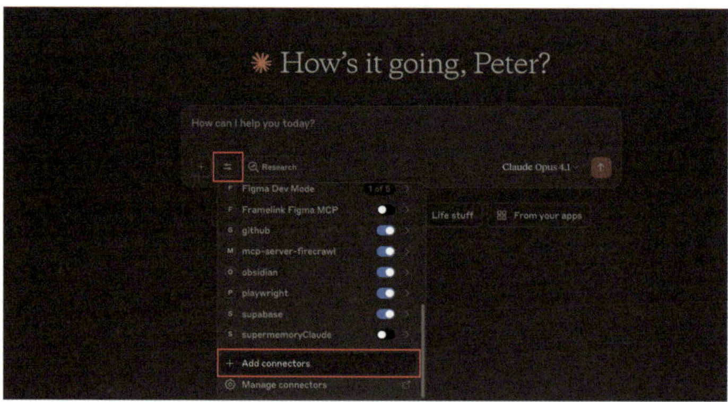

❹ Web 섹션에서 [Notion 연동하기] 버튼을 누릅니다.

❺ 이후 연동을 원하는 노션 워크스페이스를 선택하고 [계속하기] 버튼을 눌러 연동을 완료합니다.

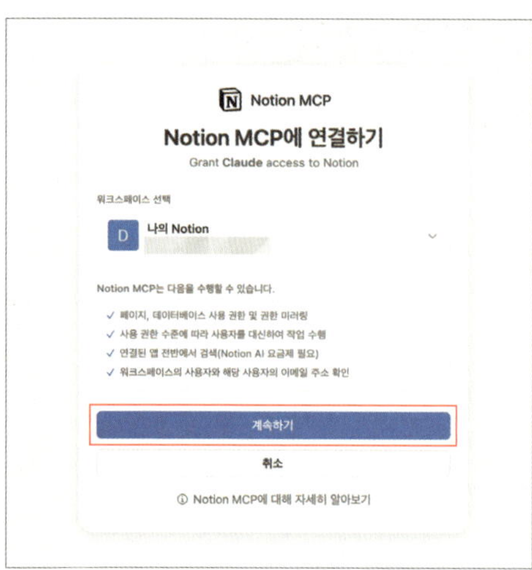

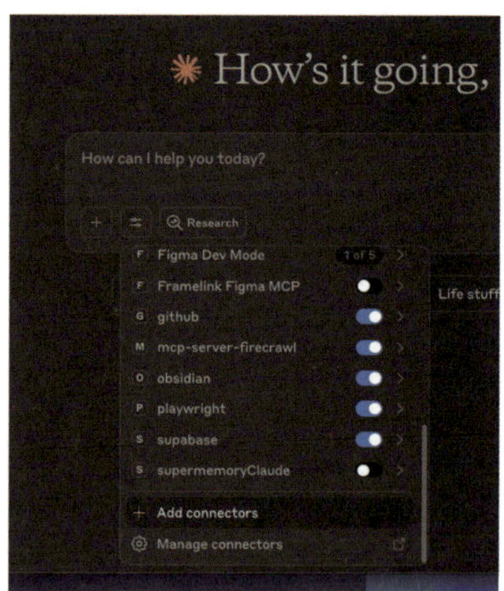

💬 클로드에서 노션 MCP 활용하기

이제 모든 준비가 끝났습니다. 아래와 같이 프롬프트를 작성하여 클로드에서 노션 MCP를 활용하여 양방향 콘텐츠 활용이 가능합니다.

> **AI프롬프트:**
>
> 노션 MCP를 활용하여 최근에 작성된 주간회의 미팅 내용 확인 후 요약해 줘. 그리고 해당 미팅 중 나왔던 액션 아이템들에 대해 확인하고 아직 진행 완료 처리되지 않은 내용이 있는지 확인해 줘.

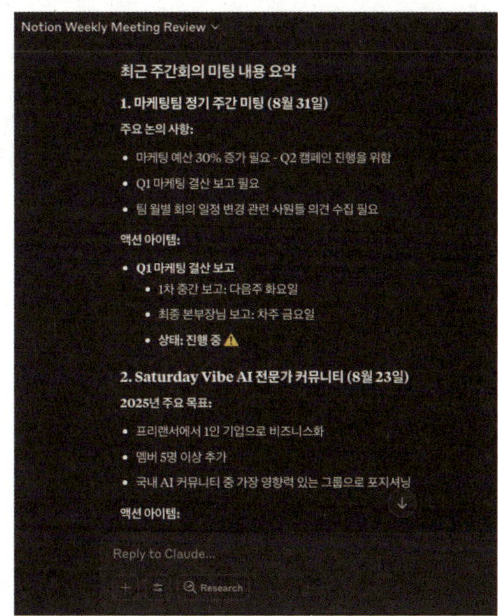

클로드에서 노션 콘텐츠 확인하기

노션 AI 커넥터와 다르게 클로드와 노션 MCP를 활용했을 때의 가장 큰 장점은 바로 양방향 콘텐츠 생성/편집이라고 말씀드렸죠? 이번에는 클로드에서 프롬프트를 활용하여 노션에 콘텐츠 생성을 해보도록 하겠습니다.

> **AI프롬프트:**
>
> 노션 MCP를 활용하여 새로운 페이지에 다음 주에 진행될 외부 클라이언트 미팅을 위한 자료를 생성해 줘. 필수로 들어가야 할 내용들은 포맷에 맞춰서 작성해 주고 주요 내용은 mock 데이터를 포함해서 구성해 줘.

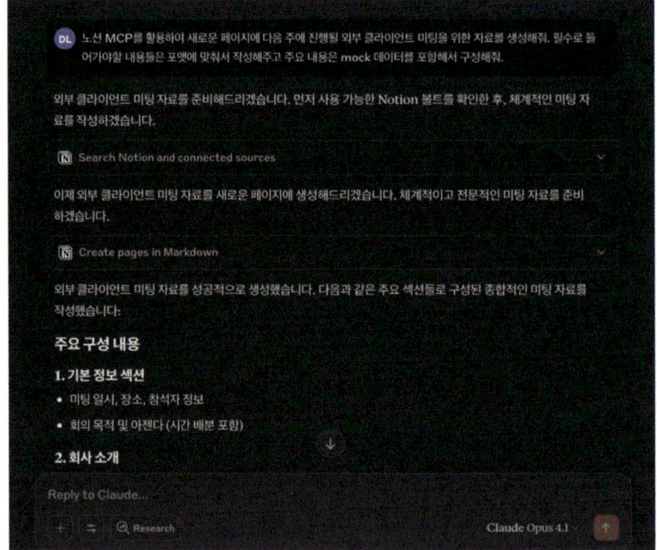

클로드에서 노션 콘텐츠 생성/편집하기

클로드와 노션 MCP 연동으로 인한 단방향 콘텐츠 확인부터 양방향 콘텐츠 생성/편집까지 확인해 봤습니다. 이번에 우리는 클로드와 노션 MCP의 연동만 확인해 봤지만, AI 도구들은 MCP라는 표준 프로토콜 활용 덕분에 기능의 무한한 확장이 가능한 상황입니다. 노션과 클로드뿐만 아니라 다양한 MCP들에 대해 확인하고 더 복잡한 시나리오에도 MCP를 적극적으로 활용해 보세요.

- 노션 AI 커넥터와는 다르게 MCP는 양방향 맥락 정보 교환이 무한히 가능한 툴이다.
- AI의 기능 확장을 위해서는 MCP 활용은 필수적이다.
- 이번에 학습한 클로드와 노션뿐만 아니라 다양한 MCP 툴들을 활용하여 워크플로우 최적화가 가능하다.

노선 템플릿 활용하고, 제작하기

노션은 자유도가 높은 도구입니다. 사용자가 원하는 대로 페이지를 만들 수 있어, 마치 도구를 나에게 맞추는 느낌을 줍니다. 이러한 점은 어떤 이에게는 큰 편리함이 되지만, 또 다른 이에게는 오히려 부담으로 다가올 수 있습니다. 시작부터 내가 모든 것을 만들어 가야 한다는 생각 때문에 노션 사용을 포기하는 경우도 있습니다.

이럴 때는 '템플릿' 활용을 추천합니다. 템플릿은 이미 완성된 페이지라고 생각하면 됩니다. 다른 사람이 만들어둔 구조를 활용하면, 처음부터 페이지를 구성할 필요 없이 훨씬 편리하게 노션을 시작할 수 있습니다.

이번 장에서는 나에게 맞는 템플릿을 찾는 방법부터, 노션 AI를 활용해 직접 템플릿을 만들어 보는 과정까지 살펴보겠습니다. 나아가 제작한 템플릿을 판매하는 방법도 알아볼 예정입니다.

다른 사람의 템플릿을 경험하고, 나만의 템플릿을 만들어 보는 과정은 노션 활용 능력을 높이는 좋은 기회가 될 것입니다.

5-1 │ 노션 템플릿 활용하기

나에게 꼭 맞는 노션 템플릿, 어떻게 찾을 수 있을까요?

처음 노션 템플릿을 찾는 분들은 어디에서 어떤 키워드를 사용해야 원하는 템플릿을 빠르게 찾을 수 있을지 막막할 수 있습니다.

이에 따라 먼저 노션 템플릿이 많이 모아져 있는 곳을 소개하겠습니다.

노션 마켓플레이스란?

노션에는 다양한 템플릿을 한눈에 모아볼 수 있는 '마켓플레이스'가 있습니다. 이곳에서는 사용자가 직접 만든 템플릿을 손쉽게 공유할 수 있고, 또 필요한 템플릿을 빠르게 찾아 적용할 수도 있습니다.

💬 마켓플레이스 접속하기

노션 마켓플레이스는 노션 공식 홈페이지 혹은, 노션 앱에서 접속해 이용할 수 있습니다.

데스크톱에서는 노션 홈페이지에 접속하면 됩니다. 홈페이지 메뉴바에서 [마켓플레이스 둘러보기]를 클릭하세요.

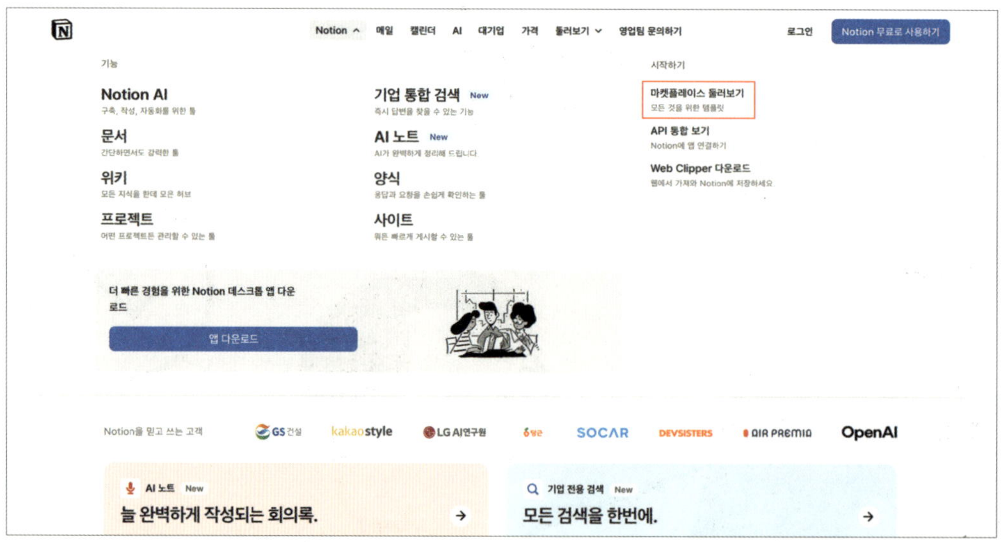

웹 사이트에서 마켓플레이스 접속하기

앱에서는 사이드 바 하단에 [마켓플레이스] 버튼이 존재합니다. 해당 버튼을 눌러 앱 내에서 바로 마켓플레이스에 접속할 수 있습니다.

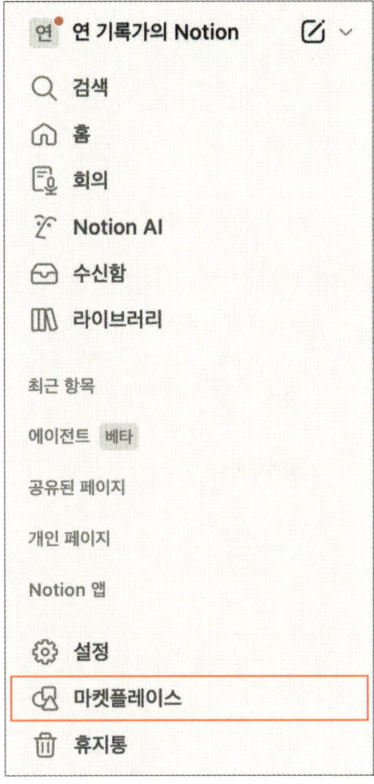
앱에서 마켓플레이스 접속하기

💬 마켓플레이스 활용하기

마켓플레이스에서는 노션 팀 추천 템플릿, 상황별 컬렉션, 카테고리별 템플릿 등을 확인할 수 있습니다.

사용하는 목적이 분명한 템플릿을 찾고 있다면, 카테고리별 템플릿을 확인해 보세요. 만약 어떤 템플릿이 있는지 둘러보며 내 취향을 찾고 싶다면, 추천 템플릿과 컬렉션을 살펴보는 것을 추천합니다.

특정 키워드로 템플릿을 검색하는 것도 가능하니 마치 쇼핑하듯 마켓플레이스를 둘러보세요.

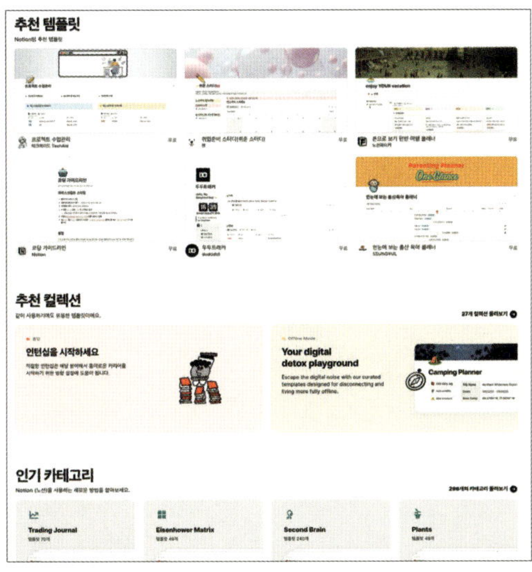
마켓플레이스 화면

참고로 앱에서 마켓플레이스에 접속하면 '템플릿 평가와 리뷰'를 확인할 수 있습니다.

노션 템플릿은 직접 사용해 보기 전까지 나와 잘 맞는지 판단하기 어렵기 때문에, 일반적인 제품보다 유료 구매를 더 신중하게 고민하게 됩니다.

이럴 때 '템플릿 평가와 리뷰'를 참고하면 도움이 됩니다. 다른 사용자의 경험을 살펴보며 내게 적합한 템플릿인지 미리 가늠해 볼 수 있습니다.

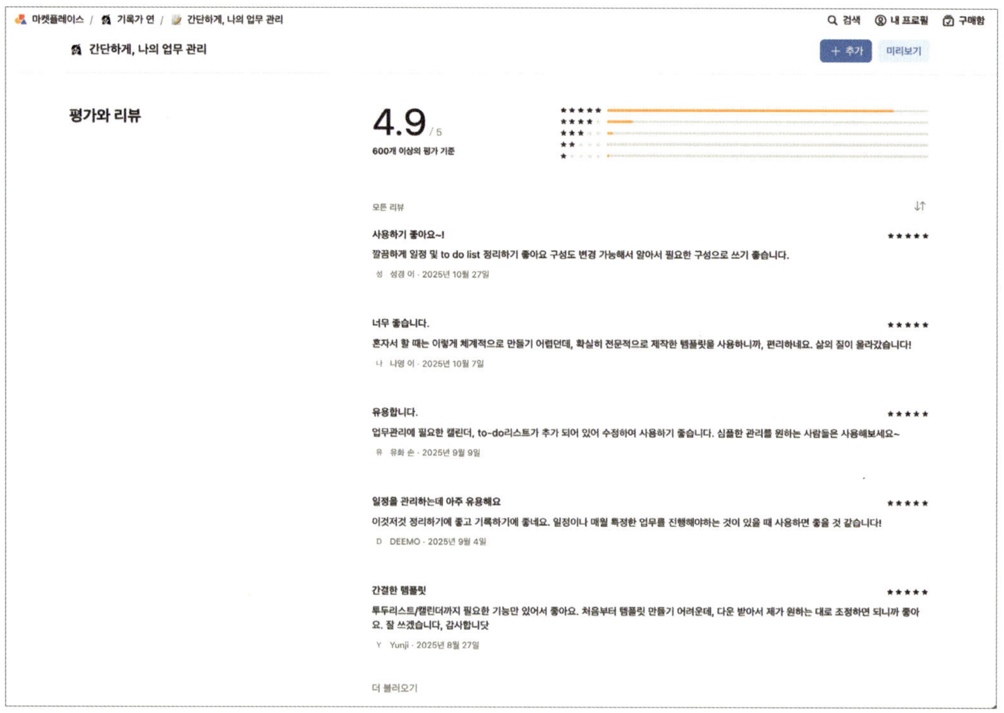

템플릿 평가와 리뷰 보기

마켓플레이스 템플릿 적용법

마켓플레이스에서 사용하고 싶은 템플릿을 발견했나요? 그렇다면 직접 템플릿을 사용해 볼 차례입니다. 다른 사람이 만든 템플릿을 사용하기 위해서는 '복제' 과정이 필요한데요. 복제하는 방법과 지금까지 복제했던 템플릿을 확인하는 방법까지 간단히 알아보겠습니다.

템플릿 복제하기

노션 웹사이트 내 마켓플레이스에서 템플릿을 복제하는 방법을 알아보겠습니다. 앱 내의 마켓플레이스에서도 원리는 비슷하니 참고해 주세요.

• 템플릿 복제 방법

❶ 마켓플레이스에서 원하는 템플릿을 클릭한 뒤, 우측에 보이는 [템플릿 사용하기] 버튼을 눌러 주세요.

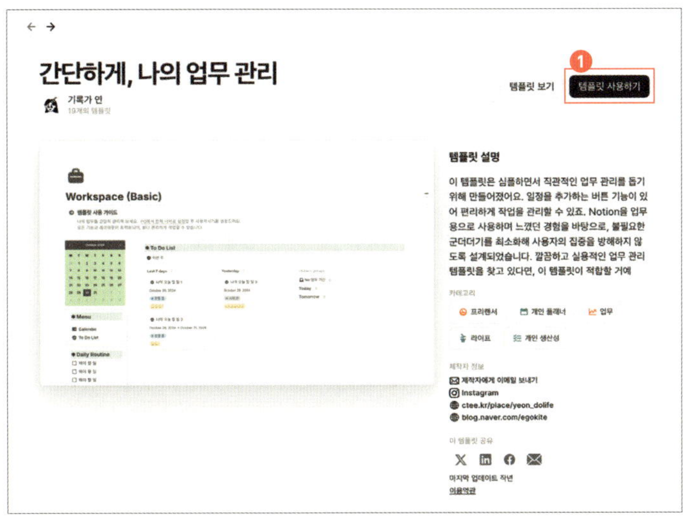

❷ 이후 복제할 위치를 선택하는 페이지가 열립니다. 만약 워크스페이스가 여러 개라면 원하는 워크스페이스를 고른 뒤 [개인 페이지에 추가] 버튼을 누르면 템플릿이 복제됩니다.

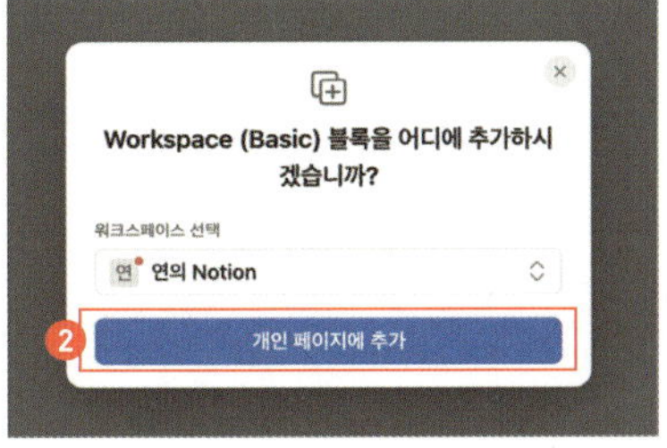

💬 과거 복제한 템플릿 확인하기

복제한 템플릿을 삭제했는데, 다시 사용하고 싶을 땐 어떻게 하면 될까요? 번거롭게 다시 검색할 필요 없이 [구매함]에서 확인 가능합니다.

•과거 복제한 템플릿 확인하는 방법

❶ 노션 앱에서 마켓플레이스로 접속해 주세요.

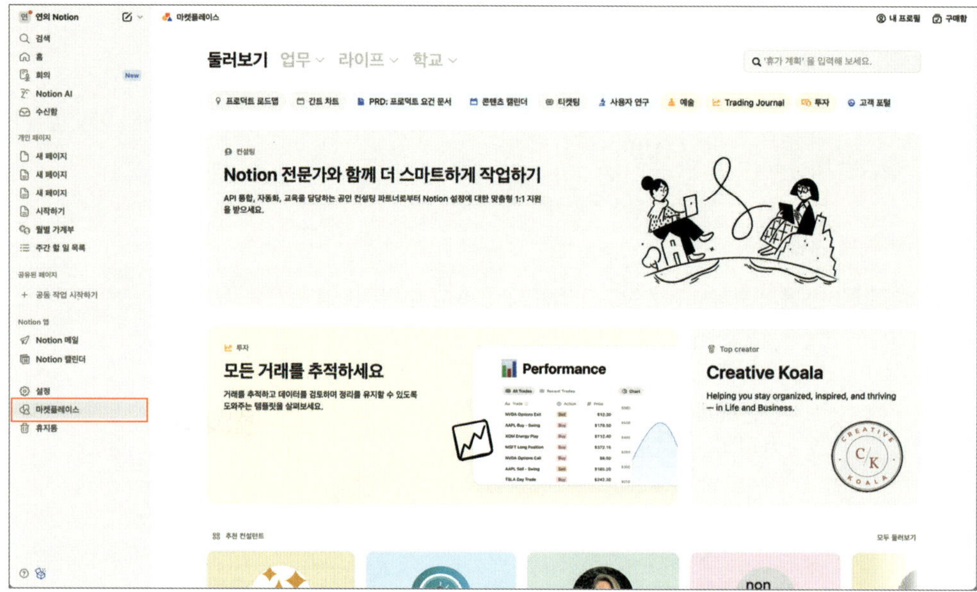

❷ 우측의 [구매함]을 눌러 주세요. 내가 그동안 마켓플레이스를 통해 복제한 템플릿을 확인할 수 있습니다.

목적별 추천 템플릿

직접 제작한 템플릿 가운데 목적별 템플릿 두 가지를 소개하려 합니다. 누구나 무료로 사용할 수 있으니 필요하다면, QR코드를 찍어 활용해 보세요.

나의 독서를 기록하고 싶은 분들께

'디지털 서재, 독서 기록하기'는 제가 독서를 취미로 만들고 싶은 마음에서 제작한 템플릿입니다.

이 템플릿을 사용하면 나의 독서 활동을 간단히 기록하고 정리할 수 있습니다. 읽은 책을 체계적으로 관리하고 싶은 분들에게 추천합니다.

독서 기록 템플릿

'올인원 직장생활 for 신입사원'은 직장생활을 이제 시작하는 사회초년생을 위해 제작된 템플릿입니다. 업무를 잘하고 싶은데 어디서부터 시작해야 할지 막막한 분들을 위해 업무 일지, 피드백 기록 등 다양한 페이지로 구성되어 있습니다.

꼭 사회초년생이 아니더라도, 직장생활을 간단하지만 효율적으로 관리하고 싶은 분들에게 추천하는 템플릿입니다.

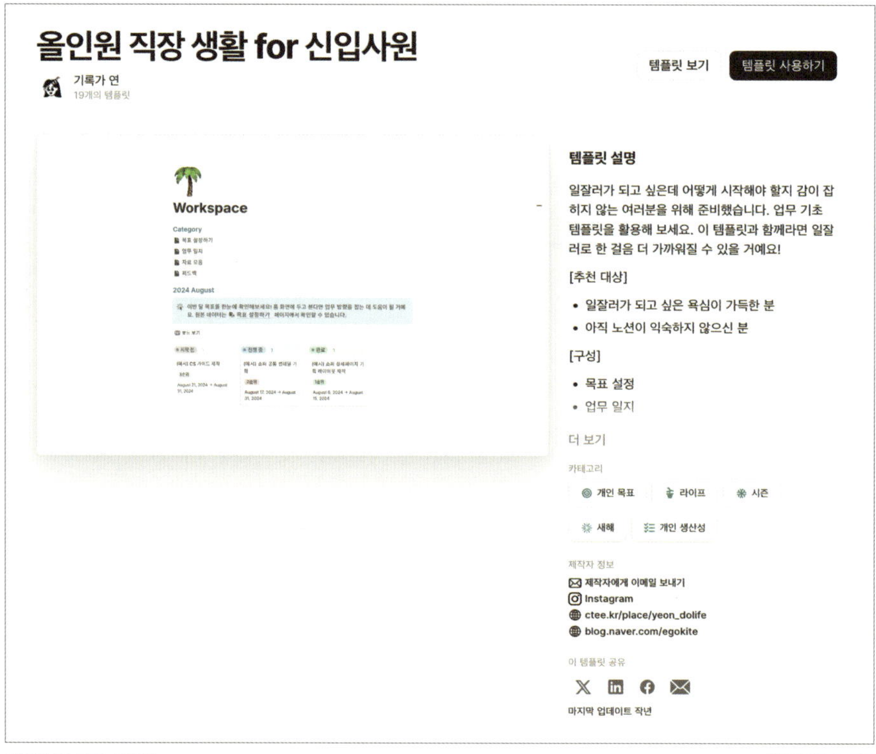

직장생활 관리 템플릿

- 노션에는 다양한 템플릿을 한눈에 모아볼 수 있는 마켓플레이스가 있다.
- 앱에서 마켓플레이스를 접속하면, 각 템플릿의 평점과 리뷰를 간편하게 확인할 수 있다.
- 복제한 템플릿은 앱 내 마켓플레이스 화면의 보관함에서 확인할 수 있다.

지금까지는 다른 사람이 만든 노션 템플릿을 활용했다면, 이제는 나만의 템플릿을 직접 만들어볼 차례입니다.

처음에는 템플릿 제작이 어렵게 느껴질 수 있지만, 이 책의 순서를 따라 차근차근 도전하다 보면 의외로 쉽게 진행할 수 있을 겁니다.

제작한 템플릿을 판매하는 방법도 소개해 드리고자 하니, 수익화에도 도전해 보세요.

노션 AI와 함께하는 단계별 템플릿 제작 과정

마냥 어렵게만 느껴지는 노션 템플릿 제작하기, 단계별로 쪼개어 보면 보다 쉽게 접근할 수 있습니다. 기획부터 완성까지 4단계로 나누어 살펴보겠습니다.

💬 템플릿 기획하기

완성도 높은 템플릿을 빠르게 만들기 위해서는 먼저 기획 단계가 필요합니다. 특히 유료 판매를 목표로 한다면, 어떤 목적의 템플릿이 시장 수요가 있는지 조사하면 더욱 좋습니다.

많은 분들이 템플릿 제작을 시도하다가 중도에 포기하곤 합니다. 대부분 충분한 기획 없이 바로 제작을 시작했기 때문에 발생하는 일입니다. 따라서 어떤 방식으로 템플릿을 제작할지 구체적으로 기획하는 과정은 꼭 필요합니다.

여러 템플릿을 제작한 경험을 바탕으로, 기획을 수월하게 만드는 세 가지 질문을 준비했습니다. 만들고 싶은 템플릿을 떠올리며 각 질문에 답해보세요. 자연스레 기획의 틀이 완성될 것입니다.

질문	팁	예시	직접 작성해 보세요
(1) 누구를 위한 템플릿인가요?	템플릿의 주요 사용자를 명확히 정의해 보세요. 나이대, 직업군, 관심사 등을 고려하면 도움이 됩니다.	• 나만의 추구미를 찾고 있는 20대 여자	
(2) 어떤 내용이 포함되어야 할까요?	노션으로 구현 가능할지부터 고민하기보다는, 우선 템플릿에 담고 싶은 핵심 내용을 자유롭게 정리해 보세요.	• 다양한 추구미를 저장, 리뷰하는 공간 • 내 취향의 추구미만 모아볼 수 있는 공간 • 추구미에 맞춰 내가 해야 하는 것들(구매, 습관 만들기 등)	
(3) 내 템플릿만의 차별점은 무엇인가요?	제작 과정에서 가장 중요하게 두는 가치를 정하고, 다른 템플릿과 비교했을 때 나만의 강점을 도출해 보세요.	• 단순히 틀만 있는 노션 템플릿이 아닌, 제작자가 실제 추구미를 찾기 위해 노력했던 내용을 담고, 이를 세부 가이드로 풀어 누구나 쉽고 재미있게 사용할 수 있는 것	

💬 노션 AI와 함께 기획 구체화하기

템플릿의 기본 틀이 잡혔다면, 이제는 내용을 구체화할 차례입니다. 어떤 블록을 사용해 페이지를 구성할지 정리해 보세요. 물론 직접 진행해도 좋지만, 노션 AI를 활용하면 훨씬 빠르고 간편하게 완성할 수 있습니다.

이전 단계에서 작성한 답변을 바탕으로, 아래 프롬프트를 완성해 노션 AI에 입력해 보세요.

프롬프트 틀	저는 [누구를 위한 템플릿인지]를 위해 노션 템플릿을 만들고 싶습니다. 템플릿에는 [포함할 내용]이 포함되었으면 좋겠습니다. 또한 다른 템플릿과 차별화되는 점은 [나만의 특징]입니다. 위 정보를 바탕으로 노션에서 바로 사용할 수 있는 템플릿 구조와 페이지 구성, 데이터베이스를 제안해 주세요.
예시	저는 20대 여성을 위한 '나만의 추구미 찾기' 템플릿을 만들고 싶습니다. 템플릿에는 다양한 추구미를 저장하고 리뷰할 수 있는 공간, 내 취향에 맞는 추구미만 모아볼 수 있는 공간, 추구미에 맞춰 해야 하는 활동(구매, 습관 만들기 등)을 기록할 수 있는 공간이 포함되었으면 좋겠습니다. 또한 단순한 틀에 그치지 않고, 제작자가 실제로 추구미를 찾기 위해 노력했던 내용을 담아 세부 가이드로 풀어, 누구나 쉽고 재미있게 사용할 수 있는 구조로 만들고 싶어요. 위 정보를 바탕으로 노션에서 바로 사용할 수 있는 템플릿 구조와 페이지 구성, 데이터베이스를 제안해 주세요.

저는 20대 여성을 위한 '나만의 추구미 찾기' 템플릿을 만들고 싶습니다.

템플릿에는 다양한 추구미를 저장하고 리뷰할 수 있는 공간, 내 취향에 맞는 추구미만 모아볼 수 있는 공간, 추구미에 맞춰 해야 하는 활동(구매, 습관 만들기 등)을 기록할 수 있는 공간이 포함되었으면 좋겠습니다.

또한, 단순한 틀에 그치지 않고, 제작자가 실제로 추구미를 찾기 위해 노력했던 내용을 담아 세부 가이드로 풀어, 누구나 쉽고 재미있게 사용할 수 있는 구조로 만들고 싶어요.

위 정보를 바탕으로 노션에서 바로 사용할 수 있는 템플릿 구조와 페이지 구성, 데이터베이스를 제안해 주세요.

현재 페이지 ∨ @

노션 AI에 작성한 프롬프트 입력하기

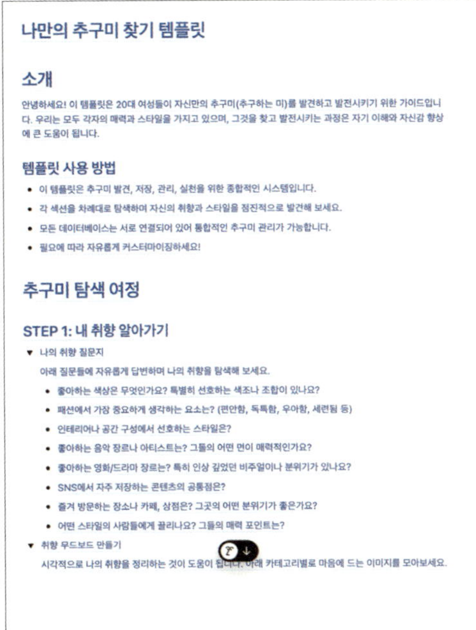

나만의 추구미 찾기 템플릿

소개

안녕하세요! 이 템플릿은 20대 여성들이 자신만의 추구미(추구하는 미)를 발견하고 발전시키기 위한 가이드입니다. 우리는 모두 각자의 매력과 스타일을 가지고 있으며, 그것을 찾고 발전시키는 과정은 자기 이해와 자신감 향상에 큰 도움이 됩니다.

템플릿 사용 방법

- 이 템플릿은 추구미 발견, 저장, 관리, 실천을 위한 종합적인 시스템입니다.
- 각 섹션을 차례대로 탐색하여 자신의 취향과 스타일을 점진적으로 발견해 보세요.
- 모든 데이터베이스는 서로 연결되어 있어 통합적인 추구미 관리가 가능합니다.
- 필요에 따라 자유롭게 커스터마이징하세요!

추구미 탐색 여정

STEP 1: 내 취향 알아가기

▼ 나의 취향 질문지

아래 질문들에 자유롭게 답변하며 나의 취향을 탐색해 보세요.

- 좋아하는 색상은 무엇인가요? 특별히 선호하는 색조나 조합이 있나요?
- 패션에서 가장 중요하게 생각하는 요소는? (편안함, 독특함, 우아함, 세련됨 등)
- 인테리어나 공간 구성에서 선호하는 스타일은?
- 좋아하는 음악 장르나 아티스트는? 그들의 어떤 면이 매력적인가요?
- 좋아하는 영화/드라마 장르는? 특히 인상 깊었던 비주얼이나 분위기가 있나요?
- SNS에서 자주 저장하는 콘텐츠의 공통점은?
- 즐겨 방문하는 장소나 카페, 상점은? 그곳의 어떤 분위기가 좋은가요?
- 어떤 스타일의 사람들에게 끌리나요? 그들의 매력 포인트는?

▼ 취향 무드보드 만들기

시각적으로 나의 취향을 정리하는 것이 도움이 됩니다. 아래 카테고리별로 마음에 드는 이미지를 모아보세요.

데이터베이스 구성

1. 추구미 컬렉션 DB

다양한 추구미 스타일을 수집하고 관리하는 데이터베이스입니다.

- 속성 구성:
- 이름: 추구미 이름/키워드
- 이미지: 대표 이미지
- 태그: 관련 키워드 (미니멀, 로맨틱, 클래식 등)
- 선호도: 5점 척도로 나의 선호도 평가
- 설명: 이 추구미에 대한 설명과 매력 포인트
- 참고 이미지: 관련 이미지 갤러리
- 영감 출처: 영감을 얻은 인물, 브랜드, 미디어 등

2. 추구미 실천 활동 DB

정의한 추구미를 실천하기 위한 활동들을 계획하고 기록하는 데이터베이스입니다.

- 속성 구성:
- 활동명: 실천 활동 이름
- 관련 추구미: 추구미 컬렉션 DB와 연결
- 카테고리: 패션, 뷰티, 인테리어, 습관, 쇼핑 등
- 우선순위: 높음/중간/낮음
- 상태: 계획/진행 중/완료
- 예상 비용: 활동에 필요한 예산
- 마감일: 실천 목표일
- 노트: 상세 계획이나 진행 상황

프롬프트를 바탕으로 노션 AI가 작성한 내용

AI의 결과물은 반드시 검토하는 과정이 필요합니다. 완벽해 보여도 잘못된 부분이 있을 수 있습니다. 내가 원하는 템플릿의 구조와 맞는지 확인하고, 수정 사항이 있다면 다시 AI에게 요청하면 됩니다.

템플릿을 기획하며 노션 AI를 사용할 때 가장 중요한 점은, '템플릿 본래의 의도'를 놓치지 않는 것입니다.

AI가 제안하는 내용을 따로 필터링 없이 그대로 받아들이면 오히려 방향성이 흔들릴 수 있습니다. 내가 어떤 템플릿을 만들고자 했는지가 모호해지면서 템플릿 제작이 어렵게 느껴질 수 있죠. 나의 기획과 목적을 중심에 두고, AI는 이를 돕는 도구로 활용해 보세요. 그럴 때 우리는 AI를 가장 효과적으로 활용할 수 있습니다.

💬 템플릿 제작하기

이제 구체화된 기획을 가지고 템플릿을 제작해 보겠습니다. 처음에는 디자인보다 템플릿의 목적을 구현하는 것에 집중하는 게 중요합니다. 디자인이나 디테일부터 신경 쓰다 보면 제작 시간이 길어져, 결국 포기하기 쉽상이기 때문입니다. 그러니 우선은 '내 기획을 실제로 옮겨본다'라는 마음으로 시작해 보세요. 디자인은 나중에 다듬어도 괜찮습니다.

만약 어디서부터 제작해야 할지 감이 안 잡힌다면, 기획의 첫 부분부터 순서대로 만들어 가면 됩니다. 다시 수정해야 할 거 같아 불안해도 우선 시작해 보세요. 실패와 수정의 경험이 쌓일수록 더 나은 템플릿 제작자로 성장할 수 있습니다.

제작 과정에서도 노션 AI를 유용하게 사용할 수 있습니다. 특히 노션 AI는 수식을 작성할 때 빛을 발합니다. 코딩을 따로 공부하지 않아도 괜찮습니다. 노션 AI 에게 내가 원하는 수식을 요청하고, 내가 원하는 템플릿을 자유롭게 만들어 보세요.

예를 들어 마감일이 있는 데이터베이스가 있습니다. '현재를 기준으로 마감일까지 며칠 남았는지' 계산하고 싶다면 [수식] 속성을 활용해야 합니다.

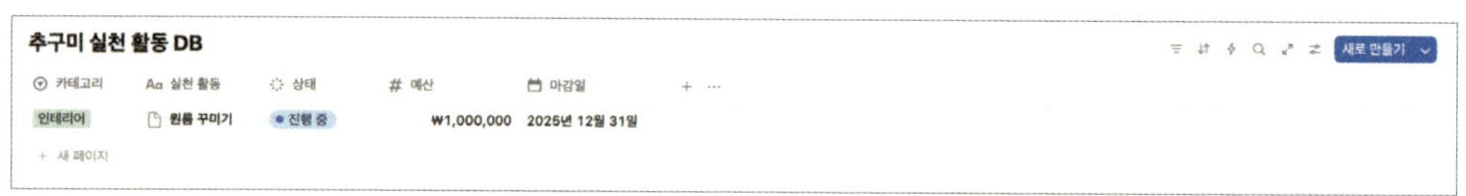

마감일 속성이 있는 데이터베이스

수식을 어떻게 작성해야 할지 모르더라도 괜찮습니다. 우리에게는 노션 AI가 있기 때문입니다. 실제로 AI에게 어떻게 수식을 요청할 수 있는지 알아보겠습니다.

• AI에게 수식 요청하기

❶ 데이터베이스에 수식 속성 추가하세요.

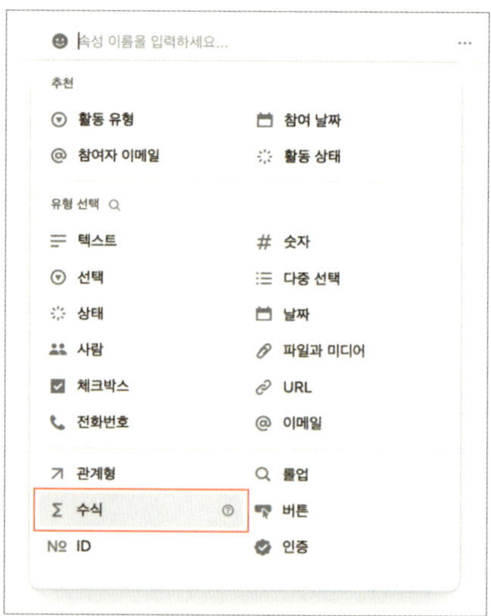

❷ 수식 입력 창에서 AI에게 원하는 기능을 설명하세요. 이때 문장을 굳이 다듬지 않아도 괜찮습니다. 친구에게 말하듯, 편하게 원하는 기능을 AI에게 요청해 보세요.

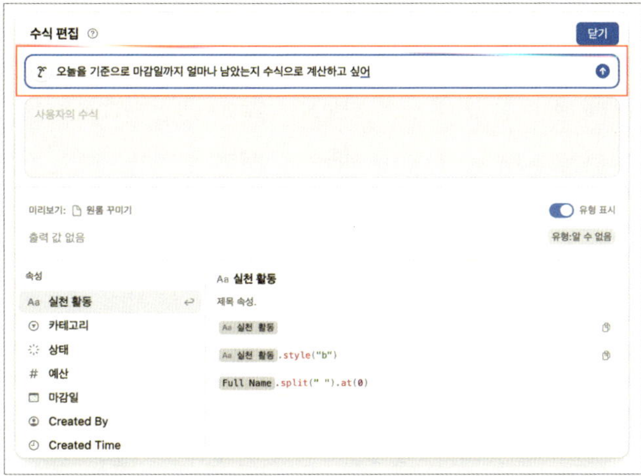

❸ AI가 제안한 수식을 적용하세요. 만약 수정해야 하는 부분이 있다면, 수식을 작성했던 칸에 다시 수정 요청을 하면 됩니다.

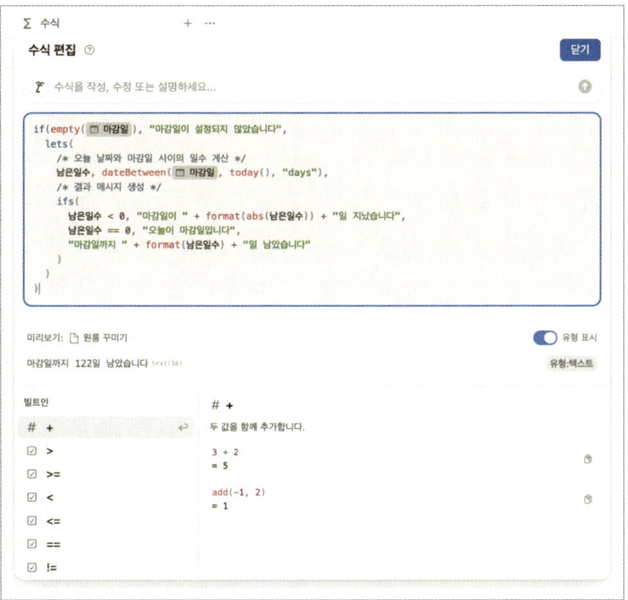

이미 ChatGPT와 같은 AI 서비스를 사용하고 계신가요? 그렇다면 자연스럽게 "꼭 노션 AI를 써야 할까?"라는 의문이 떠오를 수 있습니다.

일반적인 AI 역시 노션 활용이나 수식 작성에 도움을 줄 수 있습니다. 하지만 노션에 최적화되어 있지 않아 오류가 발생하는 경우가 많습니다. 반면 노션 AI는 노션 환경에 맞게 설계되어 훨씬 안정적으로 작동합니다.

따라서 평소 노션을 자주 활용한다면, 노션 AI를 사용하는 것이 훨씬 더 효율적인 선택이 될 것입니다.

 템플릿 피드백과 수정하기

템플릿을 일정 수준 완성했다면, 이제 피드백을 진행할 차례입니다. 주변 지인에게 제작한 템플릿을 공유하며 의견을 요청해 보세요. SNS를 통해 제3자의 의견을 받아볼 수도 있습니다. 만약 타인에게 피드백을 받기 어려운 상황이라면, 내가 직접 사용자가 되어 자기 평가를 진행할 수도 있습니다. 직접 사용자로서 느낀 불편한 점이나 개선되었으면 하는 점을 노트에 기록한 뒤, 이를 반영해 템플릿을 수정해 보시기 바랍니다.

저는 템플릿에 대한 피드백을 받을 때 '슈크림마을'이라는 노션 커뮤니티를 자주 활용합니다. 이곳은 국내 최대 규모의 노션 커뮤니티로, 수많은 노션 사용자가 활발히 활동하고 있습니다. 다양한 노션 정보를 주고받는 것은 물론, 서로의 템플릿에 대한 피드백도 활발히 이루어집니다.

슈크림마을은 오픈형 커뮤니티가 아니어서 가입을 위해서는 일정한 조건이 필요합니다. 하지만 커뮤니티 측과 논의해 이 책의 독자분들을 위해 특별히 초대 링크를 마련했으니, 관심이 있다면 아래 QR코드를 찍어 보세요.

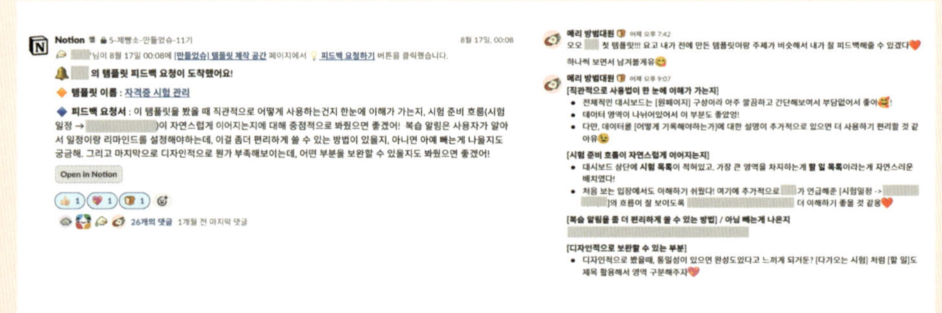

슈크림마을 내에서 노션 템플릿 피드백을 주고받는 모습

 ## 템플릿 완성도 높이기

이제 템플릿 완성도를 높여볼까요? 아이콘, 폰트, 위젯 등을 활용해 디테일을 다듬어 보다 완성도 있는 템플릿을 만들 수 있습니다.

가장 쉽게 완성도를 올리는 방법은 노션 내 꾸미기 기능을 사용하는 것입니다.

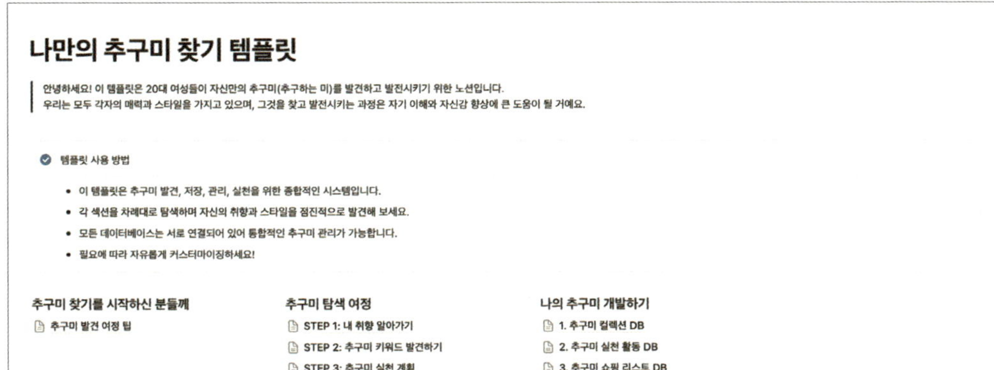

노션 내 꾸미기 기능 활용 전

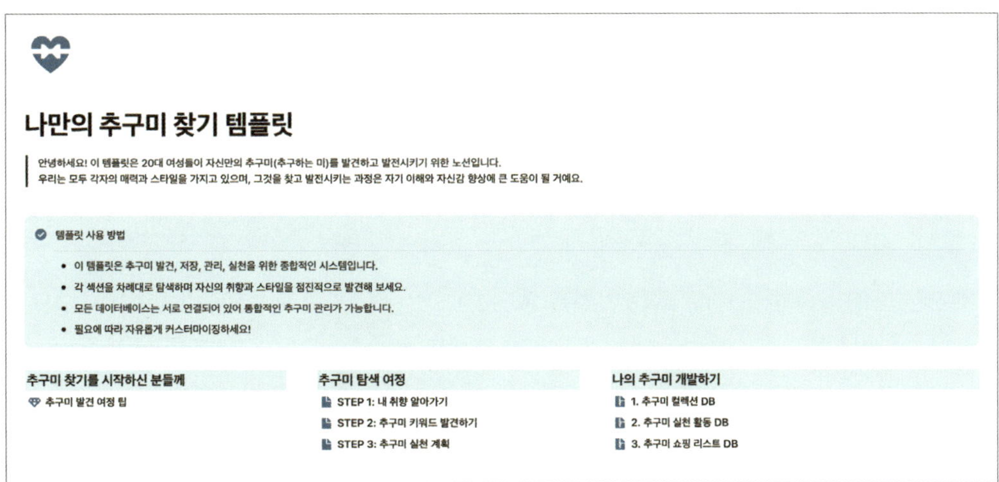

노션 내 꾸미기 기능 활용 후

우선 페이지별로 아이콘을 추가해 보세요. 삽입되는 아이콘마다 색상을 동일하게 설정해 통일성을 부여하면, 템플릿이 더욱 깔끔해 보일 겁니다.

❶ 페이지의 제목에 커서를 갖다 대 보세요. 아이콘 추가 버튼을 확인할 수 있습니다.

❷ 원하는 아이콘을 검색하거나 스크롤하여 찾아 추가할 수 있습니다.

텍스트에 색을 부여하는 방법도 활용하기 좋습니다. 노션에서는 텍스트의 색 자체를 변경하거나 배경을 설정할 수 있습니다.

• 텍스트에 색, 배경 부여하기

❶ 색을 부여하려는 블록에 마우스를 가져다 대어 좌측의 여섯 개 점을 눌러 주세요.

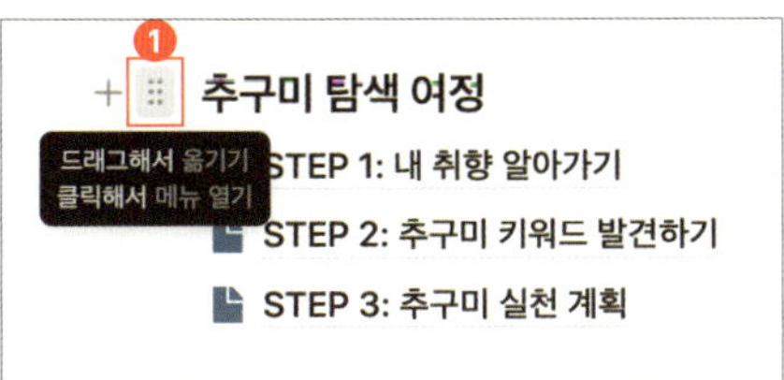

❷ 이후 [색] 버튼을 눌러 줍니다.

❸ 상단 부분에서는 텍스트 색상을 바꿀 수 있으며, 하단 부분에서는 배경 색상을 변경할 수 있습니다. 원하는 색을 선택하세요.

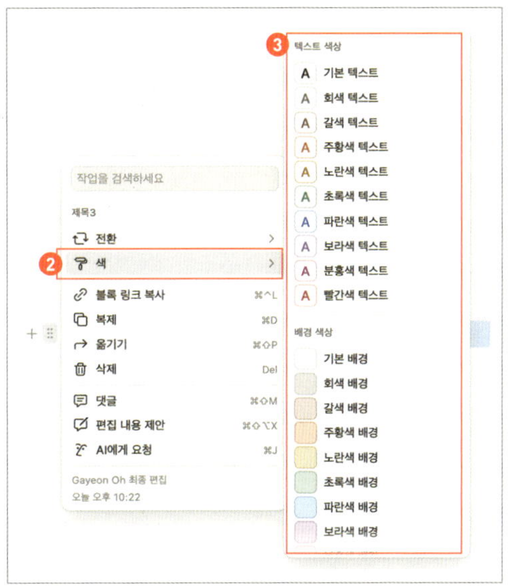

> **Tip** 외부 사이트를 활용해 노션을 꾸며 보세요
>
> 인터넷에서 노션 템플릿을 보다 보면, 다양한 폰트와 위젯이 활용된 것을 볼 수 있습니다. 그러나 이는 노션 내 존재하는 기능은 아닙니다. 외부 사이트를 통해 특정 폰트가 적용된 테스트, 위젯 등을 가져오는 방식으로 활용할 수 있습니다.

외부 사이트를 활용해 노션 꾸미기

노션을 꾸미는 데 자주 사용하는 두 가지 사이트를 소개해 드립니다. 한 번 둘러보며 나만의 스타일을 찾아보세요. 이외에도 '노션 위젯 사이트', '노션 특수 폰트' 등의 키워드로 검색하여 다양한 자료를 찾을 수 있습니다.

1. 폰트 사이트: snskeyboard

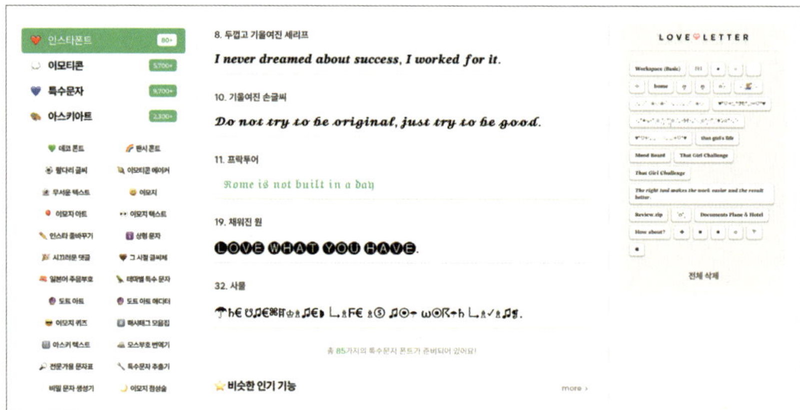

https://snskeyboard.com/

2. 위젯 사이트: indify

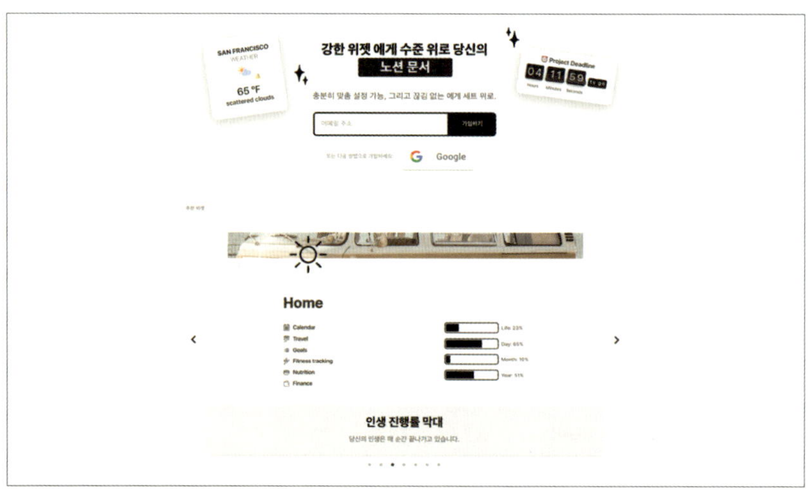

https://www.indify.co

노션 템플릿은 구매 전까지 내부를 상세히 확인할 수 없다는 한계가 있습니다. 따라서 소비자는 외관, 제목, 설명만을 보고 템플릿을 선택하게 되는데요. 이때 색감의 통일감이나 위젯 활용 같은 시각적 디테일은 구매자에게 더 큰 매력으로 다가올 수 있습니다. 작은 부분까지 신경 쓴다면 템플릿의 완성도를 한층 높일 수 있으니, 직접 도전해 보시길 추천합니다.

템플릿 판매하기

💬 판매 플랫폼 알아보기: 노션 마켓플레이스

노션 마켓플레이스는 노션이 직접 운영하는 공식 템플릿 판매 공간입니다. 노션 앱에서도 접속이 가능하다 보니 트래픽 자체가 높은 공간인데요. 따라서 템플릿 판매를 가장 쉽게 시작할 수 있어 초보자분에게 추천하는 채널입니다.

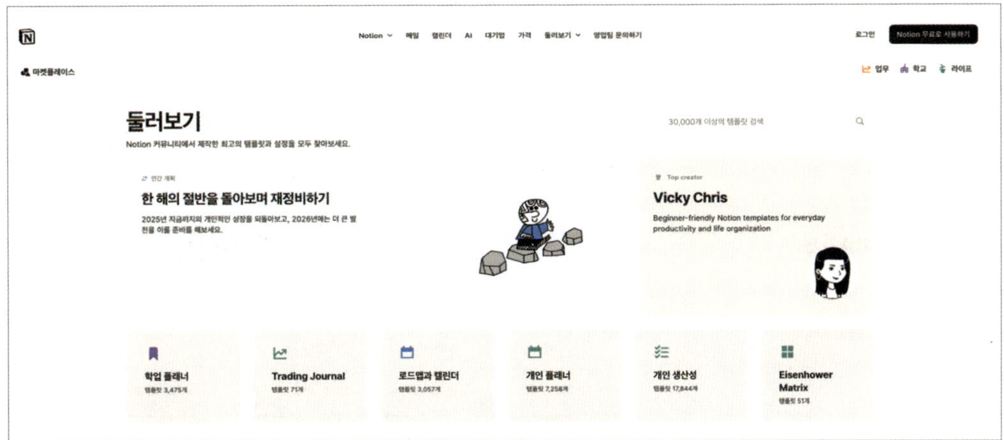

노션 마켓플레이스

노션은 주기적으로 추천 템플릿을 선정합니다. 추천 템플릿에 선정되면 마켓플레이스 홈에 노출되는데요. 별도의 마케팅 없이도 높은 홍보 효과를 누릴 수 있어, 우선 마켓플레이스 입점을 추천드립니다.

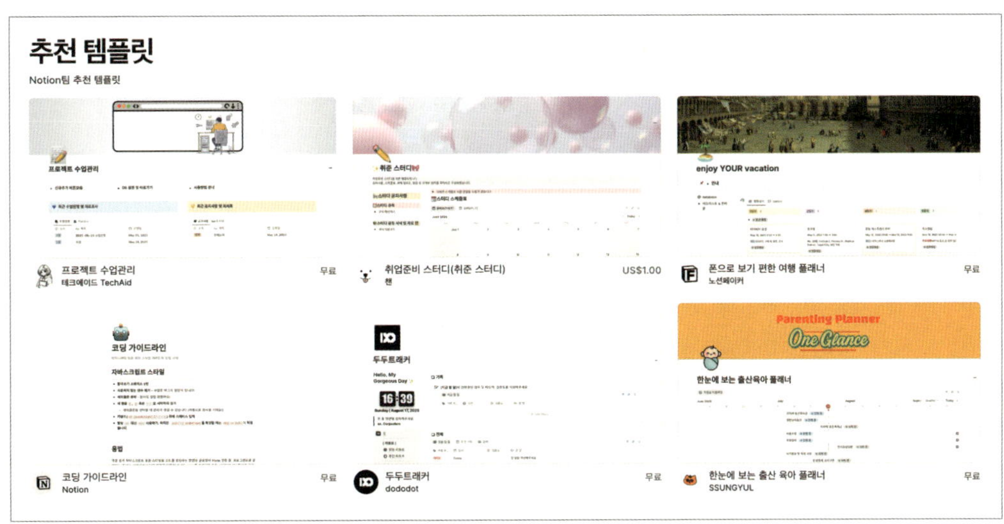

노션 마켓플레이스 내 추천 템플릿

💬 판매 플랫폼 알아보기: 크티

두 번째로 추천드리는 플랫폼은 크티입니다. 노션 마켓플레이스와 비교하면 판매자마다 자신만의 스토어를 운영할 수 있다는 점이 특징입니다. 스토어 배너를 설정하거나, 할인을 진행하는 등 마케팅적인 요소가 강화된 플랫폼입니다.

또한 크티는 이미지 형태로 상세페이지를 업로드할 수 있습니다. 평소 포토샵이나 미리캔버스 등으로 이미지 작업에 익숙한 분이라면, 크티를 서브 플랫폼으로 추천드립니다. 다양한 콘텐츠를 통해 나의 템플릿을 보다 매력적으로 소개할 수 있기 때문입니다.

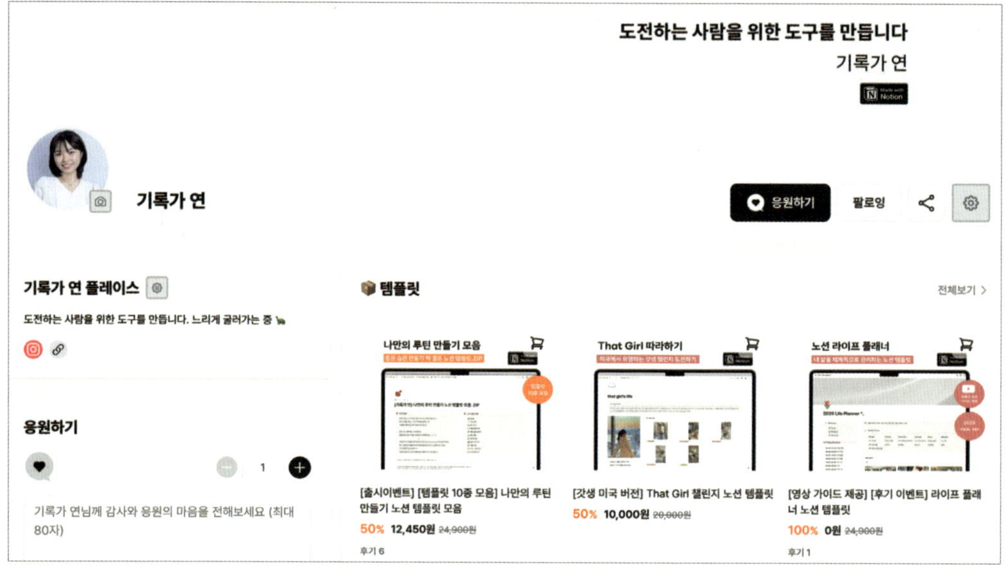

크티 내 판매자 스토어

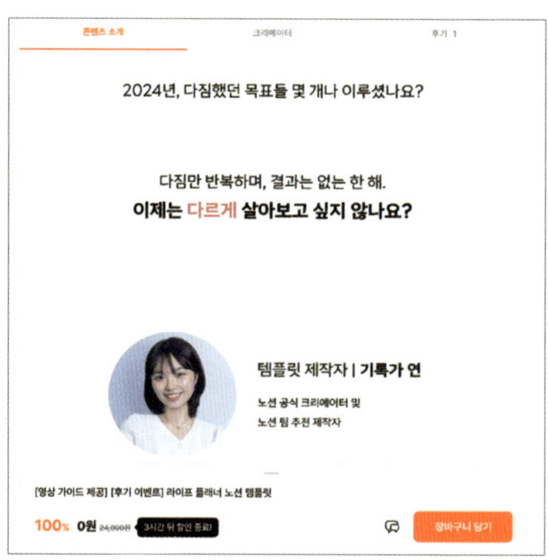

이미지 형태로 상세페이지 업로드가 가능한 크티

모두의 노션 AI

💬 노션 마켓플레이스 시작하기

노션 마켓플레이스에 나의 템플릿을 등록하기 위해서는 우선 노션 크리에이터가 되어야 합니다. 간단한 신청 절차를 통해 누구나 노션 크리에이터가 될 수 있습니다.

•노션 크리에이터 되기

❶ 노션 마켓플레이스 하단의 [시작하기] 버튼을 클릭하세요.

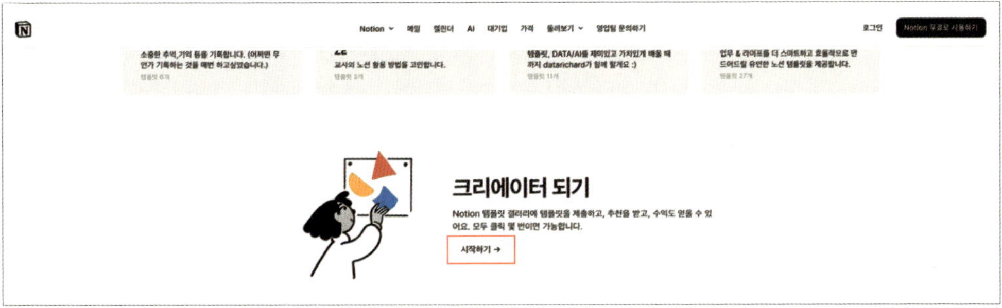

❷ 1번을 통해 접속한 페이지에서 [템플릿] – [프로필 만들기] 버튼을 눌러 주세요.

❸ 프로필을 작성해 볼까요? 해당 페이지에서 작성된 내용은 마켓플레이스에서 보여지게 됩니다. 별표가 있는 항목은 필수 항목이니 이를 우선으로 채워 주세요.

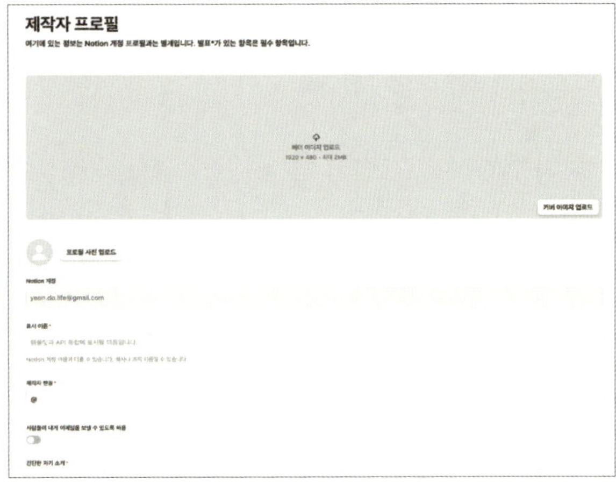

❹ 만약 노션 마켓플레이스 내 유료 판매를 원한다면, 따로 Stripe Merchant 설문을 작성해야 합니다. 신청서를 작성하는 곳은 제작자 프로필 하단에서 발견할 수 있습니다.

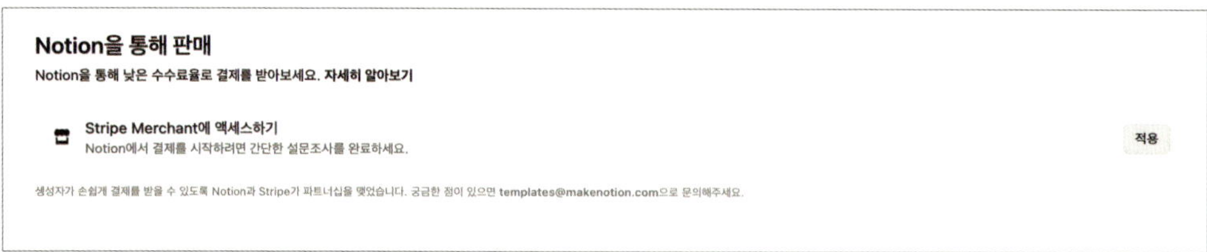

노션 크리에이터가 되었다면, 이제 노션 마켓플레이스에 템플릿을 등록할 수 있습니다. 템플릿 등록을 위해 꼭 해야 하는 한 가지가 있는데요. 타인이 나의 템플릿을 복제할 수 있도록 설정해야 합니다.

• 노션 마켓플레이스에 템플릿 등록하기

❶ 우선 마켓플레이스에 등록하고자 하는 템플릿의 우측 상단에 [공유] 버튼을 눌러 주세요.

❷ [게시] 버튼을 눌러 해당 템플릿을 게시합니다.

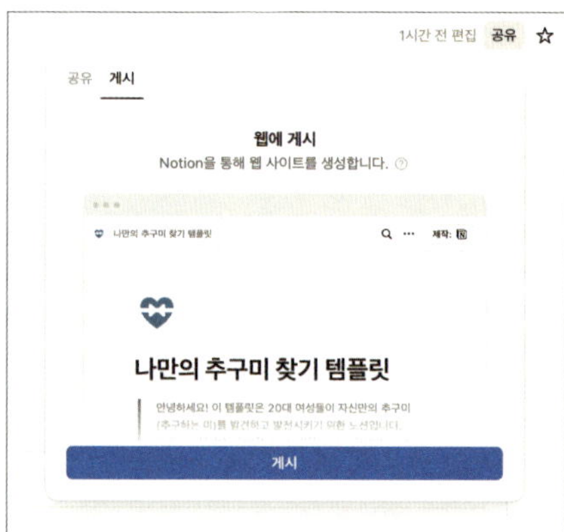

템플릿 게시하기

❸ 게시를 진행했다면 [템플릿으로 복제] 버튼을 활성화해야 합니다. 이를 활성화해야 타인이 템플릿을 복제해 사용할 수 있게 됩니다.

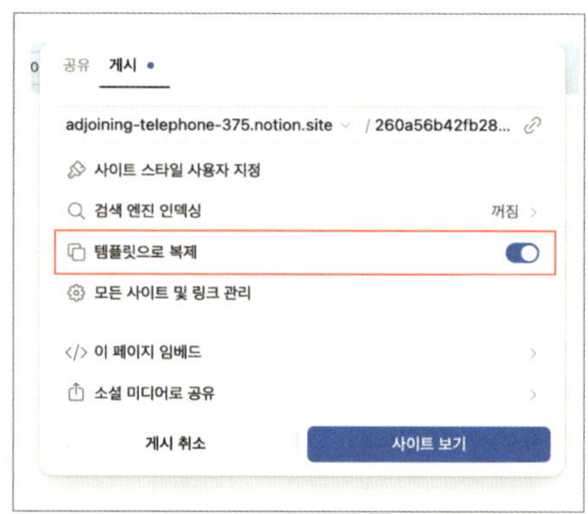

[템플릿으로 복제] 버튼 활성화

위 설정까지 완료했다면, 이제 템플릿을 등록할 차례입니다. 템플릿 등록 페이지는 노션 크리에이터 프로필을 만들 때 접속했던 곳(https://www.notion.so/profile/templates)과 동일합니다.

• 템플릿 등록하기

❶ [새 템플릿 추가] 버튼을 클릭하세요.

❷ 추가하는 템플릿에 대해 세부 내용을 작성할 차례입니다.

커버 이미지는 마켓플레이스에서 보이는 대표 이미지로, 템플릿 링크를 입력하면 자동으로 생성됩니다. 물론 내가 원하는 특정 이미지로 변경도 가능합니다.

이후 템플릿 카테고리를 설정해 주세요. 나의 템플릿과 관련된 키워드를 입력하면, 그에 어울리는 카테고리가 추천됩니다. 추천 항목 가운데 내가 직접 선택할 수 있습니다.

이 밖에도 템플릿 URL, 간단 설명 등 제출에 필요한 정보를 적은 뒤 [제출하여 검토 신청] 버튼을 눌러 마무리하면 됩니다.

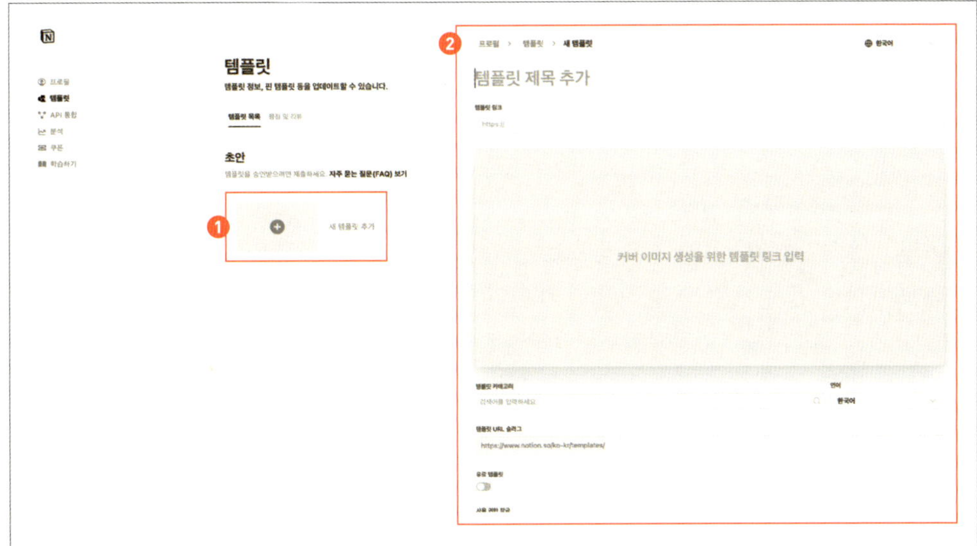

❶ 공유하려고 하는 페이지의 우측 상단에서 [공유] 버튼을 클릭합니다.

❷ [게시] 탭으로 전환하면 상단에서 페이지의 링크를 확인할 수 있습니다.

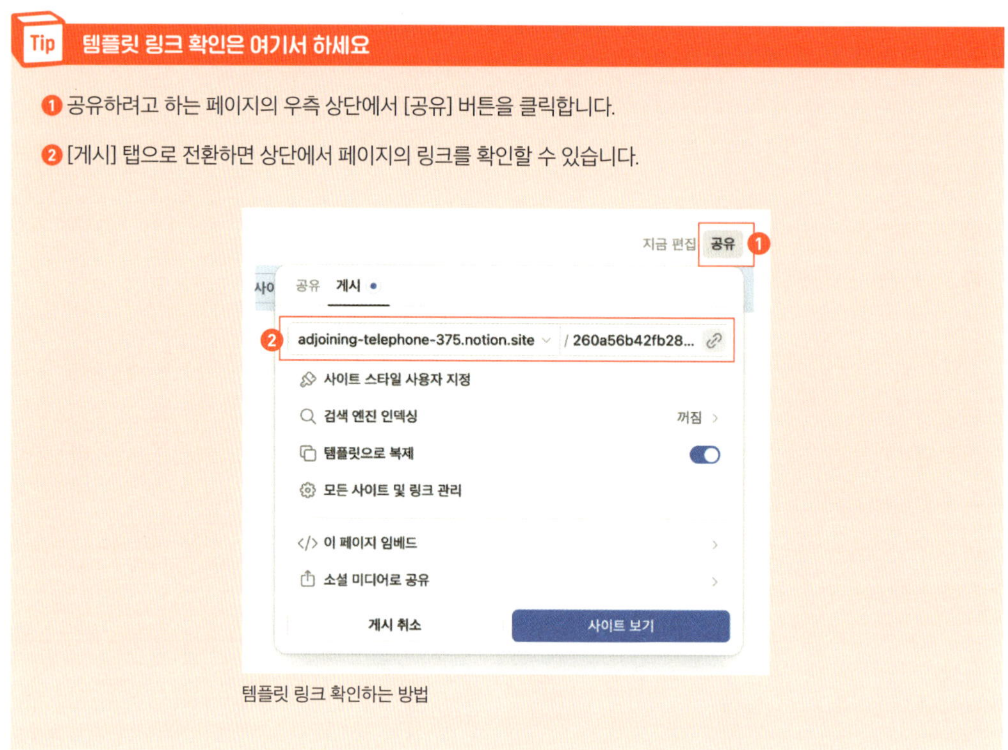

템플릿 링크 확인하는 방법

템플릿을 제출하면 상태가 '승인 검토 중'으로 전환됩니다. 이후 심사를 거쳐 최종적으로 마켓플레이스에 공개되는데요. 심사 기간은 보통 영업일 기준 약 3일 정도 소요되지만, 경우에 따라 더 길어질 수도 있습니다. 심사 결과는 노션 계정에 등록된 이메일로 안내되니, 확인하면서 기다려주시면 됩니다.

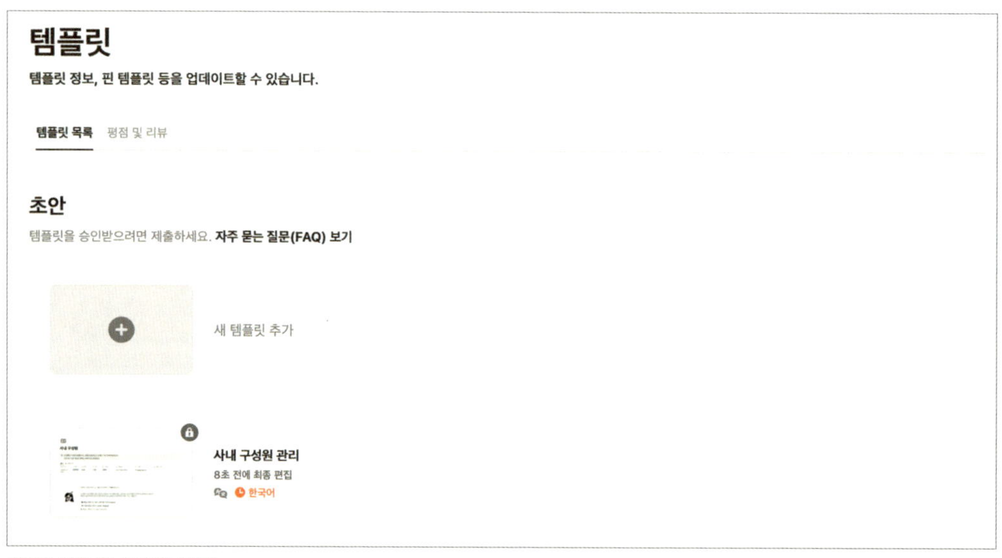

템플릿 제출 후 승인 대기하기

템플릿 승인 메일에는 전세계 노션 템플릿 제작자 커뮤니티 가입 링크가 포함되어 있습니다. 커뮤니티에서는 글로벌 크리에이터들과 자유롭게 소통하며 템플릿 제작에 대한 도움과 영감을 얻을 수 있는데요. 더불어 한국 크리에이터 전용 페이지도 존재하니, 해당 메일을 놓치지 마세요.

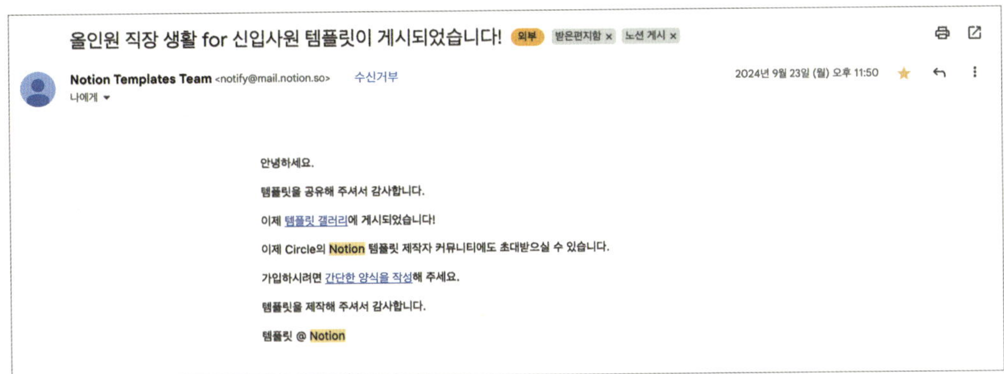

템플릿 승인 후 받은 이메일

지금까지 노션 템플릿을 제작하고 판매하는 과정을 살펴봤습니다. 예전에는 노션을 깊이 이해하고 능숙하게 다루는 사람만이 크리에이터로 활동할 수 있었다면, 이제는 상황이 달라졌습니다.

노션 AI가 등장하면서 노션을 잘 몰라도 아이디어만 있다면 누구나 크리에이터에 도전할 수 있는 시대가 열린 것이죠.

'노션을 잘 몰라서 못 할 거야'라는 생각보다는 '내 아이디어를 구현할 때 노션 AI를 어떻게 활용하면 좋을까?'에 집중해 보시길 권합니다.

템플릿 제작과 판매의 과정을 통해 노션을 더 깊이 이해하고 즐겁게 활용할 수 있을 거라 믿습니다.

Key Points

- 템플릿 제작 과정은 기획 → 제작 → 피드백 및 수정 → 완성도 높이기 단계로 이루어진다.
- 기획의 핵심은 구현 가능성을 따지기보다, 템플릿에 담고 싶은 내용과 목적을 명확히 하는 것이다.
- 기획부터 데이터베이스 구성과 수식 작성까지, 템플릿 제작의 전 과정에서 노션 AI를 활용할 수 있다.

노션을 보다 더 쉽게,
노션 템플릿
10종 모음

제가 노션을 처음 접했을 때, 아무 것도 없는 빈 페이지에 막막함을 느꼈던 기억이 납니다. 노션으로 하고 싶은 것은 많았지만, 어디서부터 어떻게 노션을 사용해야 할지 감이 잡히지 않아 중도 포기했던 적도 있는데요.
이 책의 독자분들이 보다 쉽게 노션을 경험할 수 있도록, 직접 제작한 노션 템플릿 10종을 준비했습니다. 이미 완성된 틀을 사용하며 노션에 대한 거리감을 좁혀보세요.

부록 1 | 템플릿 사용 준비하기

제가 준비한 10종의 템플릿은 모두 하나의 페이지에 담겨 있습니다. 이 템플릿을 자신의 노션에서 사용하기 위해서는 특정 절차가 필요한데요. 지금부터 그 과정을 알아볼까요?

템플릿을 나의 노션에 추가하기

템플릿 사용을 위해서는 나의 노션 워크스페이스에 추가하는 과정이 필요합니다. 노션에서는 이를 '복제하기'라고 칭합니다. 복제를 해야만, 공유된 템플릿을 내맘대로 편집할 수 있습니다.

💬 템플릿 복제하기

복제 과정은 매우 간단합니다. 가장 일반적으로 활용되는 데스크톱 화면을 기준으로, 복제 단계를 하나씩 안내해 드리겠습니다.

• 게시된 노션 페이지를 내 워크스페이스에 복제하기

❶ 다음 QR 코드를 통해 템플릿 10종이 담겨 있는 페이지에 접속합니다.

❷ 오른쪽 상단의 [복제] 버튼을 눌러줍니다.

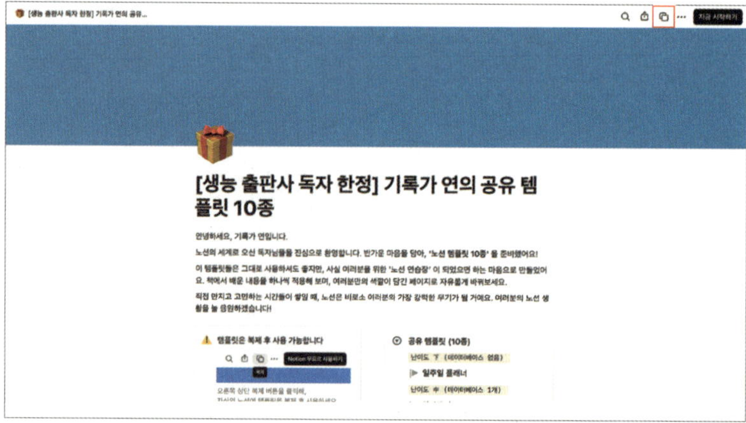

모두의 노션 AI

❸ 나의 노션 계정에 로그인해주세요. 페이지가 복제될 워크스페이스 계정으로 로그인하면 됩니다. 이미 로그인되어 있다면 해당 과정은 자동으로 생략됩니다.

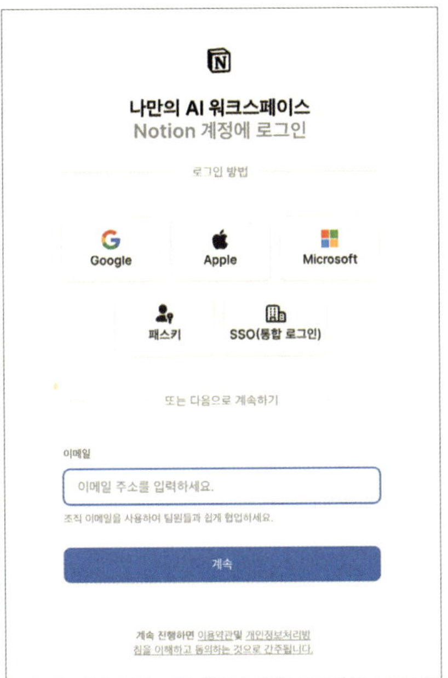

❹ 이후 페이지가 추가될 워크스페이스를 선택해주세요.

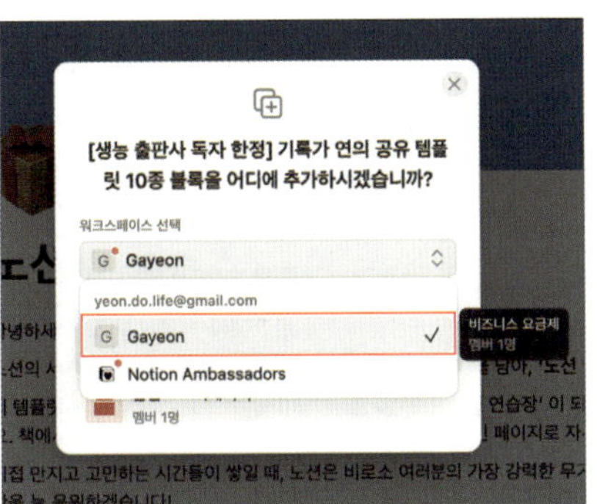

❺ 페이지는 워크스페이스 내 개인 페이지 혹은 팀스페이스 섹션에 추가가 가능합니다. 어디에 추가할지 공간을 선택하시면 됩니다. 사진은 개인 페이지 섹션에 추가하는 모습입니다.

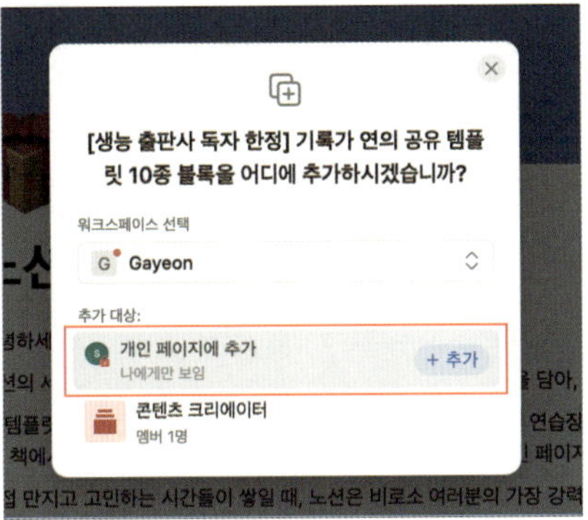

❻ 복제가 완료되면 나의 노션 워크스페이스 사이드 바에서 해당 페이지를 확인할 수 있습니다. 참고로 페이지에 담긴 내용이 많을수록 복제되는 데 시간이 조금 더 걸릴 수 있으니, 조금만 기다려 주시면 됩니다.

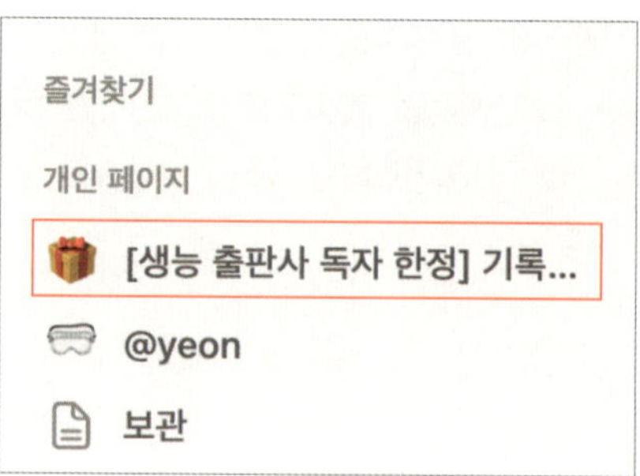

💬 복제된 페이지 살펴보기

이제 복제된 페이지를 한번 살펴볼까요? 10종의 템플릿은 메인 페이지 안에 하위 페이지 형태로 담겨 있습니다. 모든 템플릿은 데이터베이스의 유무와 개수를 기준으로 난이도를 구분해 두었는데요. 처음에는 '난이도 하' 템플릿으로 가볍게 시작해 보시길 권장합니다. 이후 난이도가 높은 템플릿으로 넘어가거나, 사용 중인 페이지에 직접 데이터베이스와 노션 AI 등 여러 기능을 추가하며 여러분만의 스타일로 템플릿을 활용해 보셔도 좋습니다.

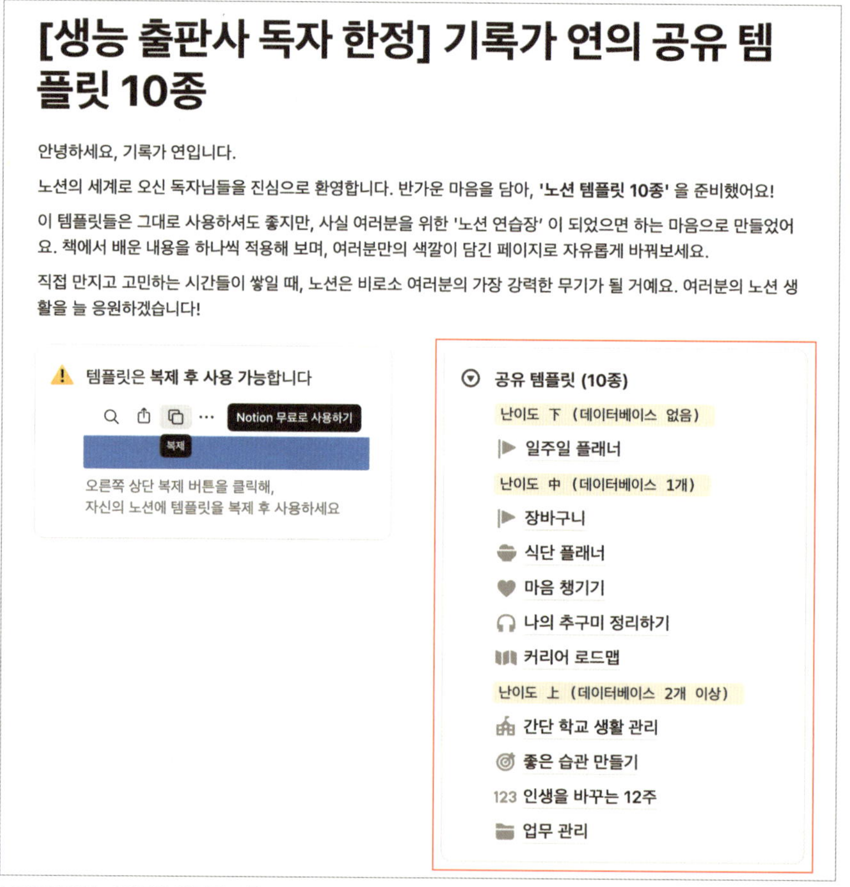

난이도에 따라 나뉜 공유 템플릿 10종

10종의 템플릿은 메인 페이지 안에 하위 페이지 형태로 담겨 있습니다. 페이지 본문에서 직접 클릭해 접속할 수도 있지만, 사이드 바를 활용하면 더 빠르고 간편하게 이동할 수 있습니다.

사이드 바에 표시된 상위 페이지 이름 옆의 화살표를 눌러보세요. 페이지를 이동하지 않고도 내부에 포함된 10종의 템플릿 목록을 한눈에 확인할 수 있습니다.

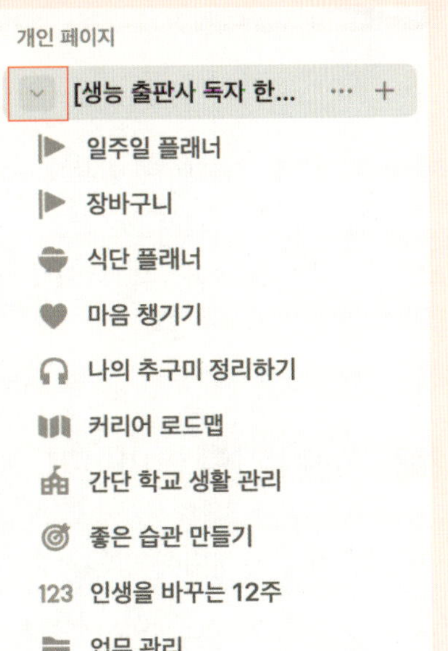

사이드 바를 통해 상위 페이지 내 하위 페이지 확인하기

부록 2 | 템플릿 사용하기

템플릿을 나의 워크스페이스로 복제했다면, 이제 직접 사용해 볼 시간입니다. 각 템플릿 내부에는 사용 방법과 예시가 포함되어 있는데요. 이에 따라 여기에서는 어떤 종류의 템플릿들이 준비되어 있는지 가볍게 살펴보고, 모든 페이지에 공통으로 적용된 형식을 알아보려 합니다. 그럼 시작해 볼까요?

템플릿 10종 간단 알아보기

어떤 템플릿이 준비되어 있는지 한눈에 보실 수 있도록 난이도, 카테고리, 주요 활용 기능으로 정리해 보았습니다. 내용을 보다 흥미가 생기는 템플릿이 있다면 주저하지 말고 바로 사용해 보세요.

난이도	구분	항목	주요 활용 기능
난이도 下 (데이터베이스 없음)	일주일 플래너	플래너	할 일 목록, 버튼
난이도 中 (데이터베이스 1개)	장바구니	라이프스타일	데이터베이스 갤러리 보기
	식단 플래너	플래너	데이터베이스 캘린더 보기
	마음 챙기기	자기관리/습관	데이터베이스 보기 추가
	나의 추구미 정리하기	라이프스타일	데이터베이스 보드 보기
	커리어 로드맵	커리어	데이터베이스 표 보기
난이도 上 (데이터베이스 2개 이상)	인생을 바꾸는 12주	자기관리/습관	관계형
	좋은 습관 만들기	자기관리/습관	AI로 수식 생성
	간단 학교 생활 관리	플래너	롤업
	업무 관리	플래너	데이터베이스 내 템플릿 생성

각 페이지 내부 구성 살펴보기

10종의 템플릿은 모두 동일한 형식으로 만들어져 있습니다. 각 페이지는 크게 네 가지 영역으로 나뉘는데요. ❶ 템플릿 한 줄 요약 ❷ 이 템플릿의 핵심 포인트 ❸ 사용된 블록 소개 ❹ 실제 템플릿으로, 독자분들이 여러 템플릿을 경험하는 과정에서 보다 빠르고 쉽게 적응하실 수 있도록 구성했습니다.

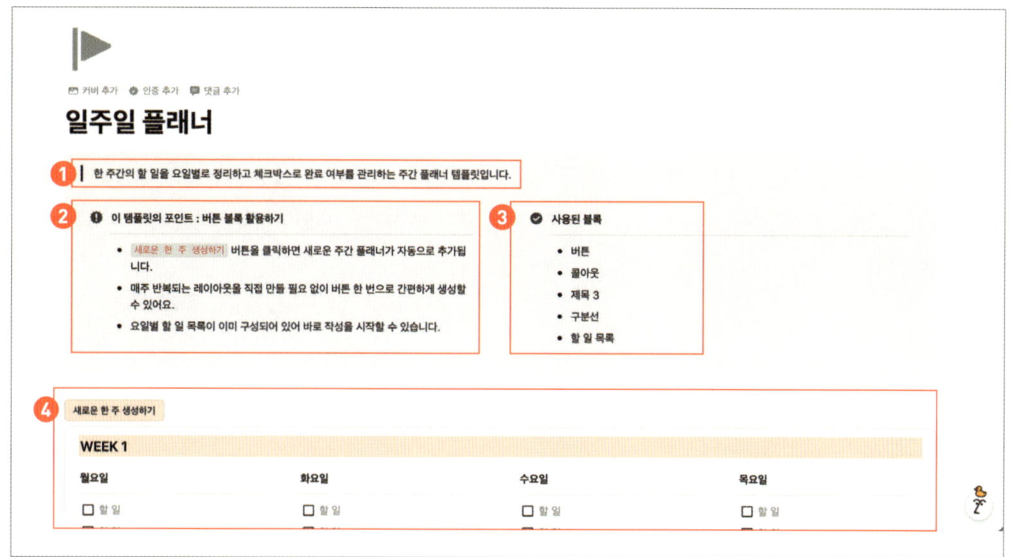

템플릿 페이지 내부 구성 안내

❶ 템플릿 한 줄 요약

해당 템플릿의 용도와 목적을 한 문장으로 정리했습니다.

❷ 이 템플릿의 핵심 포인트

템플릿에 적용된 주요 기능을 설명합니다. 템플릿에 사용된 주요 기능만 알아도, 노션 실력을 빠르게 높일 수 있을 겁니다.

❸ 사용된 블록 소개

템플릿 구성에 쓰인 블록 유형을 나열했습니다. 어떤 블록이 어떻게 사용되었는지 확인하며, 나만의 블록 활용법을 마련해 보세요.

❹ 실제 템플릿

사용자가 내용을 직접 입력하고 편집하는 공간입니다. 작성된 예시를 바탕으로 나만의 데이터를 채워보세요.

AI 활용해 템플릿 커스터마이징하기

기본 템플릿 구조에 익숙해졌다면, 이제 내 상황에 맞는 형태로 커스터마이징할 차례입니다. 노션 활용이 아직 낯선 초보자분들에게는 노션 AI를 가이드 삼아 시작해 보시는 것을 적극 추천합니다.

제가 즐겨 사용하는 AI 기반의 템플릿 변형 노하우를 소개합니다. 나의 의도와 상황에 맞춰 템플릿을 더 똑똑하게 업그레이드하는 방법을 확인해 보세요.

💬 AI와 대화하며, 나에게 필요한 항목 추천받기

노션 초보자분들이 공통적으로 겪는 어려움은 '하고 싶은 건 분명한데, 이걸 노션의 어떤 기능으로 구현해야 할지 감이 안 잡힌다'라는 점입니다. 이럴 때 가장 좋은 해결책은 AI와 자유롭게 대화하며 가이드를 얻는 것입니다.

"이게 정말 가능할까?" 고민하며 망설이기보다는, 우선 여러분이 구현하고 싶은 내용과 현재 상황, 그리고 노션을 통해 얻고자 하는 목적을 AI에게 편하게 이야기해 보세요.

❶ 페이지 우측 하단의 노션 AI 아이콘을 클릭합니다.

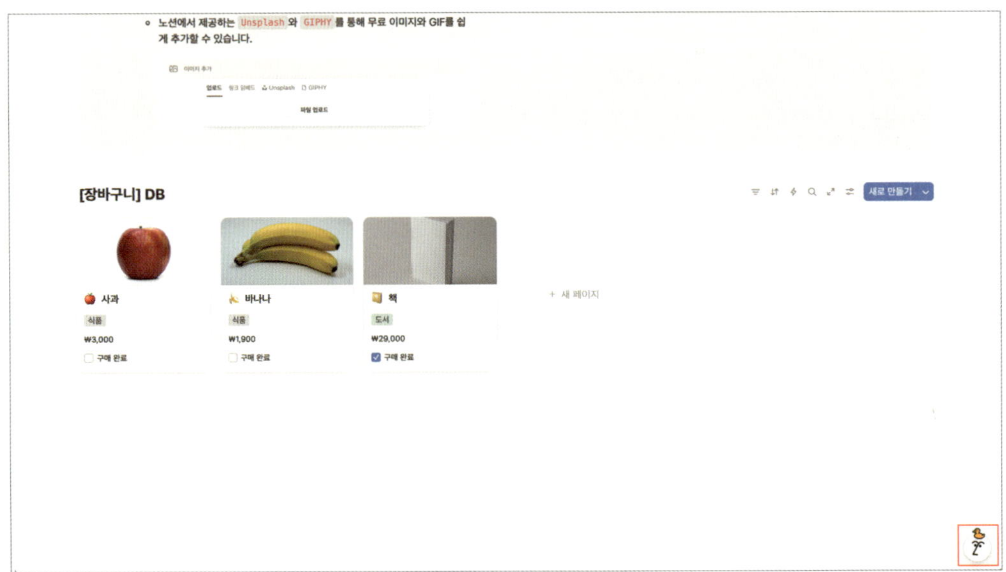

❷ 현재 나의 상황과 구현하고 싶은 내용을 상
세히 입력해 보세요. 특히 현재 사용 중인
템플릿에서 '불편하거나 아쉬운 점'을 솔직
하게 적을수록 더 정확한 솔루션을 얻을 수
있습니다.

❸ AI가 제안한 내용을 바탕으로 노션을 직접 수정해보세요. 혹은 AI에게 수정을 부탁해보세요. 노션 AI는 사용자의 요청에 따라 데이터베이스 속성을 즉시 변경하거나 새로운 데이터베이스를 생성해 줄 수도 있습니다.

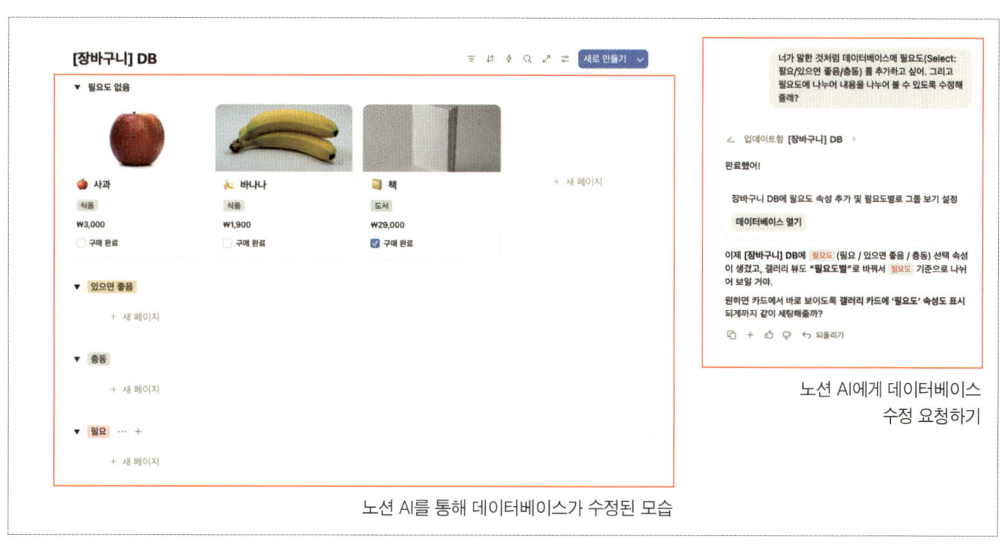

노션 AI에게 데이터베이스 수정 요청하기

노션 AI를 통해 데이터베이스가 수정된 모습

💬 복잡한 수식 AI로 간편하게 생성하기

흔히 '수식'이라고 하면 코딩이나 프로그래밍을 전공한 사람들만의 전유물이라고 생각하기 쉽습니다. 하지만 노션 AI와 함께라면 더 이상 어려운 문법 앞에서 주춤할 필요가 없습니다. 자동 디데이 계산부터 진행률 바 표시까지, 단순한 연산을 넘어 복잡한 기능도 말 한마디로 간편하게 구현할 수 있기 때문입니다.

① 데이터베이스 내에서 [속성 추가] 버튼을 통해 [수식] 속성을 추가합니다.

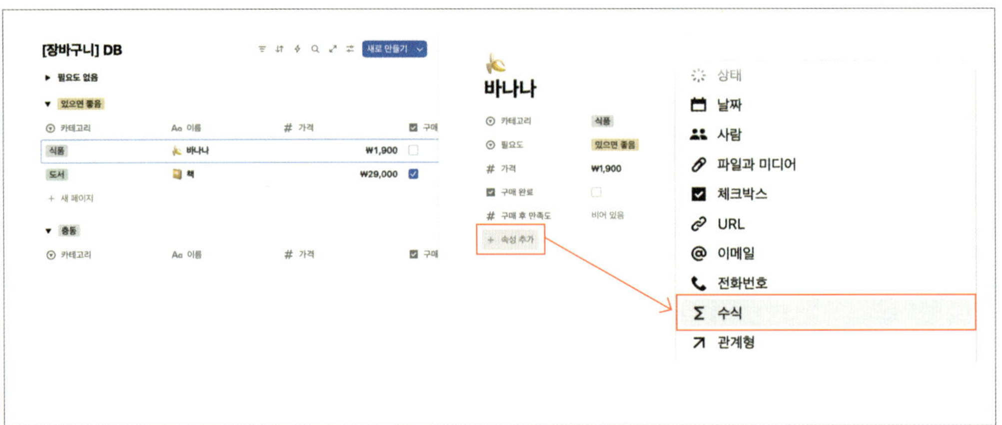

② 현재 비어 있는 수식 칸을 클릭해, 수식 편집 화면에 접속합니다.

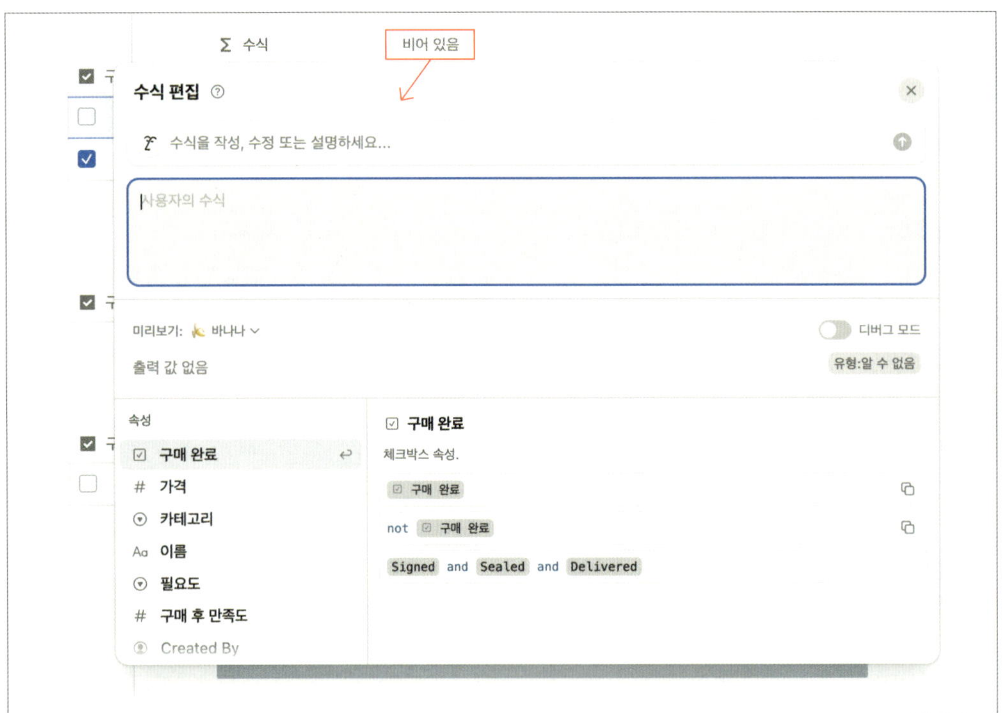

❸ 이후, 어떤 수식이 필요한지 평소 말투로 편하게 적어 보세요. 노션 AI의 가장 큰 매력은 딱딱한 명령어를 외울 필요가 없다는 것입니다. 마치 친구에게 말하듯 요구사항을 던져도 AI가 맥락을 이해하고 답을 도출하기 때문입니다. 덕분에 코딩을 따로 배우지 않아도 무리 없이 수식을 작성하고 활용할 수 있습니다.

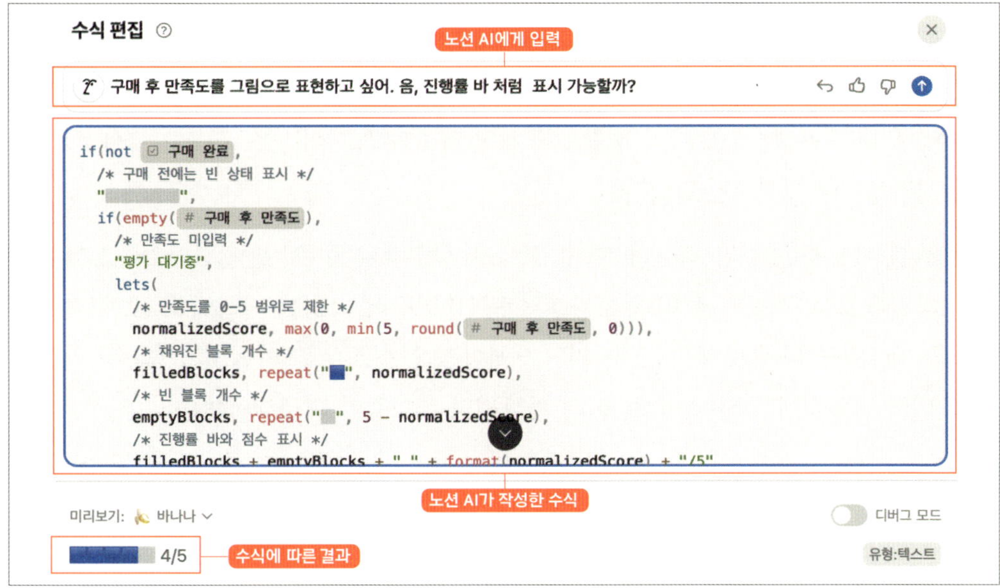

❹ 생성된 수식이 마음에 들지 않는다면, 간단하게 수정할 수 있습니다. 이때에도 노션 AI를 활용할 수 있는데요. AI에게 수정 사항을 전달하면, 이를 반영해 수식을 수정해 줍니다.

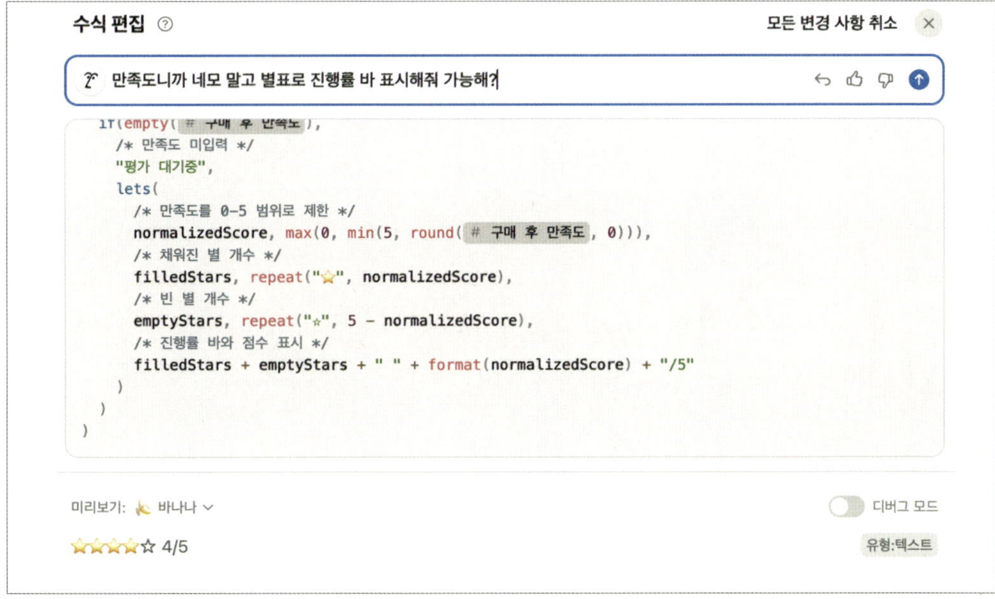

노션은 자유도가 높은 만큼, 처음 마주했을 때 막막함을 느끼기 쉬운 도구입니다. 무엇이든 할 수 있다는 가능성이 때로는 '무엇부터 시작해야 할지' 모르는 막막함으로 다가오기도 하죠.

그럴 때는 누군가 미리 만들어둔 '틀'을 빌려 쓰는 것이 좋은 해결책이 될 수 있습니다. 부록으로 준비한 10종의 템플릿은 일상에서 가장 활용도가 높은 기능들로 구성했습니다. 우선은 가벼운 마음으로 이 템플릿들을 만져보며 노션이라는 도구 자체에 익숙해지는 시간을 가져보셨으면 합니다.

직접 사용하다 보면 분명 나에게 맞게 고치고 싶은 부분이 보일 겁니다. 바로 그때가 내 스타일에 맞춰 템플릿을 변형해 볼 타이밍입니다. 이 과정을 반복하다 보면, 어느덧 빈 페이지에서도 나에게 꼭 필요한 워크스페이스를 스스로 그려낼 수 있게 될 것입니다. 준비한 템플릿이 노션에 한 걸음 더 가까워지는 도구가 되길 바랍니다.

찾아보기